U0669010

透水路面
材料及层间结构性能研究

宋卫民　吴昊　刘桌　著

Research on the Performance of
Permeable Pavement Materials and
Interlayer Structures

中南大学出版社
www.csupress.com.cn
·长沙·

前言

Preface

随着城市化进程的快速推进，大量天然地面被不透水的路面所取代，由此引发了诸多严峻问题。一方面，不透水路面阻断了雨水下渗，致使城市内涝频发；另一方面，不透水路面阻碍了地下水的补给，加剧了水资源短缺与地面沉降问题，同时还加剧了热岛效应，破坏了城市的生态平衡。基于上述背景，研究透水路面及相关材料意义重大。透水路面不仅能够缓解城市内涝，减轻排水系统的压力，保障城市的安全运行，还能补充地下水，调节城市微气候，改善生态环境，提升居民的生活舒适度；同时，它还可以减少路面由水造成的损害，延长道路的使用寿命，降低维护成本，对于城市的可持续发展至关重要。

另外，由于透水路面的高空隙率特性，雨水和各种环境介质更容易对面层材料以及路面层间产生影响；在荷载作用下，路面的层间失效和推移等病害频发，严重影响道路的功能性和耐久性。研究开级配磨耗层混合料（OGFC）路面层间性能至关重要，它不仅能确保各结构层协同受力，有效分散车辆荷载，避免层间应力集中导致的结构损坏，保障道路结构的长期稳定性，延长道路使用寿命，还能维持路面平整度，保证抗滑性能的持久性，提升行车的安全性与舒适性；同时，良好的层间性能有助于路面排水系统高效运行，减少水对基层的侵蚀，增强路面的耐久性。

透水混凝土源自 19 世纪的欧洲，OGFC 的出现相对较晚，20 世纪

50年代才开始在美国出现。由于成本原因和材料的性能缺陷，透水混凝土和OGFC的发展并不一帆风顺。近二三十年来，随着原材料性能的不断提升、设计方法的改进以及施工技术的改善，透水路面材料和透水路面性能得到了显著的提升，极大地服务了社会经济发展和公民出行。

全书共分为4章。第1章绪论包括了目前透水路面的研究背景、透水混凝土和OGFC研究现状，以及路面层间性能的研究和评价方法。第2章内容涵盖了OGFC混合料不同的配合比设计方法，基于离散元法（DEM）的骨架性能研究，以及考虑黏层油迁移影响的OGFC面层空隙结构分析。第3章内容介绍了材料组成对透水混凝土基本物理力学性能、耐久性能和空隙结构特征的影响，还包括透水混凝土降噪性能和热岛效应方面的研究。第4章内容是OGFC路面层间力学性能评价，包括了基于直剪试验和斜剪试验的OGFC路面层间黏结性能测试与分析，基于断裂力学和能量分析方法的Ⅰ型断裂性能测试与表征，以及OGFC路面层间疲劳性能研究。

本书的研究内容是作者十余年来研究成果的总结，得到了国家自然科学基金项目（51208521、51778638、52008405、52478291）以及湖南省自然科学基金项目（2021JJ30845、2020JJ5744）的资助。还要特别感谢The University of Tennessee-Knoxville的Baoshan Huang教授的指导，另外硕士研究生黄凯、徐飞、张淼淼等同学也对本书的相关内容做了卓有成效的工作，本书的相关内容和分析也借鉴了国内外相关学者的研究成果，本人在此一并感谢。

由于水平有限，书中疏漏和不足之处在所难免，敬请各位专家学者批评指正。

作者

2025年1月

目 录

Contents

1

第1章
绪　论

1.1　研究背景

1.1.1　城市化进程带来的问题

随着全球经济的快速发展和人口的不断增长，城市化进程加速推进。城市的规模不断扩大，城市的基础设施建设也在日益完善。然而，城市化进程也带来了一系列的环境问题，其中之一就是城市地表的硬化。

在传统的城市建设中，大量的土地被混凝土、沥青等不透水材料覆盖。这种不透水的地表结构使得雨水无法自然渗透到地下，而是迅速形成地表径流。地表径流的增加给城市的排水系统带来了巨大的压力，容易导致城市内涝的发生。尤其是在暴雨等极端天气情况下，城市内涝问题更加严重，给人们的生命财产安全带来了极大的威胁。

此外，不透水的地表结构还会影响城市的生态环境。雨水无法渗透到地下，使得地下水位下降，土壤含水量减少，影响了植物的生长和生态系统的平衡。同时，地表径流还会携带大量的污染物进入河流、湖泊等水体，造成水污染，破坏水生态环境。

1.1.2　水资源短缺的挑战

水资源是人类生存和发展的重要基础资源。然而，随着全球人口的增长、经济的发展和城市化进程的加速，水资源短缺问题日益严重。在许多地区，水资源的供需矛盾已经成为制约经济社会发展的重要因素。

在城市地区，由于不透水地表的大量存在，雨水无法自然渗透到地下，而是

1

迅速形成地表径流并流失。这不仅浪费了大量的雨水资源，还加剧了城市对地下水和地表水的依赖。同时，城市的排水系统通常将雨水直接排放到河流、湖泊等水体中，没有对雨水进行有效的收集和利用，这使得城市在面临干旱等水资源短缺问题时，缺乏有效的应对措施。

1.1.3 环境保护的需求

随着人们环境保护意识的不断提高，对城市生态环境的要求也越来越高。传统的不透水路面不仅会带来城市内涝和水资源短缺等问题，还会对城市的生态环境造成其他负面影响。

例如，不透水路面会增强城市的热岛效应。在夏季，不透水路面会吸收大量的太阳辐射热量，使得路面温度升高，进而影响周围的空气温度。城市的热岛效应会导致城市气温升高、空气质量下降、能源消耗增加等问题。

此外，不透水路面还会影响城市的生物多样性。由于雨水无法渗透到地下，土壤含水量减少，不利于植物的生长和生存。同时，地表径流的增加还会破坏城市的水生生态系统，影响水生生物的生存和繁衍。

透水路面则可以让雨水迅速渗透到地下，减少地表径流，从而减少水污染；可以吸收车辆行驶时产生的噪声，从而减轻噪声污染；透水路面还可以让雨水迅速渗透到地下，补充地下水，从而改善城市生态环境。

1.1.4 可持续发展的理念推动

可持续发展是当今世界各国共同追求的发展目标。可持续发展要求在满足当前需求的同时，不损害未来世代满足其需求的能力。在城市建设中，可持续发展的理念要求我们采用更加环保、节能、高效的建设方式，减少对自然资源的消耗和对环境的破坏。

透水路面作为一种新型的路面结构，具有良好的透水性能，可以有效地解决城市内涝、水资源短缺、热岛效应等问题，符合可持续发展的理念。因此，透水路面的研究和应用得到了越来越多的关注和重视。

1.1.5 相关技术的发展

随着科技的不断进步，一些与透水路面相关的技术也得到了快速发展。例如，透水混凝土、透水沥青等新型材料的研发和应用，为透水路面的建设提供了技术支持。

透水混凝土是一种由水泥、骨料、水和外加剂等组成的多孔材料，具有良好的透水性能和强度。透水混凝土可以根据不同的需求进行设计和施工，可以用于人行道、停车场、广场等场所的路面建设。

透水沥青是在传统沥青材料中加入一定比例的特殊添加剂，使其具有透水性能。透水沥青路面具有良好的排水性能和抗滑性能，可以提高行车安全性。

此外，一些先进的施工技术和设备的出现，也为透水路面的建设提供了便利。例如，采用机械化施工可以提高施工效率和质量，保证透水路面的性能和使用寿命。

1.1.6　政策支持

为了应对城市化进程带来的环境问题和水资源短缺挑战，许多国家和地区都出台了相关的政策和法规，鼓励和支持透水路面等环保型路面的建设和应用。

例如，一些国家制定了城市雨水管理政策，要求在城市建设中采用透水路面等措施，对雨水进行有效的收集和利用。一些地区还对透水路面的建设给予财政补贴和税收优惠，以鼓励企业和个人积极参与透水路面的建设。

1.1.7　透水路面的优势

1.1.7.1　排水与防涝

透水路面拥有良好的透水性能，能够迅速将雨水渗透到地下，大大减少地表径流的产生。在降雨过程中，传统的硬化路面容易形成大量积水，给城市排水系统带来巨大压力，甚至导致城市内涝。而透水路面可以让雨水快速渗入地下，有效降低路面积水的风险，即使在暴雨等极端天气情况下，也能较好地维持路面的正常通行状态，保障城市交通的顺畅和人们的出行安全。

1.1.7.2　补充地下水资源

雨水通过透水路面渗透到地下，能够补充日益匮乏的地下水资源。随着城市化进程的加速，大量的土地被不透水材料覆盖，雨水无法自然渗透到地下，导致地下水位不断下降。透水路面可以让雨水回归地下，使地下含水层得到有效补给，维持地下水资源的平衡，对于保障城市的生态环境和可持续发展具有重要意义。

1.1.7.3　缓解城市热岛效应

透水路面能够减少对太阳辐射热量的吸收，降低路面温度。在炎热的夏季，传统的硬化路面会吸收大量的太阳辐射热，使得路面温度急剧升高，进而导致周围空气温度上升，加剧城市热岛效应。而透水路面由于其多孔的结构，能够反射一部分太阳辐射，同时通过水分的蒸发散热，有效降低路面及周围环境的温度，缓解城市热岛效应，改善城市的生态气候条件。

1.1.7.4　提高行车安全性

透水路面具有良好的排水性能和抗滑性能。在雨天，路面不会形成积水，减少了车辆行驶时的水滑现象，提高了车辆的制动性能和操控稳定性。同时，透水路面的粗糙表面也增加了轮胎与路面的摩擦力，进一步提升了行车安全性。此外，透水路面的颜色通常较为柔和，不会产生强烈的反光，减少了对驾驶员视线的干扰。

1.1.7.5　环保与生态友好

减少水污染：传统路面上的雨水径流往往携带大量的污染物，如油污、重金属、化学物质等，直接排入河流、湖泊等水体，会造成严重的水污染；而透水路面能够过滤和吸附一部分污染物，降低雨水径流中的污染物含量，减少对水环境的破坏。

促进生态平衡：透水路面有利于土壤中微生物和植物根系的生长，为土壤中的生物提供了良好的生存环境；同时，透水路面能够保持土壤的湿度，为植物生长提供必要的水分，促进城市生态系统的平衡和稳定。

1.1.7.6　美观与多功能性

美观大方：透水路面可以采用不同的颜色、纹理和图案进行设计，与周围的建筑和景观相协调，为城市增添美感。例如，在公园、广场等场所，可以设计出具有艺术感的透水路面，提升城市的文化品位。

多功能应用：透水路面不仅可以用于城市道路、人行道、停车场等常规场所，还可以应用于广场、公园、校园、住宅小区等各种场所，满足不同场所的使用需求；同时，透水路面还可以与其他环保设施相结合，如雨水花园、生态滞留池等，共同构建城市的生态雨水管理系统。

1.1.8　透水路面的应用前景

随着城市化进程的加速和环境问题的日益严重，透水路面作为一种新型的路面结构，具有广阔的应用前景。根据材料的不同，透水路面主要分为透水混凝土路面和透水沥青路面两大类，如图1-1所示。

在城市道路建设中，透水路面可以用于人行道、自行车道、停车场、广场等场所的路面建设。透水路面的应用可以有效地解决城市内涝、水资源短缺、热岛效应等问题，提高城市的生态环境质量。

在园林景观建设中，透水路面可以用于公园、广场、绿地等场所的路面建设。透水路面的应用可以与自然环境相融合，营造出更加美观、舒适的园林景观。

在海绵城市建设中，透水路面是重要的组成部分。海绵城市建设要求城市能

(a) 透水混凝土路面　　　　　　　　　　　(b) 透水沥青路面

图 1-1　透水路面

够像海绵一样，在适应环境变化和应对自然灾害等方面具有良好的"弹性"。透水路面的应用可以实现雨水的自然渗透、储存和利用，提高城市的雨水管理能力。

总之，透水路面作为一种新型的路面结构，具有良好的透水性能、环保性能和经济性能。随着科技的不断进步和政策的支持，透水路面的研究和应用将会得到更加广泛的关注和重视，为城市的可持续发展做出更大的贡献。

1.2　透水混凝土

>>>

透水混凝土主要由粗骨料、水泥、水和外加剂组成。与普通混凝土相比，透水混凝土中水泥用量较少，粗骨料用量较大，且通常不使用细骨料。透水混凝土的透水性能主要是通过其特殊的结构实现的。在透水混凝土中，粗骨料之间形成了大量的孔隙，这些孔隙相互连通，形成了透水通道。当雨水或其他液体流经透水混凝土表面时，能够通过这些孔隙迅速渗透到地下，从而达到透水的目的。

与普通混凝土相似，透水混凝土的耐久性能与其材料组成、材料性质、孔隙结构特征、成型方法等众多因素相关；但是，由于透水混凝土路面的功能特点，其工作环境与普通混凝土路面不同，在车辆荷载作用下其耐久性能受到的环境介质的影响更加复杂。所以，针对透水混凝土耐久性能的研究必须将其微观结构特征和宏观力学性能相结合，考虑其使用功能和实际服役环境的影响来进行综合的评价。研究现状可以分为以下几个方面来进行概括。

1.2.1　材料组成对其力学性能的影响研究

首先，从透水混凝土的性能及其影响因素出发，清华大学的杨静等人[1]在透水混凝土拌合物中加入了硅粉、增强剂等矿物细掺料和外加剂，改进了其微观孔隙结构，提高了水泥浆液黏结强度。试验结果表明透水混凝土 28 d 抗压强度可达50 MPa，抗折强度可达 6 MPa，同时也获得了较好的渗透性、抗磨损性能和耐久性能。

中南大学的陈瑜[2]、长安大学的郑木连等[3]分别从矿物掺合料和外加剂的作用效果、与透水混凝土强度的发展关系、弹性模量的测试方法、透水混凝土的最佳配制条件等方面入手进行了一系列的深入研究，在改善透水混凝土基本性能的力学机理研究中取得了一定的成果。

此外，同济大学的蒋正武等[4]的研究指出：骨料粒径、级配、集灰比是影响透水混凝土孔隙率、透水系数与抗压强度的关键因素；减水剂、聚合物乳液及硅灰等外加剂或掺合料可以很好地改善透水混凝土的各项性能。随着小粒径骨料比例的增大、骨料压碎值的减小，透水混凝土的抗折、抗压强度均有一定程度的提升，但是小粒径骨料过多又会使其透水性能下降。

Huang 等[5]对透水混凝土的骨架结构和骨料黏结性能进行了一系列试验研究，结果表明水灰比是影响透水混凝土孔隙结构及其性能的一个重要因素，当水灰比过高时，流动性变大，骨料表面水泥浆厚度变薄，造成骨料间黏结强度下降，从而使透水混凝土强度降低；当水灰比过低时，虽然骨料表面的水泥浆体厚度增加、强度提高，但会引起成型困难、压实度不够的问题。此外，聚合物和纤维等增强剂也被用于改善透水混凝土的强度和耐久性能的研究中。大量的研究表明，聚合物中固体物质与混凝土胶结材料比达到最佳比值时，可明显改善透水混凝土的抗压、抗拉强度和耐久性能。

日本的 Chindaprasirt 等[6]的研究指出通过使用高效减水剂可以有效减小水灰比，提高透水混凝土的屈服应力和塑性黏度，从而提高透水混凝土的骨料黏结性能，改善其耐久性能。卓义金等人[7]在此方面做了进一步的研究，评价了 JM-A 高效减水剂对透水混凝土的孔隙结构和力学性能的影响，其研究结果表明：改性剂在浆体内形成聚合物网络结构，可以起到提高强度和改善抗变形性能的效果，使透水混凝土的疲劳寿命大大延长。Pindado 等[8]还专门研究了聚合物对透水混凝土路面的耐久性能及铺装厚度的影响，结果表明：虽然使用聚合物之后材料成本有所增加，但改性之后透水混凝土疲劳性能有所提高，弹性和韧性更好，可以减小透水混凝土路面的铺装厚度。

郭桂香[9]、唐海玥和闫纾梅[10]、宋慧等[11]、Ibrahim 等[12]、Ghashghaei 和
Hassani[13]分别采用正交试验设计、线性回归模型和方差分析等方法,探究了骨料
粒径对透水混凝土力学性能、物理性能和透水性能的影响。研究结果表明:目标
空隙率相同时,透水混凝土试件的抗压强度和抗折强度均随着骨料粒径的增大而
减小,这是因为随着骨料粒径的增大,骨料间的接触点变少,水泥胶浆对骨料的
黏结作用变弱,从而导致整体强度下降;透水混凝土试件的总空隙率和透水系数
都随着骨料粒径的增大而增大,这是由于随着骨料粒径增大,骨料堆积密度随之
减小,颗粒间接触点越少。

薛丽皎等[14]、Ćosić 等[15]、Huang 等[16]、Grubesa 等[17]、Maguesvari 和
Narasimha[18]使用不同粒径和类型的骨料,针对骨料粒径和骨料类型对透水混凝
土空隙率、透水系数和强度的影响进行了试验。结果表明:骨料类型对空隙率、
透水系数和强度均有较大影响,这是由于不同骨料品种表面粗糙度和棱角性以及
骨料本身空隙率不同,导致骨料之间接触点和接触面积不同,和胶结料的黏结程度
也不同;骨料粒径对三者影响显著,随着骨料粒径增大,空隙率和透水性能提
升、抗压强度减小。

Deo 等[19]、汪文文等[20]研究发现:骨料粒径越大,骨料周围包裹的水泥浆越
厚,这是因为粒径越大的骨料的比表面积越小。上述研究同样发现:随着骨料粒
径的增大,透水混凝土的弹性模量和抗压强度不断提高[19];骨料的表面形态影响
水泥浆的包裹厚度,表面粗糙的骨料容易附着水泥浆[20]。

Zhong 和 Wille[21]认为与小粒径骨料相比,大粒径骨料透水混凝土的非均质
性更强,从而影响了荷载在受力时的均匀分布,使得透水混凝土的力学性能降
低。王奕仁和王栋民[22]认为骨料的形状、粒径范围与分布、有害杂质的存在及不
同的种类都会对透水混凝土材料的强度、透水性及耐久性产生重要影响,他们通
过收集分析总结国内外学者相关研究,证实了该猜想。

1.2.2 孔隙结构对其性能的影响研究

透水混凝土是一种通过骨料与骨料胶结而成的骨架结构,从而形成了一定的
孔隙结构(图 1-2),其原材料、骨料级配以及成型过程直接影响其孔隙率和孔隙
结构,而孔隙特征与其强度形成机理密切相关,从而影响其力学性能。此外,大
量研究表明,与常规混凝土不同,透水混凝土的成型方法对其孔隙结构影响甚
大,而且在不同的成型方法下,其强度形成机制也不尽相同。

1995 年,Nader Ghafoori 等通过一系列的试验研究对透水混凝土的多孔结构
概念进行了详细论述,研究了不同配合比透水混凝土的孔隙结构特征及其物理力
学性能的差异,特别是对不同成型方法的影响进行了详细的探讨。研究结果表
明:透水混凝土属于骨架孔隙结构,与常规混凝土相比,二者最大的不同在于骨

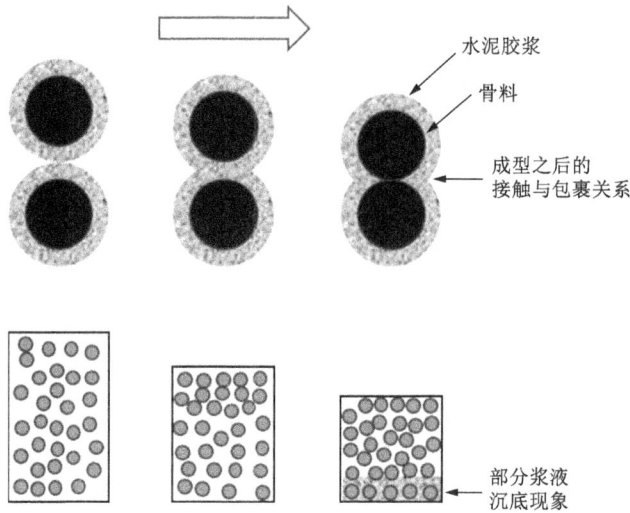

图 1-2 典型的透水混凝土孔隙结构形成过程

料级配和孔隙率的形成特征,而粗骨料品种、粒径组成、颗粒表面形态、单位体积混凝土用量则是影响透水混凝土强度的关键因素。

Lo 等[23]还利用扫描电子显微镜(SEM)、X 射线分析的方法研究了透水混凝土的孔隙结构和轻骨料在透水混凝土中的应用。霍亮[24]和吴冬等[25]通过对不同成型方式的对比,分析了成型方式对透水混凝土的透水性、孔隙率和强度的影响。试验结果表明:不同成型方式对透水混凝土强度、透水系数和孔隙率有很大影响;手工插捣成型的透水混凝土试块上下层较均匀,但堆积松散;机械振捣成型的试块堆积紧密,但浆体容易在下部沉积而堵塞孔隙。

田波等[26]则在此基础上进行了更全面的研究,通过对比静压法、重型击实法、插捣法和振动法等成型方法,探讨了不同成型方法对透水混凝土性能的影响,并指出不同成型方法下透水混凝土的强度形成机理也有所不同。

Gallucci 等[27]研究了龄期为 1~60 d 的水泥浆体的空隙率的定量变化,并定性描述了空隙网络的连通性和渗透性。Wong 和 Chau[28]采用 CT 扫描的方法分别研究了单轴压缩过程中普通混凝土和高强混凝土内部空隙随着荷载变化的情况,发现随着荷载增大,普通混凝土试件内部空隙增多,而高强混凝土的空隙只有十分细微的变化。Kayhanian 等[29]对透水混凝土路面进行取芯,获取空隙率沿路面厚度方向的分布情况,从而评估路面堵塞程度。陈厚群等[30-31]建立了基于 CT 图像的混凝土裂纹区域的定量分析方法,为定量描述裂纹形态和位置奠定了基础;对单轴压缩过程中混凝土裂纹开展及破坏过程进行了实时扫描,观察分析了不同破坏阶段下裂纹的扩展情况。张跃荣[32]利用 CT 对透水砖的空隙结构进行了定性描述与定量表征，分析了空隙结构参数对渗透率的影响，并构建了透水砖渗流性能预测模型。Wang 等[33]和 Snoeck 等[34]通过 CT 扫描，观察裂纹愈合情况，证实了生物水凝胶和高吸水性树脂对混凝土自愈合的贡献，并对愈合产物进行了分析。

1.2.3 抗冻性能的研究

有研究认为，透水混凝土结构中具有足够的孔隙和空间来缓解冻融循环带来的破坏应力，所以透水混凝土的抗冻性能对其耐久性能的影响不大。然而，从实际工程的情况来看(图 1-3)，寒冷地区的透水混凝土路面也会受到冰雪的影响，而且往往会出现更为严重的冻融破坏。这是因为，在透水混凝土渗水通道上的大连通孔隙往往与大量的微小孔隙相连，透水混凝土良好的透水性能又决定了雨水很容易便能渗入这些微小孔隙中；而且，由于透水混凝土本身骨料的黏结强度较低，骨料之间的接触面积较小，所以冻融产生的体积应力很容易在骨料接触的薄弱位置找到结构支撑而破坏其黏结性，从而破坏其骨架结构。

(a) 在建中   (b) 冬季使用状况

图 1-3 寒冷气候下透水混凝土路面情况

在透水混凝土的抗冻融性能方面，日本进行了大量的研究工作。日本混凝土工学协会针对透水混凝土的抗冻融循环试验方案设计及试验方法都进行了全面深入的阐述[35]。对用于路面铺装的透水混凝土的抗冻性能的研究表明，孔隙率在25%以下的透水混凝土具有较好的抗冻性能，试件经受 200 次冻融循环后，其相对动弹性模量在 80%左右，且质量损失率达到 1.3%左右。另外，研究人员还通过一系列的冻融试验研究了与透水混凝土具有相同孔隙率的水泥砂浆在冻融循环过程中产生的冻胀现象，并以此综合评价了透水混凝土的抗冻性能。通过检测从冻结面到触水面超声波传输速度的变化，来判断冻融过程中冻胀现象对透水混凝土各个层面的破坏状况，总结出了透水混凝土在冻融过程中产生的最大冻胀力随透水系数的减小而增大的变化规律。

另外，Kevern[36]利用与常规混凝土相似的冻融试验对不同配合比的透水混凝土进行了测试，并通过表面抗磨损性能试验对透水混凝土的耐久性能进行了综合分析和评价。其试验结果表明，部分大骨料和未添加细骨料的透水混凝土在300次冻融循环试验结束之前就已完全破碎，而且破碎面基本是骨料与骨料之间的接触面。Shu 等[37]对透水混凝土试验路取芯试件和室内成型试件的耐久性能进行了综合的对比分析，试验结果表明，具有较小孔隙率和透水性的试件强度较高，抗冻性能也较好；由于聚合物对骨料黏结性能的改善作用，聚合物加强透水混凝土的抗冻性能要明显优于基准组；而且，即便是对于具有大量孔隙的透水混凝土，引气剂也对其抗冻性能有一定改善作用。

在我国，东南大学也对透水混凝土抗冻性方面的耐久性能进行了广泛的研究。刘小康[38]和潘志峰[39]等人根据透水混凝土的实际使用环境，在实验室中模拟了河堤护坡透水混凝土的冻融破坏情况，并对其破坏机理进行了分析和阐述。随后，潘文佳[40]也对生态型透水混凝土在冻融、干湿交替作用下的耐久性能及作用机理展开了研究，提出了提高生态型多孔混凝土耐久性能的措施，并针对适用于生态型多孔混凝土的耐久性试验方法及相应的评价指标开展了一系列的研究工作。

1.2.4　耐磨损性能的研究

透水混凝土路面与常规混凝土路面不同，首先，透水混凝土路面具有蜂窝状的孔隙结构，所以可以吸收和缓冲一部分冲击荷载的作用，这一点与沥青混凝土路面相似；另外，透水混凝土道路表面没有磨耗层，骨料直接暴露在车辆冲击荷载之下，所以往往容易造成大面积的冲剪破坏，加之环境介质对其强度的弱化作用，使其磨损破坏更加严重。因此，透水混凝土的抗磨损性能是影响其耐久性能优劣的主要决定因素之一。如何根据透水混凝土路面的实际受力特点有效地测试和评价透水混凝土表面的抗磨损性能，成为研究人员和工程师们广泛关注和研究的课题。

对于常规混凝土抗磨损性能的研究，R. Holm 等[41]在20世纪60年代提出了黏着磨损理论，这一理论指出，材料的磨损与作用面的垂直荷载和滑动距离成正比，而与材料的屈服应力成反比。20世纪70年代以来，随着断裂力学的迅猛发展，材料的磨损理论得到不断充实和完善，混凝土的磨损过程被解释为一个"断裂过程"，即表面材料经受着微裂纹形成、扩展、失稳及碎屑脱离基体这一循环过程。

谢友柏院士[42]、中南大学的陈瑜等[43]分别从摩擦学系统的特性，混凝土路面磨蚀过程等方面对混凝土的抗磨损性能进行了深入的分析。美国 ASTM 规范 C779 中介绍了使用圆盘式磨损仪、改进的砂轮磨损仪和滚珠磨损仪测试混凝土试件表面抗磨损性能的试验方法；ASTM 规范 E303 中则介绍了使用英国钟摆式测试仪来评价混凝土表面抗撞击性能的试验方法。虽然上述这些方法已经发展成为较为成熟的试验方法并被写入规范，但由于透水混凝土路面与常规混凝土路面的表面特性、内部孔隙构造和受力特点存在巨大的差异，所以上述用于分析和测试常规混凝土的试验方法并不能很好地适用于透水混凝土[44]。

近些年，一些研究者将测试粗骨料抗磨耗性能的洛杉矶磨耗仪应用到多孔隙开级配混合料（OGFC）以及沥青修补材料和结构的抗磨损性能评价试验中，这个试验一般被称为肯塔堡飞散试验。试验时，将圆柱形的试件置于不加钢球的洛杉矶磨耗仪中，然后让试件随着磨耗仪的旋转而被带到一定的高度然后落下，通过试件与磨耗仪之间的摩擦和撞击产生的质量损失来评价试件的抗冲击磨耗性能。

虽然以上介绍的这些方法经证明对透水混凝土的抗磨损性能具有一定的评价效果，而且也具有一定的重复性和可操作性，但是这些试验方法所具有的一个共同的缺点就是：试验中对试件施加荷载的方式并不能有效地反映透水混凝土作为路面材料时重复车辆荷载对它表面的冲击、剪切和剥离的综合磨耗作用，试验条件与实际的透水混凝土路面的服役条件相去甚远。鉴于此，2011 年，Wu 等[45]通过轮载仪（LWT）和肯塔堡飞散试验对透水混凝土在冲击荷载作用下的抗磨损性能进行了深入的研究和对比分析。研究结果表明，LWT 磨损试验能够有效地评价透水混凝土的抗磨损性能，而且试验中试件的磨损和破坏方式与实际透水混凝土路面一致；并且透水混凝土表面的磨损主要是由骨料之间的黏结失效而导致的，对于透水混凝土路面的薄弱处，磨损区一旦出现，便会在车辆冲击荷载作用下迅速发展，伴随着骨料的剥离，裂缝逐渐开展并贯通，最后导致整个路面的断裂。

1.2.5　减缓热岛效应功能的研究

现在随着城市的发展，城市的热岛效应越来越明显，城区温度明显高于郊外和农村，美国有调查表明，一般已建设完善的城区比周围农村温度高 2~8F°。大量研究表明造成热岛效应的重要原因是城市路面铺装结构，城市路面多为水泥混凝土路面和沥青混凝土路面，它们吸热快、储热能力强，在太阳辐射下迅速升温到较高温度，这些高温的下垫面在城市中成了巨大热源，烘烤周围大气环境，造成环境气温升高。透水混凝土路面被很多学者认为可以有效地缓解道路铺装面对城市热环境的不利影响[46-47]。

1994 年至 1995 年，Asaeda 和 Ca[48]对透水路面在夏天对气候的影响进行了详细的研究，他们针对多孔砖（孔径较大）、黑色沥青无孔混凝土、自然草坪和陶瓷透水混凝土四种路面形式，每天在不同的时段进行测试。经过一年的试验证明，陶瓷透水混凝土内部容水功能好，蒸发时间长，其表面温度明显低于无孔混凝土和普通大孔混凝土；大孔混凝土因孔径较大，水分蒸发较快，融水效果差，其表面非常干燥；普通混凝土和无孔混凝土的表面吸收了大量射线，温度迅速升高，不利于环境温度的调节。

东南大学王波[49]在实验室模拟透水混凝土铺装进行了缓解热岛效应的模拟试验，他将多组混凝土试样底面和侧面密封，只留表面作为蒸发面，首先将试样在水中浸泡 24 h，利用两盏 1000 W 碘钨灯照射模拟热辐射，用风扇模拟自然风，每隔 1 h 称取试样重量和测量试样表面温度，结果表明透水混凝土的蒸发效果使其表面温度明显低于其他类的混凝土。

Li 和 Harvey 等[50-52]在室外人工铺设了 9 块 4 m×4 m 的试验路面，包括嵌锁混凝土、沥青混凝土、水泥混凝土三种材料，每种材料制成 1 块密实路面和 2 块不同形式的透水路面，并长时间监测路面的温度以及环境参数的变化。其数据结果表明，在潮湿情况下，透水性铺装路面能有效降低路面温度，对缓解热岛效应有利。

王从锋等[53-54]针对高透水混凝土路面温度场分布特性，建立了高透水混凝土路面一维热传导模型，确定了计算边界条件和初始条件，并通过实测数据进行了验证，结果较为合理，为高透水混凝土路面温度计算分析提供了理论参考。长安大学张沙沙[55]、马伟思[56]研究了路面厚度、粗集料粒径、含水量和风力对多孔水泥混凝土路面和普通混凝土路面温度场的影响规律，建立多孔水泥混凝土用粗集料内部温度及多孔水泥混凝土路表温度预估模型方程，无砂多孔水泥混凝土材料温度响应特征模型，并拟定切缝间距。

1.2.6　吸声降噪功能的研究

随着城市交通的不断发展和汽车化进程的加快，交通噪声污染已变得日趋严重，大量研究表明，透水性铺装能明显降低路面噪声。

美国 Kuemmel 等[57]2000 年发表的研究报告称，相对于传统的横向刻槽路面而言，随机变间距横向刻槽的噪声降低 1~3 dB，随机斜向刻槽降低 3 dB，纵向刻槽降低 4 dB。丹麦公路局试验研究表明，当车速为 80 km/h 时，露石混凝土路面平均噪声比一般混凝土路面低 7 dB，比有纵向构造的混凝土路面低 2.5 dB。

田波、牛开民[58]在西部交通建设科技项目"低噪音水泥混凝土路面研究"中，提出了一整套"路面—轮胎"噪声的测试方法，通过此测试方法研究了在不同车速条件下，不同路表构造类型的"路面—轮胎"噪声频谱特性，并得出可以通过改变水泥混凝土路面纹理降低路面轮胎噪声。他们结合实际情况认为现实较为可行的选择是采用斜向刻槽方式来降低我国水泥混凝土路面的噪声；同时，为低噪声水泥路面的进一步研究提供了大量的基础实验数据。

2006 年东南大学陶卓辉[59]通过静压成型和捣实成型的对比研究，确定捣实成型作为多孔水泥混凝土室内成型方式并得出有效孔隙率范围为 15%～25%，多孔水泥混凝土的平均吸声系数范围为 0.64～0.81；相对于光面板，透水混凝土降低噪声值范围为 1.5～4.5 dB，随着有效孔隙率的增大，透水混凝土吸声系数先增大后减小。

1.3　开级配磨耗层

>>>

沥青开级配磨耗层(OGFC)混合料是一种特殊的路面材料，主要由粗集料嵌挤而成，细集料和填料较少。OGFC 铺筑在普通密级配沥青混凝土上面，从而形成面层为 OGFC、下卧层为普通密级配沥青混凝土的透水型路面结构。OGFC 既可以应用于新铺筑路面的表面磨耗层，也可以作为旧路面维修或改造时的罩面层。OGFC 有两个比较显著的结构特征：①具有较大的连通空隙率，空隙率一般在 20%左右；②粗骨料之间相互嵌挤咬合形成了明显的骨架空隙结构。相比于普通的沥青混凝土路面，OGFC 路面的空隙结构特征赋予了它良好的排水和降噪性能，能够增大轮胎与路面的摩擦力，减少路面水雾，提高雨水天气路面可视度，使得车辆在路面上行驶时更加安全和舒适。

自从 1944 年 OGFC 首次在美国加利福尼亚州使用以及 1974 年美国联邦公路局第一次提出 OGFC 的设计方法以来，OGFC 在世界范围内取得了显著的发展。但是，在 20 世纪，很多国家和地区在使用了一段时间 OGFC 后就终止了继续使用，这主要是出于耐久性方面的考虑。在很多国家和地区，OGFC 有一些其他的名词表述，例如"多孔磨耗层(PFC)""开级配沥青层(OGA)""多孔沥青(PA)"和"多孔沥青混凝土(PAC)"等。这些材料在组成和功能方面与 OGFC 基本类似。如表 1-1 所示为这些名词的详细信息。

表 1-1　不同机构对 OGFC 混合料的命名以及沥青类型

国家	机构	名称	沥青类型/等级	参考文献
中国	交通运输部	OGFC	高黏改性沥青	[60]
美国	美国材料试验协会	OGFC	PG 等级沥青	[61]
	联邦航空管理局	PFC	黏度等级沥青	[62]
澳大利亚	澳大利亚沥青路面管理协会	OGA	黏度等级沥青和聚合物改性沥青	[63]

续表1-1

国家	机构	名称	沥青类型/等级	参考文献
新西兰	新西兰运输局	PA	针入度等级80~100或者60~70沥青	[64]
南非	南非沥青协会	PA	针入度等级80~100,以及聚合物改性沥青	[65]
日本	日本道路公团	PA	高黏增强沥青	[66]
瑞士	欧洲标准协会	PA	聚合物改性沥青	[67]
法国	法国标准协会	PAC	改性沥青或纤维改性基质沥青	[68]

OGFC显著的骨架空隙结构为其自身提供了较好的抵抗变形的能力,是OGFC力学性能和耐久性的重要保障[69-70]。基于材料功能的优越性,OGFC路面也被公认为是一种符合低影响开发(LID)理念的暴雨控制和环境管理策略,在许多国家被积极地推广应用。从1998年到2010年,OGFC路面在美国的使用率从38%上升到了61%[71-72];部分州的交通部门还提出了强制使用OGFC路面的建设性标准;并且,美国环境保护署(EPA)从2008年以来以平均每年增长30%左右的科研投入来积极推动OGFC路面材料与结构的研究与发展[73-74]。近年来,由于对OGFC优越性认识的提高以及材料制备技术的不断完善,OGFC路面在我国的应用也逐渐增多,已在许多高速公路、城市快速干线、隧道路面和停车场等工程中采用了这一路面形式。特别是随着预防性养护技术的发展与规范化,OGFC作为透水性磨耗层在路面预防性养护中的应用也愈来愈广泛。2012年《透水沥青路面技术规程》(CJJ/T 190—2012)[75]颁布并开始实施,该规范明确提出了透水型沥青路面的设计、施工、验收和养护等技术标准。除此之外,城市内的OGFC路面能够很好地改善城市水循环,缓解城市雨洪灾害,并能显著缓解城市热岛效应。随着国家对海绵城市建设的不断投入,OGFC路面在中国的建设表现出了更加蓬勃的发展态势。OGFC既可以应用于新铺筑路面的表面磨耗层和旧路面维修或改造时的罩面层,也可以作为路面预防性养护中的表面功能层。OGFC路面的推广应用是现代道路行车安全性和环境舒适性的需要,对我国公路与城市道路的建设与养护技术的发展都具有重要的意义。

1.3.1 材料组成

美国建议的OGFC孔隙率为不小于18%[76-77];而在中国、日本、南非和新西兰等地,建议的孔隙率一般不小于20%。由于这种高孔隙率,OGFC混合料内的沥青更容易受到环境的影响,因此一般采用改性沥青作为OGFC的胶结料。同时,由于OGFC显著的孔结构,水、氧气等腐蚀性介质很容易到达沥青表面,并渗透到集料与沥青胶浆的界面，导致沥青与集料之间脱黏或沥青胶浆本身断裂。聚合物改性和橡胶改性沥青具有足够的能力克服这些可能的缺陷。聚合物的加入增强了混合物的抗崩解性，从而提高了混合物的耐久性[78-79]。苯乙烯-丁二烯-苯乙烯(SBS)、苯乙烯-丁二烯橡胶(SBR)和乙烯-醋酸乙烯酯(EVA)是沥青中最常用的聚合物[80]。湿法生产的橡胶改性沥青在抗车辙、抗低温开裂和抗老化方面表现出更好的性能。聚合物改性和橡胶改性沥青还能够改善析漏现象[81-82]。根据 Kandhal[83] 的研究，OGFC 中沥青的性能等级(PG) 通常比根据 Superpave 设计方法的基本要求高两个等级。

　　为提高 OGFC 的性能，常在其中掺入一些添加剂，如矿粉、纤维、抗剥落剂等。矿粉和抗剥落添加剂提高了 OGFC 混合料的抗水损害性能。纤维能提高老化或未老化 OGFC 的耐磨性，提高抗析漏能力。Cooley 等人[84] 发现，纤维素纤维有助于抑制 OGFC 路面的反射裂缝。然而，不同类型的纤维通常呈现出不同的增强效果。Wu 等人[85] 发现，在耐磨性和抗车辙方面，聚酯纤维的表现优于纤维素纤维。对于老化和未老化的 OGFC 试件，枣椰纤维(PF)比纺织纤维(TF) 具有更好的抗松散性，而与 TF 相比，PF 的析漏阻力较差[86]。需要注意的是，纤维和改性沥青的组合使用往往可以带来最佳的性能[86]。

　　与密级配沥青混合料相比，OGFC 中的集料之间的接触更为明显，因此 OGFC 路面的设计和施工都要求高品质的集料。混合料压实会导致集料破碎，这种现象对 OGFC 混合料的影响比对其他类型的热拌沥青混合料更大[82]。同时，OGFC 中集料之间的接触应力明显大于传统密级配沥青混合料中的接触应力，这些已通过离散元法(DEM)分析得到证实[87]。OGFC 的集料形成的骨架是影响永久变形的关键因素[77, 88]。Alvarez 等人[82]建议在 OGFC 混合料中使用强度比其他热拌沥青混合料(HMA)中的集料强度高 25% 的集料来提高 OGFC 的性能。集料特性，如耐磨性、棱角性、颗粒形状、坚固性、清洁度和吸水性，也会影响 OGFC 的性能，这些因素在很多规范中也有明确的规定[80]。

　　此外，集料级配也是影响 OGFC 矿料间隙率(VMA)和透水性能的关键因素[89]。美国[76]、日本[90]、中国[91]、新西兰[92]等国家目前的 OGFC 混合料设计方法通常基于孔隙率等体积特性。沥青用量的确定基于析漏试验和其他试验，如肯塔堡试验。图 1-4 展示了中国[91]、美国[76-77, 93]、澳大利亚[94]和新西兰[95]的一些典型集料级配。这些级配之间存在一些差异，特别是公称最大集料粒径。然而，集料粒径通常落在[4.75, 9.5]mm 区间内，与密级配沥青混合料相比，细集料质量占比总体上都有所减少。基于各自的混合料设计方法，在优质的原材料和足够的压实工艺基础上，OGFC 路面可以确保功能性和耐久性。

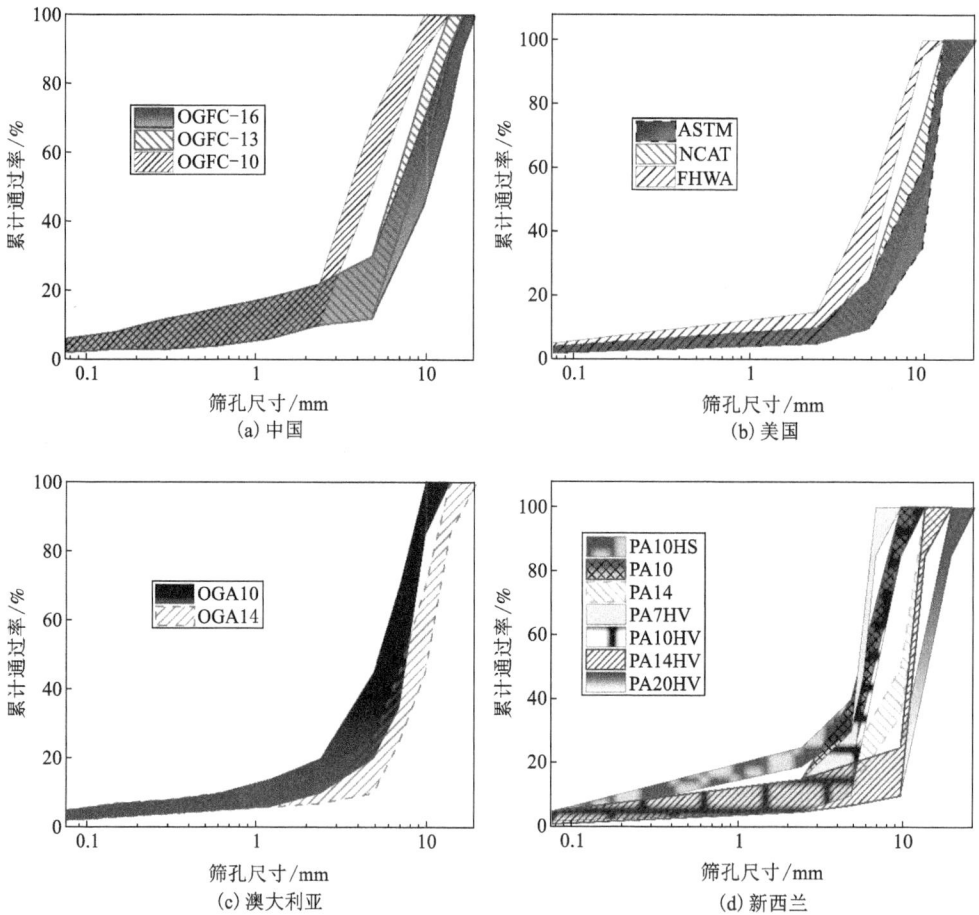

(a) 中国

(b) 美国

(c) 澳大利亚

(d) 新西兰

图 1-4　OGFC 典型级配

1.3.2　力学性能

力学性能主要包括间接拉伸强度、模量和蠕变等[96-97]。Superpave 间接拉伸（IDT）测试包括回弹模量、间接拉伸强度和蠕变试验[98-99]。在 IDT 测试中，密级配沥青混合料试样的空隙率为 4±0.5%；而对于 OGFC 来说，没有规范阐明测试程序和具体空隙率要求。一般采用密级配沥青混合料 IDT 的测试方法来测试 OGFC 的性能。IDT 测试通常用于评估沥青、集料和改性剂等对 IDT 强度、蠕变性能和抗水损害的影响[96-97]。Xiao 等人[97]发现 OGFC 的 IDT 强度低于 DGA 混合料，且 SBS 改性沥青能比胶粉改性沥青提供更优异的力学性能。沥青的黏度也影响 OGFC 的强度。较高的黏度值可提供更好的 OGFC 混合料强度[100]。Islam 等人[101]发现 OGFC 的蠕变柔量比普通密级配沥青混合料大,这表明在一定荷载下,OGFC 能承受更高的应力应变。虽然聚合物和纤维都能提高间接拉伸强度和回弹模量,但聚合物的加入对强度和回弹模量的提高贡献更大[100]。

沥青混凝土的动态模量是路面设计中的一个重要输入参数。Wang 等人[102]发现集料类型在低温下明显影响动态模量。掺入部分再生沥青瓦(RAS)的集料有助于提高动态模量。Chang 等人[103]发现动态模量的顺序为 AC-13>SMA-13>OGFC-13,原因是 SMA 和 OGFC 沥青胶浆具有较高的矿粉和沥青含量,因此它们的承载能力低于 AC-13。

1.3.3 耐久性

尽管美国国家沥青技术中心(NCAT)在 2000 年提出了新一代 OGFC 混合料设计方法,该方法综合考虑了功能性和耐久性,但在实际使用过程中,耐久性问题仍然是影响其广泛应用的关键问题[104-105]。聚合物改性和胶粉改性改善了沥青胶浆与集料之间的黏结性能,降低了析漏潜力,并提高了抗水损害能力。各种纤维如纤维素和合成纤维,减轻了析漏效应,并允许使用更高的沥青含量和更高的生产温度,从而提高了 OGFC 路面的耐久性。矿粉和抗剥落剂提高了 OGFC 混合料的抗水损害性能[106-107]。高品质的集料减少了生产和铺设过程中的集料破碎问题。品质良好的黏层油以及合理的使用率使 OGFC 面层与下卧层黏结良好,提高了 OGFC 路面的耐久性。

对于严寒地区的 OGFC 来说,冬季养护是一个很大的挑战。水变成冰后,体积增大,OGFC 混合料会受到很大的内应力,导致 OGFC 出现裂缝。此外,OGFC 的热导率与传统热拌沥青混合料不同,也带来很多挑战[108-109]。据报道,松散和剥落等是 OGFC 路面常见的病害[110-111]。剥落是指沥青从集料上分离或沥青胶浆本身的断裂。一般来说,有两个方面问题导致剥落:①细料在搅拌过程中阻止了沥青与集料之间的充分黏结;②水分削弱了集料与沥青之间的黏结几天[111]。

与密级配沥青混合料相比,OGFC 的显著孔隙结构更容易引发沥青的老化。沥青老化是沥青混合料在生产和使用过程中发生的一种过程,在微观层面上会发生一些物理和化学反应,随后其黏度增大,在宏观层面上变得更硬更脆[112]。老化是多种因素的结果,包括沥青氧化、挥发、聚合、脱水收缩和分离。沥青老化伴随着沥青路面其他性能的降低,如抗车辙性、抗水损害性和抗裂性。对于 OGFC 混合料来说,由于其更容易接触到空气、水和紫外线辐射等侵蚀性介质,因此通常认为 OGFC 混合料比密级配沥青混合料更容易老化。

1.3.3.1　车辙

OGFC 的抗车辙潜力一般通过使用沥青路面分析仪（APA）进行加载试验来研究。对于密级配沥青混合料，根据 AASHTO TP63-09[113] 的规定，车辙试验在64℃的温度下进行。通常记录第 8000 次循环时的车辙深度以进行比较。混合料的目标空隙率为 7±1%[114-115]。

由于 OGFC 具有高空隙率和相对较薄的层厚，因此 OGFC 混合料没有特定的抗车辙标准。OGFC 厚度是影响 OGFC 车辙性能的一个主要因素[116]。Xiao 等人[97] 制备了一种复杂的试样，包括密级配沥青混合料层和 OGFC 层，试样的总深度为 75 mm，这与 AASHTO TP63-09 中的规定一致。级配也是影响车辙性能的一个重要因素。据报道，OGFC 中粗集料比例较大的级配通常具有更好的抗车辙性能[97]。

车辙机理通常分为以下三类：①材料损失；②密实化；③侧向塑性流动[117-118]。当沥青混合料耐久性较差时，通常会发生材料损失，但这种类型的车辙在所有车辙病害中只占很小的比例。密实化和塑性流动是造成 DGA 路面车辙的主要原因。由于集料骨架引起的明显集料嵌锁以及改性沥青的优越性能，密实化被视为 OGFC 路面的主要车辙致因，而与剪切相关的变形只是一个次要因素[116]。因此，可以推断 OGFC 的车辙深度低于密级配沥青路面。有研究表明OGFC 的车辙深度仅为密级配沥青路面的一半[119]，并且在使用 4 年后车辙深度约为 5 mm。美国国家沥青技术中心的研究表明，四种不同级配的 OGFC 的车辙深度均小于 5 mm[77]。并且，粗集料含量高的 OGFC 通常具有更好的抗车辙性能。

1.3.3.2　松散

松散是指路面表面由于交通的反复磨损以及水分等因素的影响而导致的集料损失现象[120]。这种损坏被认为与沥青膜厚度不足[77] 以及由过度老化和水损害导致的沥青-集料界面黏附力丧失有关。Zhang 和 Leng[121] 发现老化一方面会导致松散的发生，另一方面，老化对含有基质沥青砂浆的多孔混合料的抗松散性的影响比对具有 SBS 改性沥青砂浆的多孔混合料的影响更大。

为了应对沥青老化和松散，延长使用寿命，常采取一些预防性养护措施，如雾封层[122]。雾封层是一种用于路面养护的措施，通常是一种乳化沥青的轻喷应用，主要用于密封现有的沥青表面。其作用主要有以下几个方面：可以减少路面由交通反复磨损和水分等因素导致的集料损失，即减少路面松散现象；有助于提高集料的黏附力，防止集料脱落[123]；使老化的沥青恢复活力，从而延长路面使用寿命；降低路面的渗透性，减少水分对路面的损害[124]；在一定程度上提高路面的抗松散性能，增强路面的整体稳定性。

由于 OGFC 显著的孔隙率，OGFC 路面的松散会迅速蔓延并加速其他病害，从而降低路面使用性能并增加维护成本。根据荷兰的经验，OGFC 通常在使用 6 年后开始出现松散[125]，而密级配沥青混合料大约在 12 年后出现，如图 1-5 所示。肯塔堡飞散试验被认为是评估 OGFC 混合料松散的最佳方法[126-127]。此外，根据西班牙的经验，肯塔堡飞散试验参数与现场性能有密切的相关性[128]。肯塔堡磨耗损失以百分比表示，对应试样的损失重量与初始重量之比。

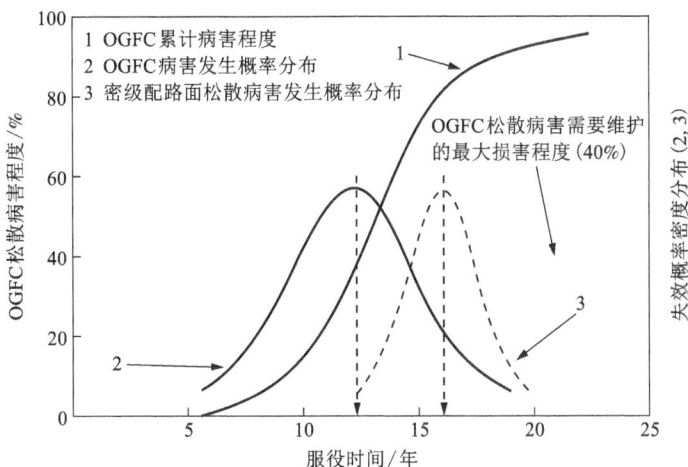

图 1-5   OGFC 路面与普通密级配路面松散病害发展情况[125]

如前所述，沥青种类和用量是影响 OGFC 松散的主要因素。聚合物改性和橡胶改性沥青比基质沥青具有更好的抗松散效果。一般来说，随着沥青含量的增加，沥青膜厚度增加，抗松散性得到提高。然而，当沥青用量增加到一定量时，OGFC 的排水性将受到影响。同时，较高的沥青用量也会造成更显著的析漏，这会降低 OGFC 的耐久性和排水性。一般来说，析漏常限制在 0.2%[129] 或 0.3%[76-77]。此外，尽管不同类型的纤维在抗松散效率方面存在差异，但纤维稳定是提高抗松散性能的常用方法。老化试样通常比未老化试样更容易发生松散病害[81]。Mo 等人[130] 发现集料和砂浆之间的中间层是薄弱环节，是导致 OGFC 混合料松散的关键因素。Miradi 等人[131] 使用人工神经网络来探索沥青含量、空隙率、交通量和冬季天气对 OGFC 松散的影响。研究表明，这些都是影响 OGFC 松散的关键因素。美国国家沥青技术中心和美国材料与试验协会（ASTM）提出的标准是，老化的 OGFC 试样的最大肯塔堡磨耗损失为 30%，未老化的为 20%[76-77]。除了肯塔堡磨耗试验，在评估透水混凝土的耐磨性时，Wu 等人[132] 和 Dong 等人[133] 使用改进的沥青路面分析仪（APA）进行磨损试验。使用带钉轮胎和增加车轮荷载，APA 试验可以很好地模拟透水混凝土的现场松散过程。

压实工艺也影响磨耗损失[134]。压实不足通常会导致沥青和集料之间的非充分黏结，并且还会产生较大的空隙率。另外，由于压实不足，颗粒之间的嵌挤咬合交叉，会使整体的骨架强度不足。然而，应该注意的是，过度压实可能会导致集料破碎，也会影响耐久性和功能性。应采用适当的压实程序以确保 OGFC 具有足够的性能。生产过程中的温度控制也是影响松散的关键因素。温度过低，混合料工作性能不足，需要额外的压实才能保证密实度，但可能导致集料破碎；而过高的温度可能导致 OGFC 发生析漏/离析[135]。对于使用温拌沥青（WMA）技术制备的 OGFC，由于与传统 OGFC 混合料相比拌合温度和摊铺温度较低，析漏效应不太明显[136-137]。

1.3.3.3 水损害

由于 OGFC 独特的孔隙结构，在交通荷载和环境因素的共同作用下会发生黏聚破坏和黏附破坏。在冻融循环期间，水会进入这些微裂缝中。沥青-集料界面处的水分被认为是导致黏结失效的主要原因[138]。冻融循环加剧病害的发展，最终在集料与集料接触区域发生破坏。水损害的发生通常伴随着其他病害，如松散和老化。同时，水损害加剧了松散和老化的严重程度和扩大了范围。对混合料抗水损害性能进行评估是许多标准中规定的步骤[76]。

水敏感性通常使用间接拉伸强度（ITS）和拉伸强度比（TSR）等参数进行评估。最小 TSR 值一般为 80%[76]或 75%[95]。与基质沥青相比，聚合物改性和橡胶改性沥青为 OGFC 混合料提供更大的间接拉伸强度和 TSR 值。Suresha 等人[81]发现 TSR 标准在评估水敏感性方面存在不足，有时会产生误导，因此提出了湿磨耗试验来克服 TSR 试验的不足。Hamzah 等人[139]利用一种新的仪器研究了在流动水的作用下 OGFC 的剥落情况。

除了间接拉伸试验外，汉堡车辙试验（HWTD）可用于评估抗车辙性和水敏感性。HWTD 试验起初是为密级配沥青混合料设计的，并按照 AASHTO T324-16 在 50℃下进行[140]。使用 Superpave 旋转压实仪压实直径为 150 mm、高度为 62 mm 的圆柱形试样。对于密级配沥青混合料，HWTD 试样的目标空隙率为 7±1%。对于 OGFC 混合料，Alvarez 等[141]发现 HWTD 试验中存在显著的变异性，表明 HWTD 不适合用于评估水敏感性。

基于表面自由能理论，沥青-集料体系的自由能参数是影响抗水损害性能的关键因素[142]。一般来说，沥青与石灰岩之间的接触角小于沥青与花岗岩之间的接触角，因此沥青-石灰岩界面的黏附能较低，所以石灰岩集料通常比花岗岩集料具有更好的抗水损害性能。粗集料的形态特征，包括扁平比、球形度、棱角性和纹理，是影响沥青混合性能的主要因素[143-144]。有研究表明，集料的平均棱角性与 TSR 值之间存在线性关系[145]。集料级配影响 OGFC 混合料的抗水损害和抗车辙性能，而从实验室水敏感性的角度来看，洛杉矶磨耗不是一个重要因素[97]。矿粉和抗剥落添加剂也被证明可以提高 OGFC 混合料的抗水损害性能[146-147]。

1.3.3.4 裂缝

相比普通的密级配沥青混合料，针对 OGFC 开裂的研究不多。

Yang 等[148]进行了拉伸疲劳开裂试验，以评估沥青含量、胶粉含量和应力比对 OGFC 疲劳性能的影响。研究表明，添加岩沥青和橡胶粉提高了抗裂性。Yu 和 Jiang[149]研究了一些影响 OGFC 疲劳寿命的因素，并按以下顺序排列其重要性：级配>应力水平>沥青类型>油石比。与密级配沥青混合料相比，OGFC 的抗断裂能力较低，因此自上而下（top-down）裂缝也是 OGFC 路面特别关注的一种损坏模式。研究表明，与传统的黏层油相比，聚合物改性乳化沥青可以提高层间黏结性能，大大提高路面的抗裂性[150-151]。与密级配沥青路面相比，OGFC 不太容易出现低温横向裂缝[101]。

1.3.3.5 层间病害

由于 OGFC 显著的孔隙结构，OGFC 与下卧层之间的黏结行为很复杂。OGFC 路面层间脱黏是一种常见的病害。Song 等人系统地研究了 OGFC 与下卧层密级配沥青混合料（DGA）之间的黏结行为，如黏结强度和剪切疲劳性能。DGA 的材料性能、温度、黏层油以及界面特性是影响 OGFC 路面黏结行为的重要因素。通常，存在一个最佳的黏层油用量，在该用量下黏结强度可以达到最大值。然而，最佳用量还与界面粗糙度有关。对于较粗糙的界面，最佳用量通常较大。界面特性通常包括两个方面：①OGFC 与 DGA 之间的接触面积相对小于密级配沥青路面；②OGFC 与 DGA 之间的集料嵌锁相对强于密级配沥青路面。

1.3.4 功能性

1.3.4.1 透水性能

排水是 OGFC 路面的关键功能。由于其具有的高孔隙率，水可以迅速从 OGFC 路面表面排走，因此在雨天能见度可以得到提高。与密级配沥青混合料相比，OGFC 产生的径流量减少了 93%。同时，金属和污染物也可以减少[152-153]。表 1-2 列出了 OGFC 路面的污染物减少情况[153]。美国材料与试验协会（ASTM）建议的最小孔隙率为 18%[76]。为保证良好的排水性，美国国家沥青技术中心和 ASTM 建议 OGFC 混合料的最小渗透系数为 100 m/d[76, 154]。

表 1-2　雨水径流污染物降低情况[153]

污染物	减少幅度/%
总悬浮固体	91
总凯氏氮	2
总磷	35
总铜	47
总铅	90
总锌	75
溶解锌	30

　　堵孔是 OGFC 常见的病害，它会显著影响排水性。OGFC 路面的堵孔与车速密切相关。研究表明，高速行驶的车辆有助于防止 OGFC 堵孔现象的发生，因为轮胎在路面上滚动时会产生吸力作用。基于这一理论，路面路肩处的 OGFC 渗透率低于相邻车道的渗透系数[124]。Suresha 等人[155]发现：初始渗透系数超过 416 cm/h 的 OGFC 路面即使在堵塞情况下也具有良好的排水潜力。研究指出，堵塞从顶部开始，顶层堵塞可以保护路面的中层和底层不被堵塞。堵塞的 OGFC 路段的渗透系数可以通过使用高压水枪结合真空抽吸清除杂物来恢复。Isenring 等人[156]建议在 OGFC 层仍具有渗透性时就开始进行清洁，定期维护应能在更长时间内保持该层的渗透系数。

　　目前有多种方法测试路面材料的透水性能，其中常水头法和落水头法最为常用。随着空隙率的增大，渗透系数相应增大，且空隙率和渗透系数之间存在指数关系。在相同孔隙率下，常水头法产生比落水头法更大的渗透系数。然而，需要注意的是，有效空隙率才是决定水力特性的关键因素。有研究表明，一些毛细孔隙由于表面张力作用，会保留液体，OGFC 中只有 82.1% 的连通空隙对渗透率起作用[157]。

　　采用 X 射线 CT 和图像技术可以在分析相互连通的空隙时提供可靠的结果[158]。由于内部结构复杂，OGFC 试样在垂直方向和水平方向的空隙含量分布都比密级配沥青混合料更加无序。图 1-6 清楚地展示了 OGFC 在横向和纵向空隙分布的不均匀性。与密级配沥青混合料类似，OGFC 两个端部区域的空隙含量略大于中部的空隙含量。在横向方向上，与密级配沥青混合料相比（图 1-7），OGFC 内部的空隙含量较低，并且从内部到试样边缘，空隙含量逐渐增大。

　　除了空隙分布和相互连通的空隙含量外，材料特性、孔隙结构和迁曲度等也是影响渗透率的关键因素。在考虑集料形状的影响时，形状复杂的粗集料比形状

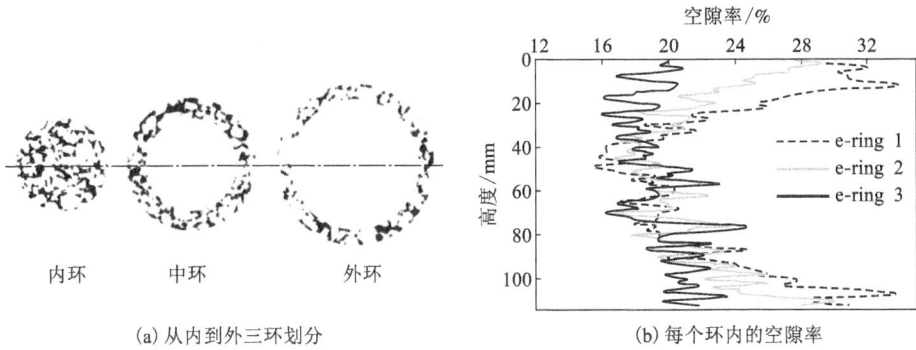

空隙率/%

(a) 从内到外三环划分　　　　　　(b) 每个环内的空隙率

图 1-6　OGFC 在横向和纵向的空隙分布[158]

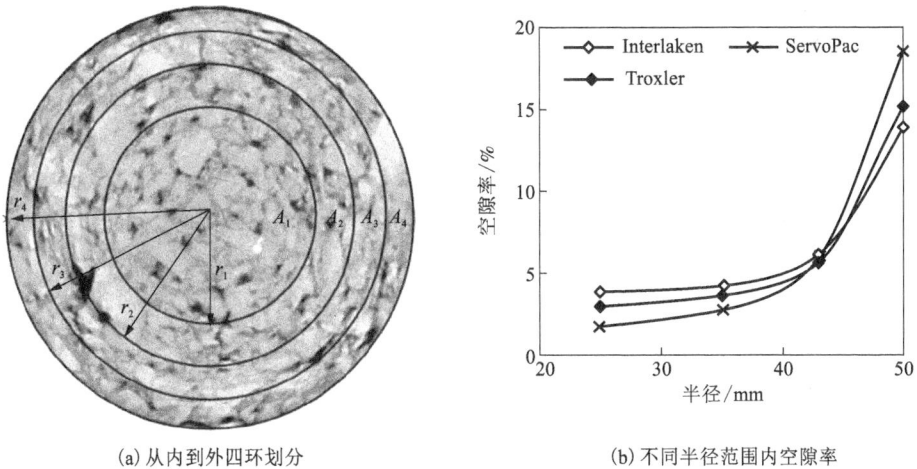

(a) 从内到外四环划分　　　　　　(b) 不同半径范围内空隙率

图 1-7　OGFC 空隙率在水平方向的分布[159]

简单的集料产生更多的孔隙，并且通常产生更大的有效孔隙率[160]。对于特定的级配和沥青含量，与使用未改性沥青的混合料相比，使用改性沥青的混合料通常表现出相对较低的渗透率[81, 161]。此外，沥青的蠕变、析漏和混合料的车辙会显著降低渗透率。

在渗透率的预测和计算中，Kozeny-Carman（KC）方程广泛应用于多孔介质和路面材料的渗透建模[162-163]。然而，KC 方程是基于均匀形状的颗粒进行渗透系数的预测，这显然与实际的 OGFC 内部结构不相符，会带来不合理的预测结果[164]。Masad 等人[165]通过考虑孔隙率、集料级配和沥青用量提出了一个改进的 KC 方程。对于密级配沥青混合料而言，与实验室结果相比，这个方程可以给出合理的渗透系数预测值。然而，对于 OGFC 混合料，预测结果与实验室结果之间存在较大偏差[166]。Kuang 等人[167]通过考虑有效孔隙率、迂曲度和比表面积提出了一个改进的 KC 模型来研究 OGFC 的渗透率。

上述 KC 模型和改进的 KC 模型都是基于达西定律，该定律呈现了渗透系数与水力梯度之间的线性关系，并且仅在低流速下被证明是准确的。由于孔隙率高，研究表明在 OGFC 试样中水力梯度和渗透系数之间存在非线性关系[168-169]。在透水混凝土的研究中，发现 Forchheimer 方程在压力梯度大于 900 Pa/m 时相对更适合描述水力渗透作用[169]。建议在未来的 OGFC 混合料设计中考虑水力梯度和渗透系数之间的非线性，这将有助于提高不同水力梯度下渗透系数预测的准确性。

上述渗透系数测试主要在垂直方向上进行，而在现场，由于下卧层密级配沥青混合料表面是不透水的，地表水首先垂直流动，随后横向流向路肩（图 1-8）。Chen 等[170]重建了 OGFC 的三维微观结构，并分析了垂直和水平方向上的渗透系数的各向异性。结果表明，水平方向上的连通空隙比垂直连通空隙更加均匀。此外，由于 OGFC 中垂直连通空隙的长度较短，与横向渗透率相比，垂直方向上的渗透系数较低。Chen 等[170]还开发了一种新型装置来测量 OGFC 混合料的垂直和水平两个方向的组合渗透率。

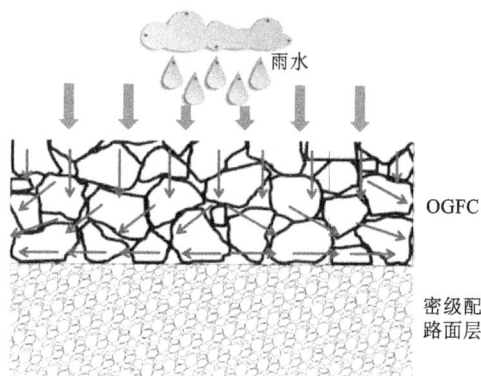

图 1-8　OGFC 路面与普通密级
配路面松散病害发展情况

1.3.4.2　降噪性能

轮胎与路面相互作用产生的噪声是交通噪声的主要来源[172]。由于较高的孔隙率，OGFC 路面已被证明是一种合适的降噪方法。然而，目前尚无标准能够定量评估其降噪效果。路面噪声测量方法通常分为两类：①路边法，如统计通过法（SPB）和控制通过法（CPB）；②近场法，如近场法（CPX）和车载声强法（OBSI）[173-175]。OGFC 路面的降噪机制主要有两部分：①孔隙率降低了空气泵吸的强度，降低了亥姆霍兹共振器机制的增强潜力；②OGFC 路面可以吸收噪声。

根据轮胎-路面噪声的产生机制，路表纹理和吸声性能是影响噪声的两个主要因素[172]。粗糙的纹理会增加轮胎的振动，从而提高轮胎-路面噪声水平[176]。一般来说，宏观纹理深度越小，路面越安静。然而，当宏观纹理过低时，由于轮胎-路面界面的空气泵吸作用,噪声水平会增强[177]。吸声性能也与空隙率密切相关。2004 年,科罗拉多州交通运输部对各种类型路面的降噪性能进行了研究,发现空隙率与噪声呈线性关系[175]。因此,可以推断堵塞会降低降噪性能。Graf 和 Simond[178] 报告称,在良好的养护条件下,OGFC 可在长达 9 年的时间内保持较低的轮胎-路面噪声水平。

一般来说,OGFC 路面可降低 1000 Hz 以上的噪声。据报道,当车速在 20~60 km/h 范围内时,OGFC 路面显示出良好的降噪效果[179]。与密级配沥青路面相比,OGFC 可降低轮胎-路面噪声约 3 dB(A)[83, 180]。图 1-9 展示了三种不同类型路面[OGFC、沥青玛蹄脂碎石混合料(SMA)和密级配沥青路面]在 100 km/h 速度下的声压级(SPL)。可以看到,对于小型车和重型车辆,OGFC 路面的声压级值最低。随着速度的增加,噪声增大[177, 181]。此外,声压和强度水平之间存在良好的相关性[177]。另一个影响噪声水平的因素是层厚,它主要影响高频成分(>1200 Hz)[177]。Hagos[125] 指出,OGFC 的松散极大地影响了降噪潜力,这可能是由两个原因造成的:①松散降低了局部位置的路面深度;②松散显著改变了孔隙结构。公称集料粒径也是影响噪声水平的关键因素[173]。据报道,减小公称集料粒径可以产生降噪效果,主要通过降低纹理深度来发挥降噪作用。同时,存在一个公称集料粒径的阈值,以确保 OGFC 具有良好的机械性能和排水性。加利福尼亚州交通运输部推荐的公称集料粒径为 12.5 mm[182]。

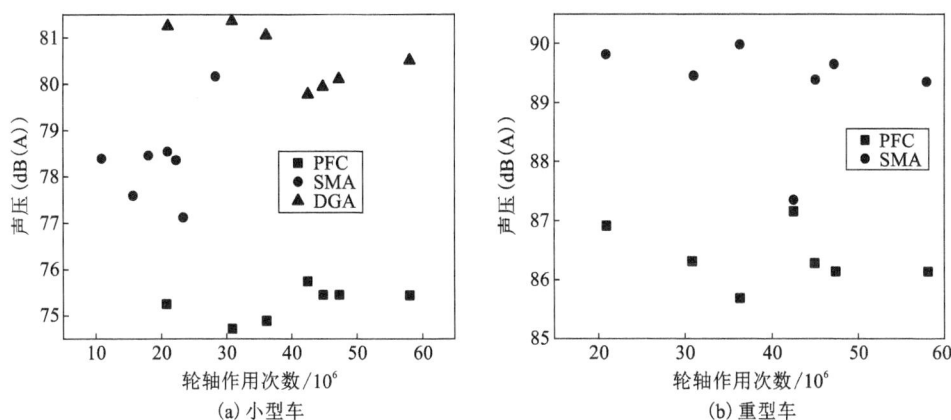

图 1-9 声压与轮轴作用次数的关系

由于双层 OGFC 路面比单层 OGFC 路面具有更好的降噪性能,因此近年来提出了双层 OGFC 路面的概念。双层 OGFC 通常由较粗的下层多孔层和较细的多孔表面层组成。室内试验研究[183-184]和数值研究[185]证实,与单层 OGFC 路面相比,双层 OGFC 结构在降低噪声方面非常有效,同时其抗堵孔能力较好。

1.4　路面层间性能研究及评价方法

1.4.1　沥青面层与下卧层间的黏结性能

沥青路面良好的层间黏结是保证路面耐久性能与行车功能的关键，国内外学者在沥青路面层间黏结的研究方面积累了丰富的经验。普遍认为，路面层间接触状态对其黏结性能有着深远的影响，良好的层间接触状态能使沥青混凝土路面各结构层充分发挥作用，有效地减少各种路面病害的发生，从而增强结构整体承载力，延长沥青路面使用寿命。研究分析表明，在完全黏结的路面系统中，最大拉伸应变往往产生于下卧层底部，而当层间非完全黏结时，最大拉伸应变出现在磨耗层的底部，且应变值要高于完全黏结时的应变[186]。

通常认为混合料类型、黏层油、温度、表面特性等是影响层间黏结性能的主要因素。Jaskuła[187]通过测量四种压实技术下的沥青混合料层间剪切强度，发现沥青面层之间的层间黏结强度很大程度上取决于所应用的压实技术以及压实力，实验室中通过旋转压实得到的试件层间黏结性能较好。

喷涂黏层油被认为是一种能有效提升层间黏结性能的方法，黏层油的种类和用量以及喷涂方式等因素直接决定黏层油的作用效果[188-189]。不同种类的黏层油对于层间黏结性能的提升有着很大的差异，但一般均存在一个最佳用量[190]。与其他类型的沥青相比，乳化沥青作为黏层油时往往有着更明显的效果；同时，在层间施加低黏度乳化沥青比高黏度乳化沥青更有效[188]。此外，黏层油的老化程度也影响着路面层间黏结性能，Raab 等人[191]的研究结果表明，黏层油的老化对沥青路面的层间黏结具有积极的影响，并且，长期的烘箱老化可以产生与原位老化相似的结果。

水分、温度等环境因素及其作用方式同样对沥青路面层间黏结性能有着不同程度的影响。Ran 等人[192]分析了盐溶液的侵蚀与温度的耦合作用对沥青路面层间接触状态的影响，发现盐溶液侵蚀方向为自下而上时，层间黏结强度降低更明显；除了盐溶液的侵蚀方向，溶液浓度也是重要的影响因素，层间黏结强度会因为盐溶液浓度的上升而逐渐下降；此外，当环境温度升高时，会出现层间黏结强度减弱的现象，且下降速率随着温度的升高逐渐减小。Hu 等人[193]针对乳化沥青用量和温度对路面层间界面剪切性能的共同影响进行研究，发现黏层油良好的流动性是保证沥青路面层间界面抗剪强度的关键，黏层油的脆性可以增强低温时抵抗剪切变形的能力，高黏性可以提高沥青层在高温下的界面抗剪强度；相较于低温，高温时增加黏层油的用量无法起到改善界面剪切性能的效果。

与传统沥青路面类似，OGFC 路面层间黏结性能同样与下卧层混合料类型、黏层油洒布量以及环境温度和湿度等因素相关。田小革等人[194]通过室内模拟试验，分析了四类黏层油在不同环境作用下对排水性沥青路面层间黏结性能的作用效果。结果表明，改性乳化沥青在温度敏感性、抗水侵蚀性以及抗冻融能力等方面具有综合优势，为实际工程中黏层油的选择提供了参考意见。类似地，Song 等人[195]的研究发现，下卧层混合料类型、黏层油用量和温度对 OGFC 层间抗剪强度均有显著影响，其中，温度影响最大，其次是下卧层的表面构造深度。进一步地，Song[196]采用疲劳寿命和能量损失等参数评价了 OGFC 与下卧层层间黏结疲劳性能，结果表明接触面积对层间疲劳破坏具有重要的影响。层间接触面积是导致 OGFC 路面与密级配沥青路面抗剪性能差异的原因[197]。

1.4.2 层间界面特性对黏结性能的影响

越来越多的研究发现路面层间黏结性能与其界面特性有着很强的关联[198-199]。Santagata 等人[200]采用了 CT 扫描技术检测上层压实后层间空隙率和层间粗糙度，结合剪切试验，发现空隙率对层间抗剪能力的影响呈非线性变化，较高的宏观构造深度会导致层间剪切强度增大。Chen[197]选择密级配（DGAC）、间断级配（SMA）和开级配（OGFC）三种级配的沥青混合料，对比不同组合的层间剪切强度，发现密级配沥青混合料层间界面的峰值抗剪强度最高，即黏结面积越大，层间黏结表现越好。进一步分析得出，平均构造深度和黏层油膜厚的增加会导致峰值剪切强度和切向模量的降低。表面特性在层间黏结性能中起着关键作用，且与低温情况相比，高温下的层间黏结性能与表面特性的关系更大。

Raposeiras 等人[201]发现获得层间最佳黏结性能的黏层油用量主要受所研究的不同混合料的表面宏观纹理的影响。进一步地，通过建立预测模型，以表面宏观纹理为指标，可以预测使用黏层油之后的界面黏结强度范围并能得到最佳黏层油用量[202]。Das 等人[203]建立的界面剪切强度（ISS）预测模型中考虑了平均构造深度等参数，模型预测的结果能够很好地说明室内试验数据。Song 等人[195]的研究也表明，界面构造深度是影响 OGFC 与下卧层黏结性能的重要因素，在最佳黏层油用量的情况下，构造深度越大，黏结性能越好。较多的连通空隙是 OGFC 的主要特征，当喷洒了黏层油并对 OGFC 层进行压实时，黏层油会从界面处向上进行迁移，从而部分填充临近界面的空隙，这一现象直接或间接地影响着层间黏层油的效果以及 OGFC 层的透水性能。

对于沥青路面层间界面特性的研究集中在界面的宏观构造纹理上，平均构造深度是常用的评价界面宏观构造的参数。目前较多地采用铺砂法测量混凝土表面的宏观纹理。ASTM E2157 给出了一种采用圆形结构仪（circular texture meter）测量沥青混凝土或水泥混凝土界面构造的方法。该方法能够方便地测出平均轮廓深度（mean profile depth，MPD），并且能够计算出均方根（root mean square，RMS）。研究表明使用圆形结构仪和铺砂法测出的结果具有很好的一致性[204]。Abu-Tair 等人[205]在评价水泥混凝土界面特性时提出了一种粗糙度梯度法，即将一组间隔均匀的针竖直分布于混凝土界面上，轮廓构造可以通过图像采集实现，图像采集后对轮廓进行处理，生成一系列的波形图，对波形图进行统计计算即可得出表面粗糙度。

借助于日益完善的表面测试和图像处理技术，通过非接触式的测量方法对表面的直接测量得到的结果更为直观，得到的特征参数能够更好地表征沥青路面的表面构造[206]。耿九光等人[207]的综述中对目前沥青路面表面纹理测量的手段做了总结，除铺砂法、摆式仪法等间接测量方法之外，光学三维扫描重构等直接测量手段也是可靠、有效的。

在水泥混凝土层间黏结以及水泥混凝土修补领域，三维激光扫描技术也被广泛地应用于评估界面性能。该技术能够快速地重建界面的三维构造，对图像进行后处理还可以得到一系列界面参数，例如平均轮廓深度（MPD）、界面分形维数、纹理纵横比等。在具体的研究工作中，Hola 等人[208]利用激光扫描技术得到了试件界面的三维虚拟模型，并对扫描得到的多个粗糙度参数和半无损拉拔试验测得的试件层间拉拔强度进行相关性分析，统计分析结果表明，纹理长宽比（S_{tr}）和峰值材料体积（V_{mp}）两个参数与拉拔强度的线性相关系数 R 最高。

在研究 OGFC 或者其他多孔材料的细观结构时，CT 扫描技术与图像数字化处理技术的结合为材料内部空隙结构的无损观察与分析提供了便利。Wang 等人[209]利用 CT 扫描技术得到了沥青混合料试件的截面 CT 图像，并在此基础上进行了图像灰度化、滤波降噪、对比度增强等预处理，基于 OTSU 方法从试件截面图像中识别和分离出空隙、沥青砂浆和集料三部分，并基于重叠原理创造了一种三维重建技术，成功地重建了试样中空隙的三维几何结构，还提出了一种反映空隙实际值的修正方法，并对空隙结构的拓扑结构进行了研究，可以获得更准确的空隙尺寸。同样是利用 CT 扫描与图像数字处理技术，Zhao 等人[210]对多孔沥青混凝土中的空隙率、空隙连通性、集料粒径分布和均匀性进行了精确表征。

1.4.3 层间黏结性能测试方法

1.4.3.1 拉拔试验

拉拔试验通过拉拔仪对路面双层组合试件进行垂直拉拔，测量拉拔力与层间黏结面积，从而计算出层间黏结强度[211-212]，如图 1-10 所示。拉拔力越大，说明层间黏结性能越好。拉拔试验可以在实验室或现场进行。现场的拉拔试验一般需要对路面进行钻芯处理，钻孔深度达到下层表面，将拉拔仪的夹具固定在试件的上层路面，启动拉拔仪，以恒定的速度施加拉拔力，直到层间发生破坏，即可获取层间的抗拉强度。

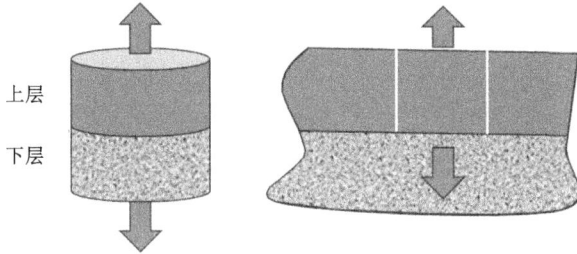

图 1-10 拉拔试验示意图

1.4.3.2 剪切试验

剪切试验是目前评价路面层间性能最常用的方法，包括两种，即直接剪切试验和斜剪试验，如图 1-11 所示。直接剪切试验可以施加法向力，也可以不施加。根据剪切力与剪切面之间的关系，可以计算剪切强度。另外，在施加法向力的情况下，随着法向力的增加，剪切强度一般也会增大，可以用库仑定律表征法向力与剪切强度之间的关系，进而求取黏聚力和内摩擦角等[213]。斜剪试验的试验原理与直接剪切试验类似，斜剪试验也是通过对试件施加剪切力来测定层间抗剪强度；不同之处在于，斜剪试验是在试件上施加一个与水平方向呈一定角度的剪切力。斜剪试验根据试验记录的垂直压力、剪切力和剪切角度数据，计算层间抗剪强度。可以通过不同角度的斜剪试验，得到层间抗剪强度随剪切角度的变化关系。

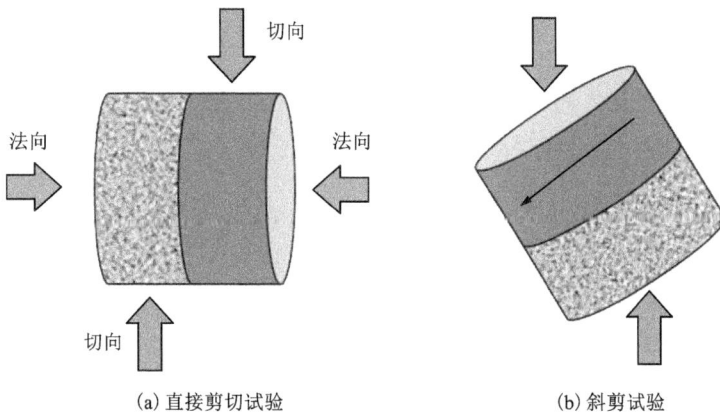

(a) 直接剪切试验　　　　　　　　　　(b) 斜剪试验

图 1-11 剪切试验示意图

1.4.3.3 扭转试验

路面层间扭转试验是一种用于评估路面结构层间结合性能的试验方法。该试验通过对路面层间施加扭转力，测量层间的扭转刚度和扭转强度，以判断层间结合的可靠性和耐久性。在试验中，将路面结构层间的试件固定在扭转试验机上，通过施加扭转力使试件发生扭转变形。根据扭转力和扭转角度的关系，可以计算出试件的扭转刚度和扭转强度。相比拉拔试验和剪切试验，扭转试验对设备的要求较高，且操作不太方便。所以，基于扭转试验方法评估层间性能的研究不多[214]。

扭转刚度是指试件在扭转力作用下抵抗扭转变形的能力。扭转刚度越大，说明层间结合越牢固，路面结构的整体性越好。扭转强度是指试件在扭转力作用下发生破坏时的最大扭转力。扭转强度越大，说明层间结合的承载能力越强，路面结构的耐久性越好。另外，通过观察试件的破坏形态，可以判断层间结合的破坏方式。常见的破坏形态有层间剥离、剪切破坏等。

1.4.3.4 断裂力学方法

沥青路面是一种典型的层间结构，在荷载作用下沥青路面层间的断裂可能是Ⅰ型断裂、Ⅱ型断裂或者Ⅰ-Ⅱ型复合断裂，如图1-12所示。沥青混凝土路面的层间断裂受多种因素的影响，例如黏层油种类和掺量、界面性质以及压实性能等。

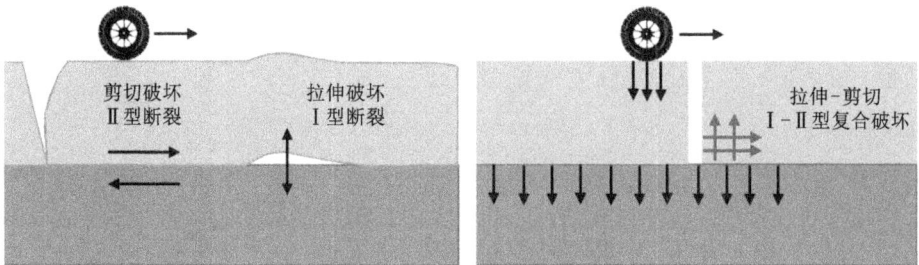

图1-12　路面层间破坏形式

基于断裂力学的层间断裂试验一般有两种方法：采用三点弯拉或者四点弯拉试验装置对双层试件进行加载，通过调整加载点的位置或者两个支撑点的位置可以实现Ⅰ型、Ⅱ型或者Ⅰ-Ⅱ型复合断裂，如图1-13所示；另外一种是采用直接拉伸的方式实现层间的Ⅰ型断裂，如图1-14所示。

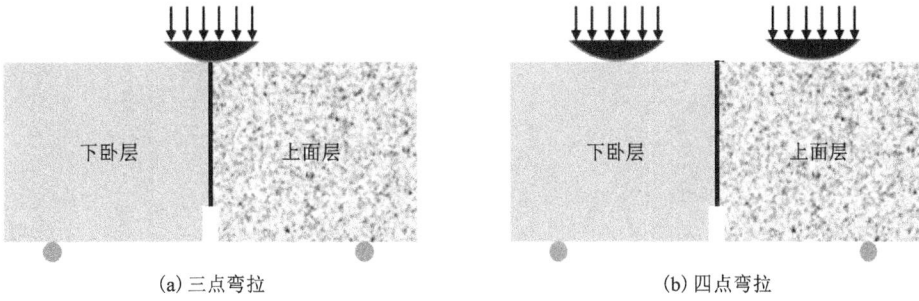

(a) 三点弯拉　　　　　　　　　　　　(b) 四点弯拉

图 1-13　弯拉试验

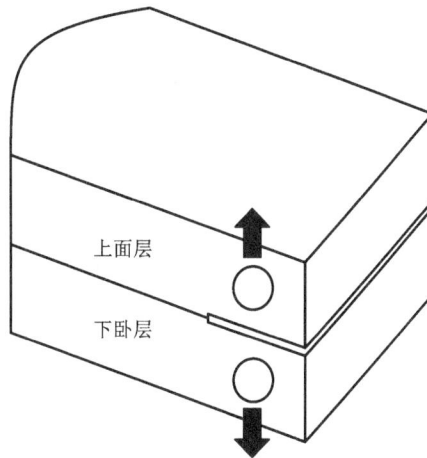

图 1-14　直接拉伸试验

第2章
开级配磨耗层混合料

2.1 配合比设计及材料要求

2.1.1 我国设计方法

《公路沥青路面施工技术规范》(JTG F40—2004)中规定的我国 OGFC 混合料类型包括 3 类：OGFC-16、OGFC-13 和 OGFC-10。如表 2-1 所示为混合料级配的范围。OGFC 混合料的技术要求如表 2-2 所示。

表 2-1　开级配磨耗层混合料矿料级配范围

级配类型		通过下列筛孔(mm)的质量百分率/%										
		19	16	13.2	9.5	4.75	2.36	1.18	0.6	0.3	0.15	0.075
中粒式	OGFC-16	100	90~100	70~90	45~70	12~30	10~22	6~18	4~15	3~12	3~8	2~6
	OGFC-13		100	90~100	60~80	12~30	10~22	6~18	4~15	3~12	3~8	2~6
细粒式	OGFC-10			100	90~100	50~70	10~22	6~18	4~15	3~12	3~8	2~6

表 2-2　OGFC 混合料技术要求

试验项目	技术要求	试验方法
马歇尔试件尺寸/mm	$\phi 101.6 \times 63.5$	JTG F40(T 0702)
马歇尔试件击实次数	双面击实 50 次	JTG F40(T 0702)

续表2-2

试验项目	技术要求	试验方法
空隙率/%	18～25	JTG F40(T 0702)
马歇尔稳定度/kN	≥3.5	JTG F40(T 0702)
析漏损失/%	<0.3	JTG F40(T 0702)
肯塔堡飞散损失/%	<20	JTG F40(T 0702)

OGFC 混合料的配合比设计采用马歇尔试件的体积设计方法进行，并以空隙率作为配合比设计主要指标。配合比设计指标应符合上述规范规定的技术标准。OGFC 混合料配合比设计后必须对设计沥青用量进行析漏试验及肯塔堡试验，并对混合料高温稳定性、水稳定性等进行检验。配合比设计的特殊之处是油石比主要由析漏试验结果选定。通常以析漏试验确定的沥青混合料不致产生流淌的沥青用量作为上限，以肯塔堡试验检验沥青混合料在通车后粒料不致松散、脱落、飞散时的沥青用量为下限。OGFC 混合料的车辙动稳定度：一般交通路段为1500 次/mm，重交通路段为 3000 次/mm。

2.1.1.1 材料选择

用于 OGFC 混合料的粗集料、细集料的质量应符合《公路沥青路面施工技术规范》(JTG F40—2004)对表面层材料的技术要求。OGFC 宜在使用石粉的同时掺用消石灰、纤维等添加剂。消石灰和纤维等可以提高沥青与集料的黏结性，同时减少 OGFC 混合料的析漏。

沥青宜采用高黏度改性沥青，其质量宜符合表 2-3 的技术要求。当实践证明采用普通改性沥青或纤维稳定剂后能符合当地条件时，也允许使用。

表 2-3　高黏度改性沥青技术要求

试验项目	技术要求
针入度(25℃，100 g，5 s)/0.1 mm	≥40
软化点/℃	≥80
延度(15℃)/cm	≥50
闪点/℃	≥260
薄膜加热试验后的质量变化/%	≤0.6
黏韧性(25℃)/(N·m)	≥20
韧性(25℃)/(N·m)	≥15
60℃黏度/(Pa·s)	≥20000

2.1.1.2　级配设计

按试验规程规定的方法精确测定各种原材料的相对密度，其中 4.75 mm 以上的粗集料为毛体积相对密度，4.75 mm 以下的细集料及矿粉为表观相对密度。以表 2-1 中级配范围作为工程设计级配范围，在充分参考同类工程的成功经验的基础上，在级配范围内适配 3 组不同"2.36 mm 通过率"的矿料级配作为初选级配。对每一组初选的矿料级配，按式(2-1)计算集料的表面积。根据设计的沥青膜厚度，按式(2-2)计算每一组混合料的初始沥青用量 P。通常情况下，OGFC 的沥青膜厚度 h 宜为 14 μm。

$$A = (2+0.02a+0.04b+0.08c+0.14d+0.3e+0.6f+1.6g)/48.74 \qquad (2-1)$$
$$P = h \times A \qquad (2-2)$$

式中：A 为集料的总的表面积；a、b、c、d、e、f、g 分别代表 4.75 mm、2.36 mm、1.18 mm、0.6 mm、0.3 mm、0.15 mm、0.075 mm 筛孔的通过百分率。

2.1.1.3　性能测试

制作马歇尔试件，马歇尔试件的击实次数为双面 50 次。用体积法测定试件的空隙率，绘制 2.36 mm 通过率与空隙率的关系曲线。根据期望的空隙率确定混合料的矿料级配，并再次按上述方法计算初始沥青用量。

以确定的矿料级配和初始沥青用量拌和沥青混合料，分别进行马歇尔试验、谢伦堡析漏试验、肯塔堡飞散试验、车辙试验，各项指标应符合表 2-2 的技术要求，其空隙率与期望空隙率的差值不宜超过±1%。如不符合要求，应重新调整沥青用量拌和沥青混合料进行试验，直至符合要求为止。

如各项指标均符合要求，即配合比设计已完成，出具配合比设计报告。

2.1.2　美国 ASTM D7064 设计方法

2.1.2.1　材料选择

当选用普通沥青时，性能分级(PG)的高温分级要比正常数值高 1 到 2 个等级。当选用改性沥青时，改性沥青的 PG 温度范围要超过 95。当温度范围低于 95，但混合料性能满足要求时，改性沥青仍可以使用。

改性剂一般为纤维素纤维或矿物纤维，一般为混合料总质量的 0.3%，需要保证最大析漏为 0.3%。沥青的拌合温度要使沥青的黏度达到(0.00017 ± 0.00002) m²/s，沥青的压实温度要使黏度达到(0.00028 ± 0.00003) m²/s。这两个温度的要求对树脂改性沥青或胶粉改性沥青而言，有时不能满足，此时要根据实际情况做必要的调整。

试件压实之前混合料要经过短期老化，采用旋转压实仪压实 50 次，或者采用其他压实仪来提供等同的压实度。

2.1.2.2 配合比设计

（1）确定级配

ASTM D7064 建议的 OGFC 级配区间如表 2-4 所示。如表 2-5 所示为美国部分地区实际的 OGFC 级配使用区间。

表 2-4 OGFC 混合料级配区间

筛孔尺寸/mm	19.0	12.5	9.5	4.75	2.36	0.075
累计通过率/%	100	85~100	35~60	10~25	5~10	2~4

表 2-5 美国部分地区 OGFC 混合料的使用级配区间

筛孔尺寸/mm	亚利桑那州基质沥青		亚利桑那州胶粉改性沥青		加利福尼亚州		佛罗里达州		内华达州		怀俄明州		佐治亚州	
	min	max	min	max	min	max	min	max	min	max	min	max	min	max
12.5	100		100		100		100		100		100		100	
9.5	100		100		90	100	85	100	95	100	97	100	85	100
4.75	35	55	30	45	29	36	10	40	40	65	25	45	20	40
2.36	9	14	4	8	7	18					10	25	5	10
2							4	12						
1.18									12	22				
0.075	0	2.5	0	2.5	0	5	2	5	0	4	2	7	2	4

级配设计中要对相关体积参数进行计算和校核。

粗集料间隙率（VCA）是指粗集料在紧密捣实后的空隙率，可由式（2-3）计算。

$$VCA_{DRC} = \frac{G_{CA}\gamma_w - \gamma_s}{G_{CA}\gamma_w} \times 100 \tag{2-3}$$

式中：G_{CA} 为粗骨料毛体积密度；γ_s 为粗集料捣实之后的毛体积密度；γ_w 为水的密度。

在表 2-4 中选用三种级配作为试验级配，加沥青拌合后，测定压实后沥青混合料的空隙率和粗集料间隙率。沥青的初始掺量一般在 6.0%~6.5%。

$$V_a = 100 \times \left(1 - \frac{G_{mb}}{G_{mm}}\right) \qquad (2-4)$$

$$VCA_{MIX} = 100 - \left(\frac{G_{mb}}{G_{CA}} \times P_{CA}\right) \qquad (2-5)$$

式中：V_a 为混合料空隙率；P_{CA} 为粗集料在混合料中的百分比；G_{mb} 为压实后混合料的毛体积密度；G_{mm} 为混合料的最大理论密度。

对于三个级配和沥青拌合后的混合料，根据 $V_a \geqslant 18\%$、$VCA_{MIX} \leqslant VCA_{DRC}$ 确定优选级配。

（2）确定沥青用量

在确定级配之后，按照沥青用量上下变化 0.5% 来进一步确定沥青的合理用量，共 3 种沥青用量。制作 OGFC 马歇尔试件，需要 24 个试件，每种沥青用量用于 8 个试件。6 个压实的试件包括 3 个老化和 3 个未老化试件；2 个未压实的混合料 1 个用来测最大理论密度，1 个用来测析漏。

最佳沥青含量是根据空隙率测试结果和析漏试验结果来选择的，如有必要，还会考虑未老化和老化试样的可选磨耗损失。除此之外，还可以进行渗透试验来检验 OGFC 配合比的合理性。但渗透试验属于选择性试验。

最终确定的 OGFC 的配合比要使压实后的试件的空隙率（≥18%）和析漏（≤0.3%）均满足要求。肯塔堡飞散值作为选择性指标：对于未老化试件要不大于 20%；老化试件肯塔堡飞散的平均值不大于 30%，且任意试件的数值不大于 50%。

除此之外，还需要对选出的 OGFC 配合比进行水损害测试。水损害测试依据 AASHTO T283 进行。要保证经过水损害影响后的试件的残留抗拉强度不小于 80%。

2.1.3 CAVF 配合比设计方法

粗骨料空隙填充简称 CAVF 设计法，是 20 世纪 90 年代由张肖宁教授提出，运用到多孔沥青混合料的设计中。该方法基于粗骨料在堆积状态下存在一定空隙，通过选择合适的细集料和结合料来填充这些空隙，以实现密实的混合料结构。其目的是使混合料具有良好的力学性能、稳定性和耐久性。

设计步骤如下：

（1）确定粗骨料级配

通过筛分试验确定粗骨料的颗粒级配。粗骨料通常由较大粒径的碎石组成，其级配应满足工程要求和规范标准。根据经验或参考类似工程，选择合适的粗骨料级配范围，使其在堆积状态下具有一定的空隙率。

（2）测定粗骨料空隙率

将粗骨料按照确定的级配进行堆积，采用容量瓶法或其他合适的方法测定粗骨料的空隙率。空隙率的大小取决于粗骨料的级配、颗粒形状和堆积方式等因素。

（3）选择细集料和结合料

细集料通常由较小粒径的砂或石粉等组成，其级配应与粗骨料相匹配，以填充粗骨料的空隙。结合料一般为水泥或沥青，其用量应根据混合料的强度要求和工程经验确定。

（4）确定细集料和结合料的用量

根据粗骨料的空隙率和细集料的堆积密度，计算出填充粗骨料空隙所需的细集料用量。

（5）进行混合料配合比试验

按照确定的粗骨料、细集料和结合料用量，制备混合料试件。进行无侧限抗压强度试验、劈裂强度试验等，以验证混合料的强度性能。根据试验结果，调整细集料和结合料的用量，直至满足设计要求。

2.2 骨架行为研究

开级配磨耗层(OGFC)主要由粗集料和改性沥青组成，由于细集料的数量非常少，粗集料形成了一个强大的骨架，这为 OGFC 提供了足够的抵抗永久变形的能力。另外，OGFC 骨架结构和合理的沥青含量可以满足高空隙率的要求，从而具有良好的功能性。因此，OGFC 的骨架结构作为其使用性能的重要影响因素，受到了广泛的关注。

目前，还没有统一的方法来表征沥青混合料的骨架强度，对于 OGFC 的骨架网络、集料接触等行为也缺少细观层面的认识。本部分利用离散元法建立 OGFC 的骨架结构模型，根据骨架网络的空隙率、强弱接触、组构各向异性、贯入强度和配位数等参数对 OGFC 的骨架行为进行分析。

2.2.1 集料级配与接触模型

2.2.1.1 模型集料级配

本研究选择了 4 种典型的 OGFC 集料级配和 1 种混合料密级配，如图 2-1 所示。TDOT 是美国田纳西州交通部使用的级配[215]；FHWA 是美国联邦公路管理局(FHWA)选择的级配；而 OGFC-16 和 OGFC-10 是中国标准中规定的级配；AC-16 是中国标准中规定的密级配沥青混合料的级配。从图 2-1 中可以看出，在

4 种 OGFC 的级配中，OGFC-10 是最细的。与 OGFC-10 相比，FHWA 级配中 2.36~4.75 mm 的细集料比例较低，4.75~9.5 mm 的集料比例更大。与 OGFC-10 和 FHWA 相比，OGFC-16 和 TDOT 的级配更粗。虽然 TDOT 和 OGFC-16 的下限和上限相同，但在 OGFC-16 的级配中，12.7~19 mm 区间的集料数量更大，OGFC-16 的总体平均大小比 TDOT 更粗，这是由于 50% 累计通过率(S_{50})对应的粒径不同。与 OGFC 的级配相比，AC-16 在 0.075~2.36 mm 区间内的集料含量高达 34%，明显大于 OGFC 对应区间的集料含量。

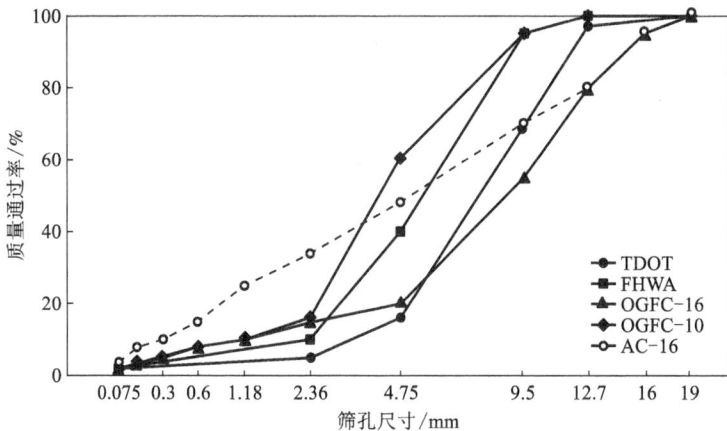

图 2-1　5 种集料级配曲线

2.2.1.2　集料接触模型

确定集料级配之后，使用接触刚度模型作为集料单元之间的本构模型以表征集料间的力学行为，接触刚度模型也被称为传统的 Cundall 线性接触模型[216]。该模型中有三个参数：法向刚度(K_N)、切向刚度(K_S)和摩擦系数。当两个颗粒中心之间的距离小于两个半径之和时，就会发生接触。接触力可分解为两个正交分量：沿接触法向方向的法向力 F_N 和沿接触切向方向的切向力 F_S。法向接触力与相对位移 δ 之间存在弹性关系。

$$F_N = K_N \cdot \delta \qquad (2-6)$$

$$K_N = \frac{K_1 \cdot K_2}{K_1 + K_2} \qquad (2-7)$$

式中：K_N 为法向刚度，由两个接触颗粒的法向刚度(K_1 和 K_2)决定；δ 为相邻颗粒的相对位移。

在剪切力(F_S)的计算中，采用了标准的增量算法[217]，这种算法涉及对前一个时间步长的法向方向变化和刚体运动的剪切力的修正。由于颗粒之间的相互运动和旋转会产生一个剪切位移增量($\Delta\zeta$),所以根据该增量可以调整剪切力。

$$F_S = K_S \cdot \Delta\zeta \tag{2-8}$$

式中：K_S 为接触剪切刚度。

在计算剪切力时,当按照公式计算得到的剪切力大于 $F_N \cdot \tan\varphi$ 时(φ 是摩擦角),集料间发生滑动。按照库仑滑动准则公式(2-9),发生滑动摩擦时,剪切力降低为 $F_N \cdot \tan\varphi$。

$$F_S \leqslant F_N \cdot \tan\varphi \tag{2-9}$$

DEM 测试中使用的一些参数如表 2-6 所示。容器盒的材质为钢；根据文献综述,集料的摩擦系数范围为 0.4~0.65,泊松比约为 0.3。在本研究中,摩擦系数和泊松比分别设为 0.65 和 0.3。

表 2-6　DEM 测试中使用的部分参数

属性	数值	
	集料	容器盒
弹性模量/MPa	150	150000
泊松比	0.3	0.25
摩擦系数	0.65	0.5
密度/(kg·m⁻³)	2600	7800

集料的形态明显影响着集料聚集体的行为,如颗粒的宏观力学行为和变形特性。在离散元法的计算过程中,球形颗粒很容易生成,基于球形颗粒的离散元计算具有很高的计算效率。然而,球形颗粒不能有效地反映颗粒的实际形状,因而测试结果也是相对不准确的。对于复杂几何体的生成,通常用两种方法：颗粒Clump 和多面体的生成[218-219]。Clump 可以通过重叠几个球或将若干个球黏结在一起来实现。真实集料颗粒的形态可以使用很多算法来确定,其中最常见的是图像技术法[220]。除了 Clump 外,复杂的非球体颗粒,如多面体颗粒,也可以直接应用于 DEM 的计算；然而,与前一种方法相比,多面体颗粒间的接触检测和接触力的计算更为复杂,接触检测和接触力的计算更耗时。

在本研究中,使用 Clump 团粒模拟颗粒复杂的几何形状,采用的 5 种 Clump 形状如图 2-2 所示,5 种形状集料的数量比分别为 1∶1∶1∶1∶1。首先根据定义的级配生成一个球形颗粒(图 2-2 中的 1),然后再生成小的球形颗粒,并与存在的颗粒重叠。这种方法确保了 Clump 团粒的集料级配与球形颗粒(No.1)是相同的。五种 Clump 球度分别为 0.80、0.83、0.85、0.87 和 0.90。球度可以用公式 $S = R_2/R_1$ 来计算,其中 R_1 是 Clump 的等效球体半径,R_2 是嵌入该 Clump 的内切球的最小半径。虽然本研究中所采用的集料 Clump 形状无法完全反映实际集料的全部颗粒形态，但是由于本研究的主要目的是评估级配对骨架行为的影响，所以这些颗粒形态的选择仍然能够为级配对骨架行为的影响提供有价值的结论。

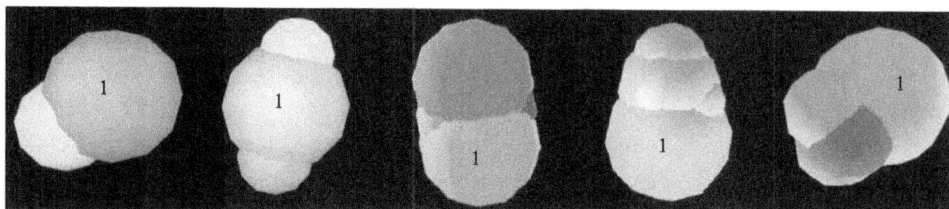

图 2-2　Clump 块体的类型

2.2.2　骨架生成与虚拟贯入试验

粗骨料贯入试验是评估粗骨料骨架强度的一种重要方法。室内的试验中，粗骨料贯入试验通过将一定形状和尺寸的贯入杆以规定的速度压入粗骨料堆积体中，测量贯入深度与贯入压力之间的关系，从而确定粗骨料骨架的强度特性。该试验基于以下原理：当贯入杆压入粗骨料堆积体时，骨料之间的相互作用力会抵抗贯入杆的贯入，贯入阻力的大小反映了粗骨料骨架的强度。

通过分析贯入深度与贯入压力曲线，可以评估粗骨料骨架的强度。初始贯入压力反映了骨料之间的初始接触力，极限贯入压力则表示骨料骨架能够承受的最大压力。贯入模量可以反映骨架骨架的刚度。一般而言，粗骨料的粒径、形状、级配等因素会影响骨架强度；试验条件，如贯入速度、试模尺寸等，也可能对试验结果产生影响。

2.2.2.1　集料压实

该部分采用刚性壁模拟了一个尺寸为 0.15 m×0.15 m×0.2 m 的虚拟盒子，为集料聚集体施加四周限制，根据图 2-1 中的级配和图 2-2 中的 Clump 团粒形态生成集料颗粒，颗粒在重力作用下向下移动。当颗粒处于相对静止状态后，通过一面外壁对集料聚集体施加 10 次从 0 到 10000 N 的正弦荷载，使集料试样达到压实状态，正弦荷载的频率为 0.2 Hz。加载过程如图 2-3 所

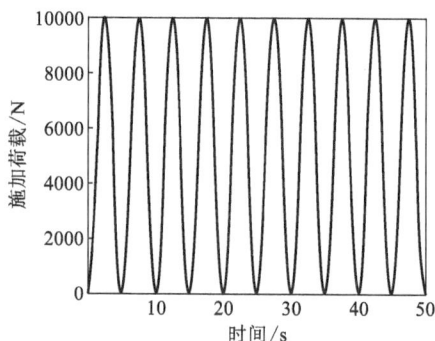

图 2-3　集料堆积体循环压载试验

示。在循环压载的最后一个周期中，当荷载达到最大值时，对集料接触网络进行分析。在循环压载试验结束时还得到了集料试样的空隙率；同时，压实后的集料试样将用于虚拟贯入试验，压实后试样的高度约为 0.1 m。

2.2.2.2　虚拟贯入试验

在循环压载结束时得到的集料试样上进行虚拟贯入试验，首先生成一个尺寸为 0.05 m×0.05 m×0.07 m 的贯入杆。在本研究中，对贯入杆施加了一些边界约束，使杆只能在垂直方向上移动，如图 2-4 所示。文献 [221] 指出，加载速度对骨架强度的影响不显著。另外，本研究的重点是研究级配对骨架行为的影响，而加载速度并不是关键的问题。因此，设置贯入杆以 0.001 m/s 的恒定速度贯入集料试样中，直到贯入深度达到 0.07 m。在此过程中，同步记录了贯入杆在垂直方向的位移和受力，同时记录集料试样的配位数。

图 2-4　虚拟贯入试验

所有的 DEM 测试均使用开源离散元代码 Yade 进行[217]。Yade 能够模拟各种颗粒材料的力学行为，包括土壤、岩石、粉末等。它可以处理大规模的颗粒系统，模拟复杂的物理现象，如颗粒流动、堆积、破碎等。Yade 的计算部分是使用程序语言 C++编写的。Python 用于模型构建、仿真控制和后处理。所有测试在 Ubuntu18.04 台式机(英特尔酷睿 i7-8700，4 核，3.4 GHz，16GB 内存)上进行，每次贯入测试大约需要 48 h。

2.2.3　OGFC 骨架行为分析

2.2.3.1　空隙率

在集料松散堆积体经过循环加载压实后，可获得集料试样的空隙率，5 种集料骨架的空隙率如图 2-5 所示。可以看出，对于 4 种 OGFC 的集料试样，OGFC-16 的空隙率最大，其次是 TDOT、OGFC-10 和 FHWA。4 种 OGFC 集料骨架的空隙率排序与这些 OGFC 的级配组成紧密相关。TDOT 的 50% 累计通过率(S_{50})对应的粒径小于 OGFC-16，导致 OGFC-16 的空隙率较大。对于具有相同最大粒径的 OGFC-16、AC-16 和 TDOT，虽然 AC-16 的 S_{50} 对应的粒径更小，但密级配(AC-16)的空隙率大于 TDOT 样品。这是由于部分细集料颗粒可以占据粗集料颗粒形成的空隙,降低空隙率;但当细集料颗粒的含量超过一定的阈值时,则会引入一些新的空隙,从而增大空隙率。

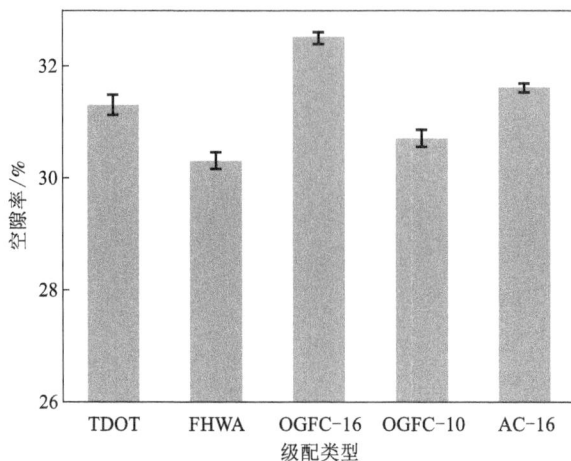

图 2-5　集料骨架空隙率

2.2.3.2　强、弱接触

Radjai 等[222]将颗粒间接触分为两类:弱接触和强接触。以所有接触点的平均法向力 F 作为阈值,弱接触定义为颗粒间的法向力 f_n^c 小于平均法向力 F 的接触;强接触,则是颗粒间法向力 f_n^c 大于平均法向力 F 的接触。因此,对于弱接触, $f_n^c \leqslant F$;而对于强接触, $f_n^c > F$。强接触网络和弱接触网络在颗粒材料的宏观变形中起着不同的作用。强接触形成了颗粒体系的骨架,可以承受和传递荷载;而弱接触则表现为间质液体,为强接触骨架提供一定的稳定性[223]。研究发现,颗粒材料的剪应力很大程度上由强接触网络的比例决定。此外,强接触网络也会影响各向异性的方向[222]。循环压载的最后一个周期中(图 2-3),当压力为 10000 N 时,提取 TDOT 集料骨架的法向力链,如图 2-6 所示,据此可以统计该状态下强接触和弱接触的占比。图 2-7 显示了 5 种级配集料试样中的强接触比例。AC-16 的强接触比例略低于 OGFC-16,略高于 TDOT。OGFC-16 的强接触比例约为 40%,在 OGFC 类里其强接触比例最大。FHWA 和 OGFC-10 的强接触占比在 4 种 OGFC 级配中较小。

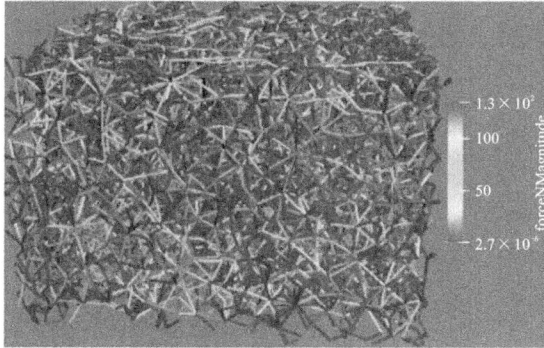

（a）全部接触力链

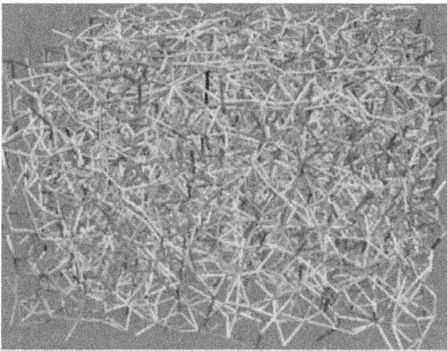

（b）强接触力链

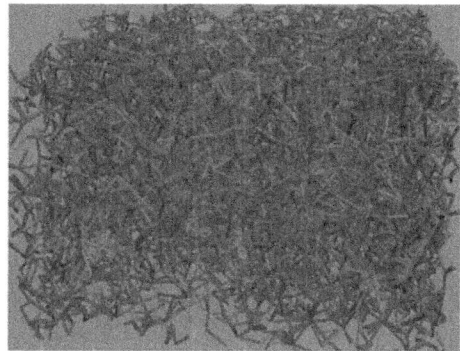

（c）弱接触力链

图 2-6　TDOT 级配中的接触力链

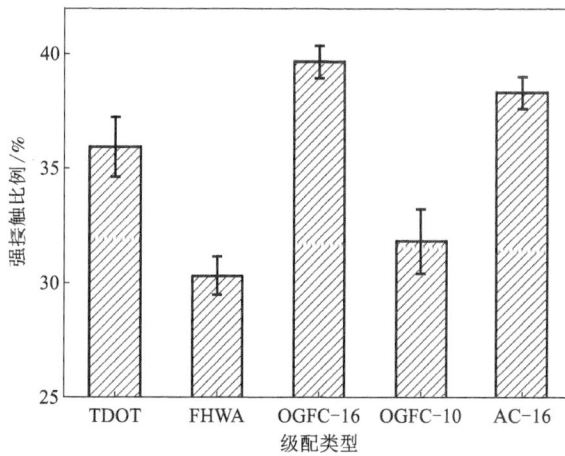

图 2-7　级配类型与强接触比例的关系

2.2.3.3　组构各向异性

组构异性指的是颗粒集合体在微观结构上呈现出的各向异性特征。在离散元模拟中，颗粒的位置、方向、接触关系等因素共同决定了颗粒集合体的组构。当这些因素在不同方向上表现出不同的分布规律时，就出现了组构异性。

为了更好地理解集料聚集体在加载过程中力链网络的演化，可以绘制极性直方图来对接触和力的分布进行可视化分析。在循环加载试验的最后一个循环(图 2-3)中可以得到荷载为 10000 N 时的组构各向异性，统计收集 XZ 平面上颗粒间的接触和法向力，并在 0°~360°之间绘制极性直方图，角间隔为 $\Delta\theta = 9°$。接触分布的极性直方图用接触总数归一化；接触法向力分布的极性直方图由所有接触点的平均法向力归一化。接触和法向力的分布可以用傅里叶级数的方法进行拟合。更详细的傅里叶级数近似(FSA)方法的说明可参照文献[224]，FSA 方法对应的数学表达式如下：

$$P(\theta) = \frac{1}{2\pi}\{1 + a_n \cdot \cos[2(\theta - \theta_a)]\} \tag{2-10}$$

$$f(\theta) = f_0\{1 + a \cdot \cos[2(\theta - \theta_n)]\} \tag{2-11}$$

式中：$P(\theta)$ 为接触法向分布函数；$f(\theta)$ 为平均法向力的分布；f_0 为颗粒体系中的平均法向力；a_n 为定义颗粒接触法向分布各向异性大小的参数；θ_a 为接触法向各向异性的主方向；a 定义了法向力的方向变化的幅度，而 θ_n 定义了接触法向力的主方向。

图 2-8 和图 2-9 给出了 TDOT 的接触和法向力分布的傅里叶级数近似结果，其中可以得到细观结构的参数，如颗粒间接触和力的主方向。强接触和弱接触的法向方向和力的分布也包含在这两个图中。可以清楚地看出，全接触法向和强接触法向的主方向几乎相同，大约沿着垂直方向，而弱接触法向的主方向角度较小(图 2-8)，在接触法向力的分布中也观察到这一趋势(图 2-9)。

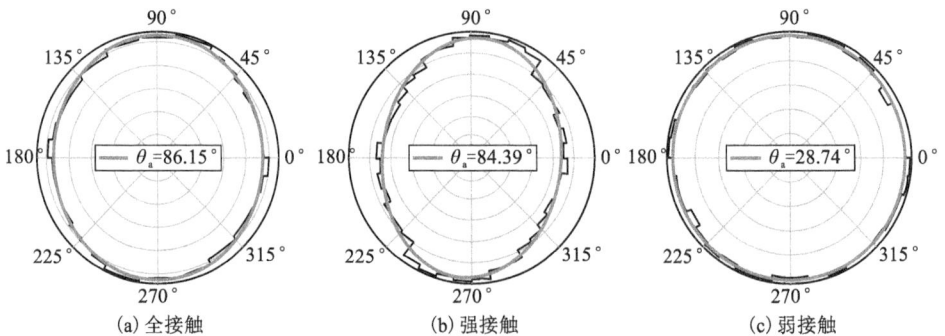

(a) 全接触　　　　　　(b) 强接触　　　　　　(c) 弱接触

图 2-8　接触法向分布

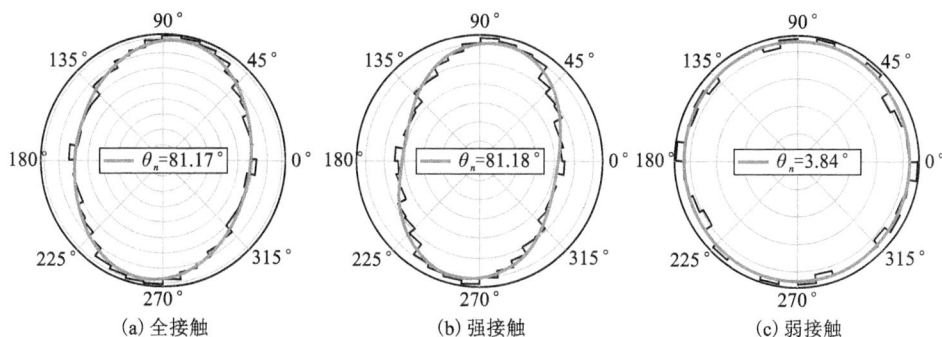

(a) 全接触　　　　　　　(b) 强接触　　　　　　　(c) 弱接触

图 2-9　接触法向力分布

　　表 2-7 显示了这 5 种级配聚集体的接触法向和法向力的主方向，给出了由不同接触类型引起的方向值。无论是接触法向还是接触法向力，全接触和强接触的主方向几乎相同，表明强接触网络是影响颗粒体剪应力和组构各向异性的主要因素，这一发现与文献[222]的结论相一致；而弱接触网络的各向异性方向与全接触网络的各向异性方向之间并没有明确的关系。

表 2-7　接触法向方向和法向力的主要方向

级配类型	$\theta_a/(°)$			$\theta_n/(°)$		
	全接触	强接触	弱接触	全接触	强接触	弱接触
TDOT	86.61	83.34	62.8	82.24	81.74	69.94
FHWA	86.15	84.39	28.74	81.17	81.18	3.84
OGFC-16	84.26	91.63	55.34	85.41	85.87	13.12
OGFC-10	85.94	85.41	35.57	82.74	82.99	44.32
AC-16	83.01	84.41	78.59	75.28	75.89	62.22

2.2.3.4　贯入强度和配位数

　　配位数(CN)指的是一个颗粒周围与其直接接触的其他颗粒的数目。它反映了颗粒集合体中颗粒之间的紧密程度和连接性。对于颗粒材料，有效应力通过颗粒接触点传递[217]。配位数定义为 $CN = (2NC-N1)/(NP-N0-N1)$（其中 NC 为接触数，N1 是仅有一个接触的颗粒数，N0 是指与其他颗粒没有接触的颗粒的数量，NP 为颗粒的总数）。一般来说，颗粒大小和形状、颗粒堆积方式以及外部荷载和边界条件都会影响 CN 的大小。图 2-10 表示 OGFC-16 的贯入强度和 CN 随贯入深度的变化规律。

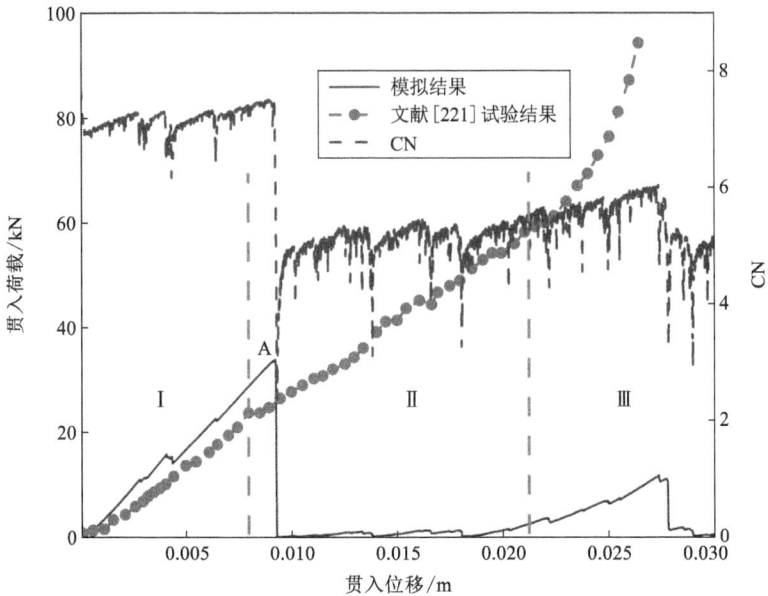

图 2-10　OGFC-16 的贯入强度和配位数

在室内贯入试验中，Wang 等人[221]发现在贯入过程中存在三个阶段，如图 2-10 中的Ⅰ、Ⅱ和Ⅲ所示。图 2-10 中的点线为 Wang 等人实验室研究的贯入荷载-位移曲线，并根据曲线将贯入过程标记为三个阶段。在贯入过程中，贯入力随贯入深度的增加而增加，而第Ⅰ阶段和第Ⅲ阶段的增加速度大于第Ⅱ阶段。实黑线表示 DEM 测试产生的贯入荷载-位移曲线，虽然 DEM 得到的荷载-位移曲线与实验室曲线不是完全一致，但强度变化趋势与实验室结果相似。本研究也可观察到三个阶段，如图 2-10 所示。在第Ⅰ阶段，贯入荷载迅速增加，以抵抗原始的骨架结构。峰值强度(图 2-10 中的 A 点)可以在原始骨架结构受损时获得；贯入强度随后降低，可以观察到一个相对稳定的曲线，这是图 2-10 中的第Ⅱ阶段。在第Ⅲ阶段，随着骨架致密度的增大，特别是对于贯入杆正下方的集料，贯入强度再次增大。本研究采用 A 点的峰值强度作为贯入强度对骨架性能进行分析。贯入阻力的波动主要是由于离散元模型中选取的集料只有这 5 种类型，在加载的过程中，颗粒-贯入杆的接触在不断地出现和消失，这导致了贯入杆上的力的波动[225]。

图 2-11 展示了所有级配类型试样的贯入强度和配位数(CN)。OGFC-16 的级配具有良好的骨架力学性能，其次是 AC-16 和 TDOT。FHWA 和 OGFC-10 试

样的贯入强度较低；与 AC-16 相比，FHWA 和 OGFC-10 在 4.75~12.7 mm 粒径
范围内的集料数量较大，在 0.075~4.75 mm 粒径范围内的集料数量较少，表明细
集料有助于部分提高集料的力学性能。虽然 TDOT 和 OGFC-16 的级配的下限和
上限是一样的，但是 OGFC-16 的 50% 累计通过率对应的集料尺寸更大，所以
OGFC-16 比 TDOT 级配更粗糙，表明级配越粗，贯入强度越大。这一论断也可以
解释 FHWA 和 OGFC-10 的强度顺序。在研究级配对密级配集料聚集体的影响
时，Cunningham 等[226] 发现，在较粗的级配中，级配影响了颗粒聚集体的力学行
为，表现为具有更高的强度和弹性恢复，这个结果与本研究的结论基本一致。
Sun[227] 研究了集料颗粒的棱角性和粒径分布对变形的影响，结果表明，粒径较大
的颗粒的轴向和径向应变较小，具有较好的力学性能。

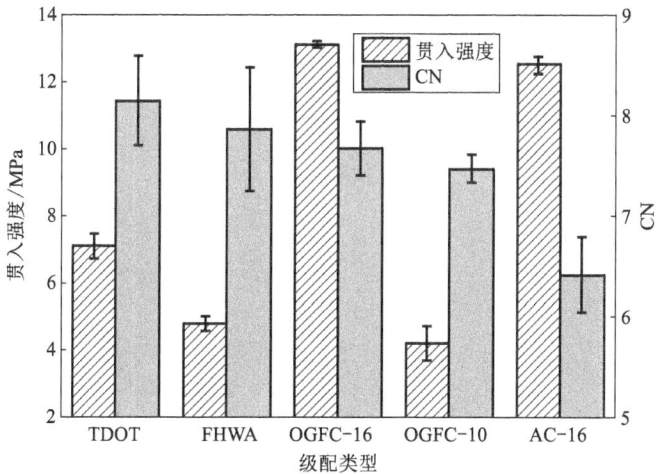

图 2-11　不同级配类型的贯入强度和 CN

在本研究中，OGFC 类级配的贯入强度从 4.2 MPa（OGFC-10）变化到
13.1 MPa（OGFC-16）。当贯入深度为 0.01 m 时，实验室结果[221] 的贯入强度范
围在 8~14 MPa 之间，这是图 2-10 中 A 点对应的深度。数值模拟结果与实验室
数据基本一致。对于图 2-10 中反映出的数值模拟和参考文献[221] 的差异，不同之
处体现在两个方面：①在本研究中，集料的形状很有限，所以模型中集料的嵌锁
咬合不如实际集料那么显著，而且本研究中的骨架空隙率更大；②在室内试验
中，可能会发生集料颗粒的断裂，这使集料之间的状态更加复杂。

考虑到贯入试验中配位数的变化，与强度的结果不同，TDOT 级配的 CN 最
大。开级配集料之间的 CN 存在略微的差异。AC-16 的 CN 明显低于其他试样，
这是因为在 AC-16 的级配中，细集料占比较大，集料颗粒数量明显增多，因此

CN 较小。

图 2-12 显示了强接触比例与贯入强度峰值之间的关系。可以清楚地看出，强接触比例和贯入强度之间存在一定的线性关系。随着强接触比例的增大，贯入强度峰值也在增大，这表明，集料聚集体的骨架力学行为在很大程度上取决于开级配和密级配集料聚集体中强接触网络的比例。

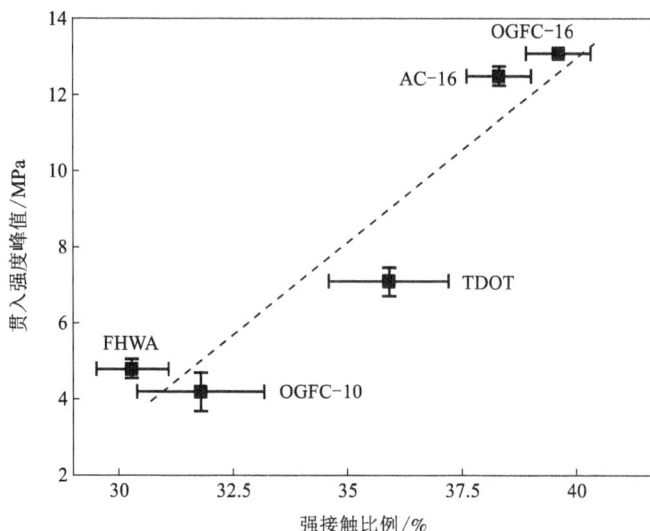

图 2-12　强接触与贯入强度峰值之间的关系

2.2.4　小结

①OGFC 的集料试样空隙率与级配组成紧密相关。50% 累计通过率(S_{50})对应的粒径最大的 OGFC-16 的空隙率最大。级配中的细集料可以占据粗集料形成的空隙，降低空隙率；当细集料的含量超过一定的阈值时，有一些新的空洞形成，并反向增大空隙率。

②贯入强度与级配密切相关。级配越粗，贯入强度越大。与 AC-16 相比，OGFC-16 具有更加优越的力学行为，表明剔除部分细集料有助于提高其承载能力。

③在贯入荷载-位移曲线中可以观察到三个阶段：在第Ⅰ阶段，贯入荷载在非常小的位移范围内急剧增加；在第Ⅱ阶段，贯入荷载变化缓慢，基本稳定；在第Ⅲ阶段，贯入强度再次增强。贯入过程伴随着原始骨架结构的破坏、集料的再分布和局部致密化。

④全接触和强接触的主方向几乎相同。剪切应力和骨架结构的各向异性主要由强接触网络决定。强接触的比例越大，贯入强度越大。

2.3 空隙结构分析

OGFC 的空隙率和空隙结构是影响 OGFC 路面功能性的重要因素。OGFC 的级配和沥青用量是影响空隙率的重要因素，从而影响 OGFC 的渗透系数；渗透系数一般和空隙率呈幂指数的关系[228]。一般而言，随着沥青用量的增多，OGFC 空隙率呈下降趋势；但较高的沥青用量容易产生析漏现象，影响 OGFC 的渗透性能和耐久性。需要注意的是，OGFC 的空隙由连通空隙、半连通空隙以及闭合空隙组成[229]，但只有连通空隙具有渗透作用。研究表明连通空隙率和总空隙率之间存在线性相关的关系[230-231]。王旭波[230]的研究表明在空隙率相近的情况下，最大公称粒径显著地影响混合料的空隙大小和数量；粒径越大，空隙数量越少，但平均单个空隙面积越大。杨旋[231]研究发现针对旋转压实的 OGFC 试件，沿高度方向各二维断层的空隙数量和空隙率的分布较为均匀。但是，也有很多学者的研究表明，与密级配的沥青混凝土试件类似，OGFC 沿高度方向的空隙率分布呈现先减小后增大的趋势，即空隙率在试件的中间部分较小但是在试件两端较大[161]。由于 OGFC 路面雨水渗流在竖向和水平方向同时发生，也有学者研究了 OGFC 的渗透性能与渗流方向的相关性[170, 232]，结果表明无论是空隙率、空隙结构还是渗透系数，在垂直方向和水平方向都表现出一定的差异性。

OGFC 面层一般铺筑在密级配沥青混凝土层上；为了保证 OGFC 面层与下卧层有足够的黏结性能，一般需要在铺筑 OGFC 之前洒布黏层油。目前常用的黏层油材料为改性乳化沥青。在 OGFC 铺筑和压实的过程中，高温 OGFC 混合料会使黏层油流动性增大；由于 OGFC 显著的空隙结构，黏层油有可能沿着 OGFC 的空隙向上迁移(图 2-13)，会改变界面附近 OGFC 的空隙结构，进而影响 OGFC 的透水性能和降噪性能。Chen 等[233]利用 CT 扫描观测到乳化沥青黏层油会从界面处向 OGFC 进行迁移，并且对黏层油的迁移高度进行了计算，但是该研究并未对黏层油迁移对 OGFC 空隙率和空隙结构的影响进行研究。另外，黏层油的迁移也会影响 OGFC 与下卧层的黏结性能，过量的黏层油甚至有可能削弱层间的黏结性。为了更好地明确黏层油迁移对 OGFC 面层空隙结构的影响，进而更好地理解黏层油掺量对 OGFC 面层渗透性能的影响规律，本研究对四种黏层油掺量的 OGFC 与下卧层组合试件进行了三维 CT 扫描，并选取了空隙结构参数对 OGFC 面层的空隙结构进行分析，有助于从黏层油迁移的角度指导 OGFC 面层的施工，为 OGFC 路面的耐久性和功能性设计提供指导。

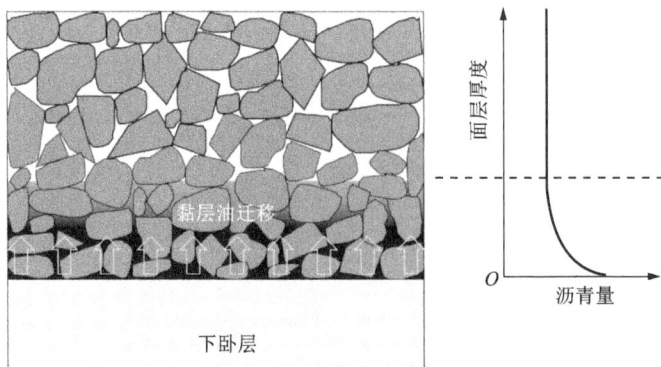

图 2-13 黏层油迁移示意图

2.3.1 原材料及试验设置

为研究黏层油沿界面向 OGFC 层的迁移行为，本研究制作了两种不同的 OGFC-下卧层组合试件，其中选用 1 种 OGFC 材料和 2 种下卧层材料(A 和 B)。下卧层选用的沥青为基质沥青，沥青用量分别为 5.8% 和 6.2%。OGFC 面层选用的沥青为 SBS 改性沥青，沥青用量为 6.4%。黏层油为改性乳化沥青，选择了 4 种水平的黏层油的洒布量，分别为 0 kg/m²、0.5 kg/m²、1.0 kg/m² 和 1.5 kg/m²。基质沥青、SBS 改性沥青和改性乳化沥青的基本性能见表 2-8、表 2-9 和表 2-10。

表 2-8 基质沥青基本性能

项目	技术指标	实测结果
针入度(25℃，100 g，5 s)/0.1 mm	60~80	69
延度(10℃，5 cm/min)/cm	15	>60
软化点(环球法)/℃	46	47.5
动力黏度(60℃)/(Pa·s)	180	226
针入度指数 PI	-1.5~+1.0	-1.11
闪点(开口式)/℃	260	>300
溶解度(三氯乙烯)/%	99.5	99.83

表 2-9　SBS 改性沥青基本性能

项目	技术指标	实测结果
针入度(25℃, 100 g, 5 s)/0.1 mm	30~60	55.6
延度(5℃, 5 cm/min)/cm	20	30.2
软化点(环球法)/℃	60	78.9
运动黏度(135℃)/(Pa·s)	3.0	1.98
针入度指数 PI	0	0.23
闪点(开口式)/℃	230	>300
弹性恢复(25℃, 10)/%	75	95

表 2-10　改性乳化沥青基本性能

指标	技术指标	实测结果
蒸发残留度/%	>50	61.59
针入度 (25℃, 100 g, 5 s)/0.1 mm	40~120	50.7
延度(5℃)/cm	>20	44.7
软化点/℃	>50	54

试验所用集料为石灰岩集料，三种混合料的级配见图 2-14。下卧层 A、B 和 OGFC 的最大公称粒径分别为 9.5 mm、19 mm 和 12.5 mm。

为了制作 OGFC-下卧层组合试件，首先使用旋转压实仪压实直径为 150 mm 的下卧层试件，下卧层试件的厚度为 60 mm。下卧层 A 和 B 的空隙率控制在 4±0.5%。下卧层试件压实后，将其取出在室温下冷却；之后在下卧层的表面按照 0 kg/m², 0.5 kg/m², 1.0 kg/m², 1.5 kg/m² 的洒布量涂抹改性乳化沥青。将改性乳化沥青在常温下放置 2 h，待改性沥青破乳后，将下卧层试件装入加热后的试模钢筒，将 OGFC 混合料倒入模具中进行压实，压实次数设定为 50 次，OGFC 层压实后的高度控制为 60 mm。OGFC 层和下卧层混合料的拌和温度为 150℃。由于称量好的混合料从烘箱中拿出后被迅速压实，因此可以将压实温度近似为 150℃。OGFC 层的空隙率为 18% 左右。对下卧层 A 和 B 的表面构造进行了铺砂法试验，测得下卧层 A 和 B 的构造深度分别为 1.70 mm 和 0.49 mm。

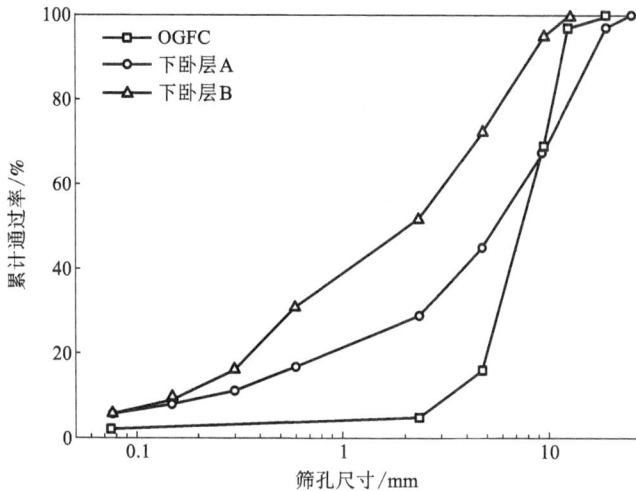

图 2-14　OGFC 和下卧层的级配

2.3.2　CT 扫描及空隙特征参数提取

　　不同密度的材料对 X 射线吸收能力具有差异性,材料密度越高,吸收 X 射线能力就越强[234]。CT 设备由射线源发射 X 射线并使其穿透试样,再由探测器接收经过试样吸收后的 X 射线并将其转变为光信号,再使用光电技术转化为电信号,最终经转换器转换为数字,再交由计算机处理,计算机根据不同密度材料的射线吸收率,建立二者之间的换算关系,并将数据最终转换为图像信息[76]。使用锥形束投照计算机重组断层影像设备(CBCT)对双层组合沥青混合料试件进行扫描重构。CBCT 工作原理为射线源发出锥形束射线源,经过旋转压实试件,另一侧的平板探测器进行数据采集和传输,最后利用计算机软件 NNT 进行三维图像重建与处理。

　　CT 扫描后,选取二维图片作为分析对象,其中在 OGFC 面层每 1 mm 提取一张二维图像。对其进行一系列图像处理,其中包括图像二值化、降噪、腐蚀和膨胀等程序,如图 2-15 所示。图像处理完成后,可以用 Matlab 软件对二维空隙率、平均空隙半径、平均配位数等空隙特征进行定量计算。

　　本研究中,选取截面空隙率、平均空隙半径和平均配位数来表征 OGFC 面层的空隙结构。截面空隙率是指试件截面中空隙面积之和占截面总面积的比率,是评价 OGFC 路面截面透水性最直接的参数。由于截面上空隙的形状不规则且形式各异,空隙尺寸不便于直接计算。本研究中将二维图像上不规则空隙等效为面积

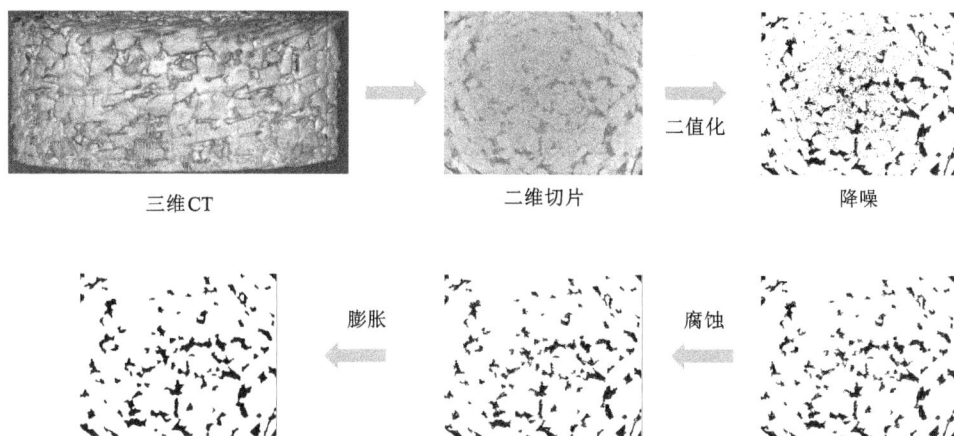

图 2-15　CT 图像处理

相等的圆，即可求取空隙半径。平均空隙半径(AVR)是某一个二维表面上所有空隙尺寸的平均值，计算公式如式(2-12)所示。平均配位数(ACN)是指空隙配位数表示每个空隙所连通相邻空隙的个数，也是每个空隙拥有"喉道"的个数。平均配位数是表征 OGFC 面层空隙连通性的关键参数，计算公式如式(2-13)所示。

$$AVR = \frac{\sum\limits_{i=1}^{n} \sqrt{\dfrac{VS_i}{\pi}}}{n} \tag{2-12}$$

式中：AVR 为截面平均空隙半径，VS_i 为第 i 个空隙的面积，n 为截面上空隙的个数。

$$ACN = \frac{\sum\limits_{i=1}^{n} CN_i}{n} \tag{2-13}$$

式中：ACN 为截面空隙平均配位数，CN_i 为第 i 个空隙的配位数，n 为截面上空隙个数。

为了计算平均空隙半径和平均配位数，需要引入"喉道"的概念，其定义为相互连通空隙之间的相对狭窄连接处。文献[235]中提出了一种自动提取空隙网络特征的计算算法，可以呈现真实的空隙和喉道结构。该方法通过耦合距离函数和分水岭分割两种图像的处理算法，直接检测和分离空隙和喉道，对 OGFC 面层截面图像上的连通空隙喉部进行识别和提取。

分水岭分割，可以表述为当水滴落在起伏的地形上时，水滴会流向"距离最近的"最小值处。"最接近的"的最小值是位于最陡下降路径末端的最小值。在地形方面，如果水滴落点位于该最小值的流域内，就会发生这种情况。分水岭线是数学形态学中分割图像的基本工具。在本研究中，连通空隙示意图如图 2-16 所示，假设代表空隙的黑色区域具有深度，且黑色区域中每个像素的深度随着该像素与最近的白色像素的距离的增加而增加。由此意味着每一个空隙区域的中心代表该区域最深的地方，根据区域内各像素的深度值可绘制出等高线，两个相互连通的空隙区域可视为两个流域盆地，如图 2-17 所示。为方便理解该算法，现假设相邻盆地中的水因为降雨而上升，两个盆地中水相遇的第一条接触线称为流域脊线。在这个水平位之后，两个盆地中的水被连接起来。这条线被解释为喉道，两个圆形物体被认为是孔隙。通过切割分水岭脊线上的结构，可以得到两个分离孔隙和连接喉道。

图 2-16　连通空隙及喉部分割线

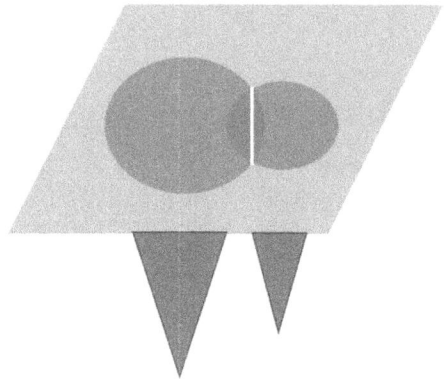

图 2-17　相邻流域盆地及分水岭脊线

2.3.3　结果分析与讨论

2.3.3.1　空隙率

如图 2-18 所示为不同黏层油用量情况下下卧层 A 和 B 对应的 OGFC 面层空隙率沿厚度方向的分布。当黏层油用量为 0 kg/m² 时，不管是下卧层 A 还是 B，空隙率沿 OGFC 层高度方向的分布都是两端较大，中间部分较小，基本呈对称分布。当黏层油的用量为 0.5 kg/m² 时，相比黏层油为 0 kg/m² 时，从高度 54 mm 到 60 mm，OGFC 二维断层的空隙率明显减小，说明即使是低用量的黏层油（0.5 kg/m²）也会沿着高度方向进行迁移，从而堵塞界面处 OGFC 的空隙；并且可以看出，黏层油的迁移高度约为 6 mm。当黏层油的用量进一步增大到 1.0 kg/m² 和 1.5 kg/m² 时，黏层油的迁移现象更为显著，并且迁移高度可以达到 10 mm 和

OGFC面层截面空隙率/%

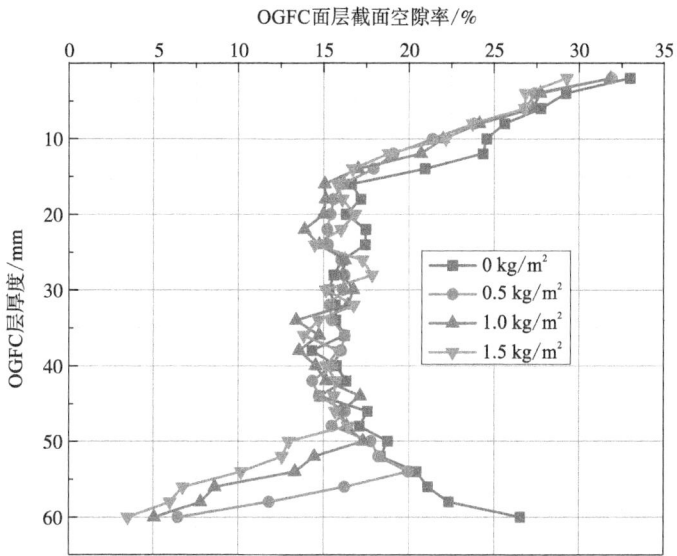

（a）下卧层A

OGFC面层截面空隙率/%

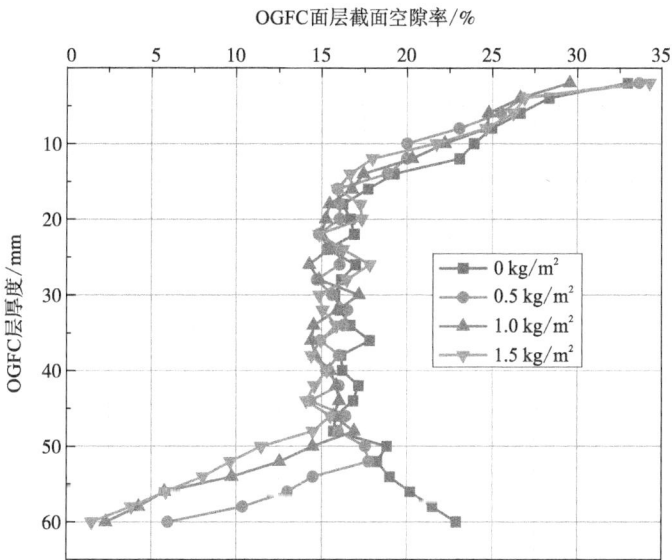

（b）下卧层B

图 2-18　不同黏层油用量情况下 OGFC 面层空隙率分布

12 mm。如图 2-19 所示为 OGFC-A 在不同黏层油掺量下的 CT 扫描图像，可以看出随着黏层油掺量的增大，界面附近的 OGFC 的空隙被逐渐填充。黏层油在 OGFC 面层的迁移主要是由于两方面的原因：①高温的 OGFC 混合料会提高黏层油的流动性，当 OGFC 被压实时，由于挤压作用，黏层油会在自由空间流动；②OGFC 本身的大空隙结构为黏层油的迁移提供了孔道。所以，OGFC 混合料的压实温度、压实功效以及黏层油的种类对黏层油的迁移有重要的影响。当黏层油的掺量为 0 kg/m² 时，界面处的空隙率大概为 25%；当黏层油的洒布量增加到 0.5 kg/m²、1.0 kg/m² 和 1.5 kg/m² 时，界面处的空隙率降低为 6%、4% 和 4%。另外，如图 2-20 所示为四种黏层油掺量情况下界面处的空隙率。可以看出，在相同的黏层油用量情况下，当下卧层为 A 时，同一高度处空隙率更大。这是因为下卧层 A 比下卧层 B 的级配更粗糙，构造深度的试验也显示 A 的构造深度大于 B 的构造深度，所以下卧层 A 的表面积也相对较大；当使用同样掺量的黏层油时，对于下卧层 A 来说会有较大一部分用于填充表面的空隙，可用于向 OGFC 面层迁移的黏层油的量就会相对减少，因此界面处的空隙率偏高。不同下卧层上黏层油分布示意图见图 2-21。

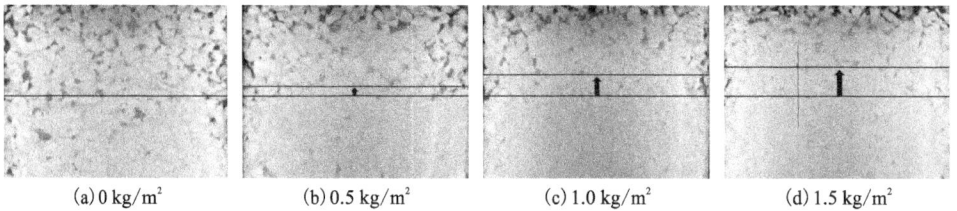

(a) 0 kg/m² (b) 0.5 kg/m² (c) 1.0 kg/m² (d) 1.5 kg/m²

图 2-19 不同黏层油用量情况下 CT 扫描图像

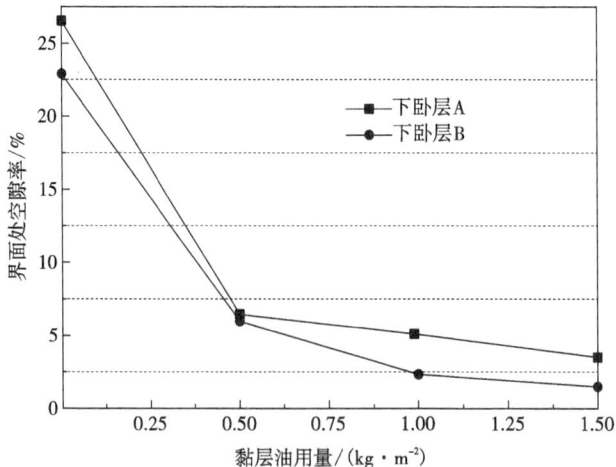

图 2-20 不同黏层油用量时界面处的空隙率

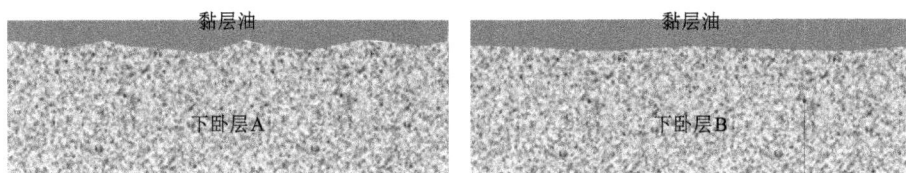

图 2-21　不同下卧层上黏层油分布示意图

2.3.3.2　平均空隙半径

　　如图 2-22 所示为不同黏层油用量情况下平均空隙半径沿 OGFC 面层高度方向上的分布。与图 2-18 中空隙率分布类似，当黏层油用量为 0 kg/m² 时，在 OGFC 面层的上下两端空隙的半径较大；从两端到中间变化时，空隙的半径逐渐减小。这主要是因为在旋转压实的过程中，上下界面的边界效应使得中间部分的混合料更容易被压密实，相对空隙半径就越小。当黏层油的用量为 0.5 kg/m² 时，从高度 54 mm 到 60 mm，空隙半径逐渐减小，这主要是由于黏层油的迁移使得 OGFC 层靠近界面的空隙被堵塞，越靠近界面，空隙被堵塞得越严重，平均空隙半径也就越小。当黏层油的用量增加到 1.0 kg/m² 和 1.5 kg/m² 时，由于黏层油的迁移现象愈加明显，所以 OGFC 面层在 50 mm 和 48 mm 处空隙半径开始减小。黏层油用量为 0 kg/m² 时，界面处空隙半径约为 1.65 mm；当黏层油用量增大到 0.5 kg/m²、1.0 kg/m² 和 1.5 kg/m² 时，界面处的空隙半径大约为 1.05 mm、0.95 mm 和 0.9 mm。

2.3.3.3　空隙平均配位数

　　空隙平均配位数表征的是某一个空隙与周围空隙连通的个数，可以在一定程度上反映连通空隙率和渗透性能。如图 2-23 所示为不同黏层油用量情况下 OGFC 空隙配位数沿厚度方向上的分布情况。当黏层油用量为 0 kg/m² 时，空隙配位数的分布规律与空隙率和平均空隙半径基本一致。在 OGFC 面层的两端，空隙配位数较大，说明上下两端的连通空隙较多；从两端到 OGFC 面层的中部，配位数逐渐减小，说明中部连通的空隙数目减少。当黏层油掺量增大到 0.5 kg/m²、1.0 kg/m² 和 1.5 kg/m² 时，界面处的空隙平均配位数显著减小。对比黏层油为 0 kg/m² 时的配位数分布图，可以看出当黏层油掺量增大到 0.5 kg/m²、1.0 kg/m² 和 1.5 kg/m² 时，黏层油的迁移对配位数影响的范围分别在 [55, 60]、[54, 60] 和 [52, 60] mm 的区间内。

OGFC截面平均空隙半径/mm

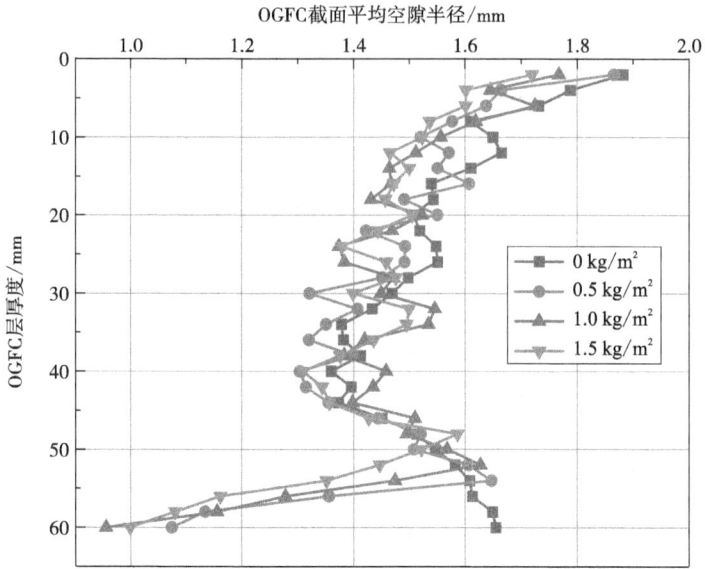

(a) 下卧层A

OGFC截面平均空隙半径/mm

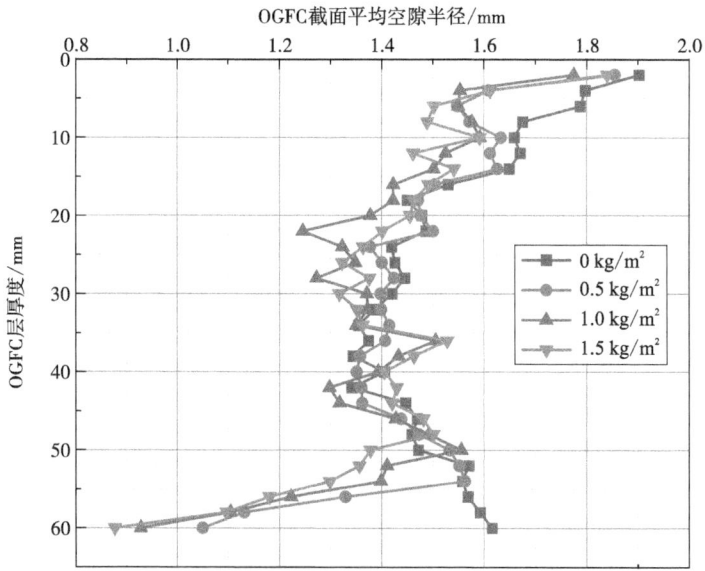

(b) 下卧层B

图 2-22 不同黏层油用量情况下 OGFC 面层的平均空隙半径

OGFC截面平均空隙配位数/个

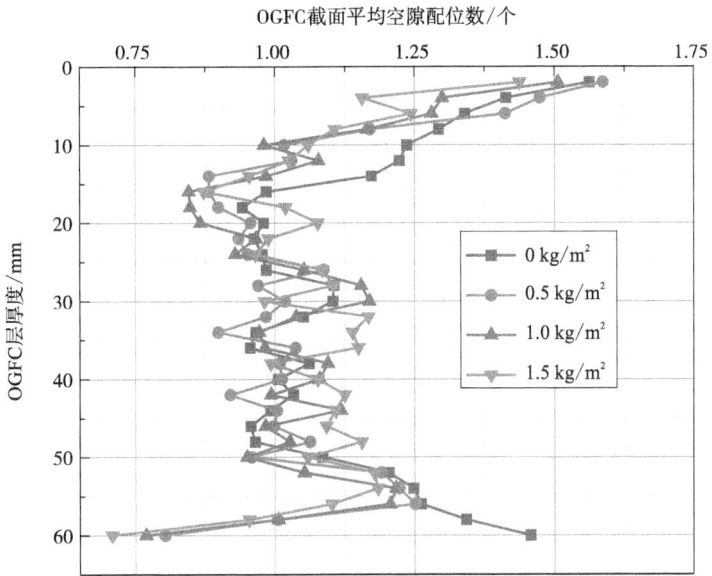

(a) 下卧层A

OGFC截面平均空隙配位数/个

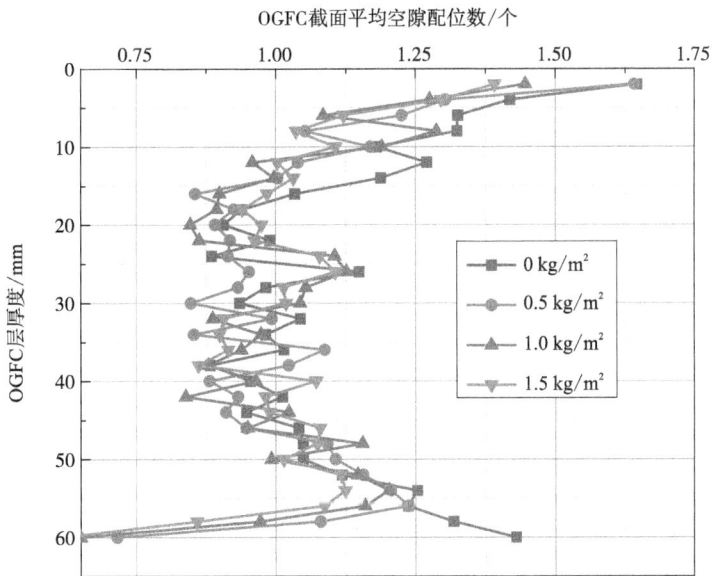

(b) 下卧层B

图 2-23　不同黏层油用量情况下 OGFC 面层的空隙平均配位数

2.3.3.4 黏层油最佳掺量

考虑黏层油在 OGFC 面层的迁移以及对 OGFC 骨料的包裹来确定黏层油的最佳掺量。OGFC 混合料的最大公称粒径为 12.5 mm，12.5~19 mm 范围内的集料占比为 3%；当黏层油掺量为 1.5 kg/m² 时，黏层油的迁移高度在 12 mm 左右，基本会把粒径最大的骨料全部包裹。但研究表明过量的黏层油不能提高层间的黏结性能，甚至会削弱层间黏结[213, 233]，所以 1.5 kg/m² 的黏层油用量偏高。9.5~12.5 mm 的骨料占比为 28%，50% 集料累计通过率的粒径在区间 4.75~9.5 mm 范围内；黏层油掺量为 0.5 kg/m² 和 1.0 kg/m² 时，黏层油的迁移高度分别为 5 mm 和 10 mm 左右。考虑到黏层油对界面处 OGFC 骨料的裹覆作用，建议黏层油的最佳掺量为 0.5~1.0 kg/m²。但是，为了更准确地确定黏层油的最佳掺量，还需对层间黏结强度以及功能性进行测定，这部分也是将来研究的方向。

2.3.4 小结

①当界面未洒布黏层油时，OGFC 面层空隙率沿高度方向的分布与密级配沥青混凝土类似，呈现两端高、中间低的规律；随着黏层油用量的增大，黏层油向上迁移，使得界面处 OGFC 的空隙率显著降低，并且黏层油用量越大，迁移的高度越大。

②下卧层的种类会影响黏层油的迁移，下卧层表面构造深度越大，用于填充表面的空隙的黏层油就越多，用于迁移的黏层油就越少，界面处的空隙率就会越大。当界面未洒布黏层油时，OGFC 面层空隙半径沿高度方向的分布呈现两端大、中间小的对称分布；随着黏层油用量的增加，黏层油的迁移会堵塞界面处 OGFC 的空隙，使平均半径变小。

③空隙配位数的变化规律与空隙率的类似；黏层油迁移会使靠近界面处的连通空隙闭合，从而使空隙平均配位数降低。

第 3 章
透水混凝土

3.1 材料组成

>>>

透水混凝土的原材料有骨料、水泥、掺合料和各种外加剂，有时也可添加少量细骨料。由于透水混凝土的制备过程和性能要求要比普通混凝土严格，且可调的范围小，所以对原材料的指标要求比普通混凝土高。

（1）骨料

透水混凝土的骨料主要为粗骨料，有时可使用少量细骨料（砂率通常不大于12%）。粗骨料一般以单一级配和间断级配为宜，最大粒径一般不超过 25 mm，这样既能保证透水混凝土具有满足透水性要求的连通孔隙率，又不会使得孔隙的孔径过大而导致其力学性能过差。

（2）胶凝材料

胶凝材料主要为水泥、矿物掺合料、有机胶结材料。水泥一般选用硅酸盐水泥和普通硅酸盐水泥，为保证透水混凝土的力学性能，宜选用强度等级为 42.5 及以上的水泥。矿物掺合料主要有粉煤灰、矿渣微粉、硅灰等，一定比例的矿物掺合料对透水混凝土的性能改良有一定作用。有机胶结材料一般作为无机胶结材料的改性剂使用，常用的有乙烯-醋酸乙烯共聚物（EVA）和丁苯橡胶（SBR）乳液等，可以增强透水混凝土中胶凝材料对骨料的黏结和握裹作用，改善其韧性和抗磨耗性能。

（3）减水剂

减水剂是透水混凝土的最重要的一种外加剂，一般可采用萘系高效减水剂和聚羧酸减水剂。对于水泥（砂）浆用量少的干硬性透水混凝土，减水剂不仅能够提高其强度，还能提升其拌合效率和保证其均匀性。

结合试验研究内容，所采用的原材料如图 3-1 所示。部分原材料的基本性能如表 3-1 和表 3-2 所示。

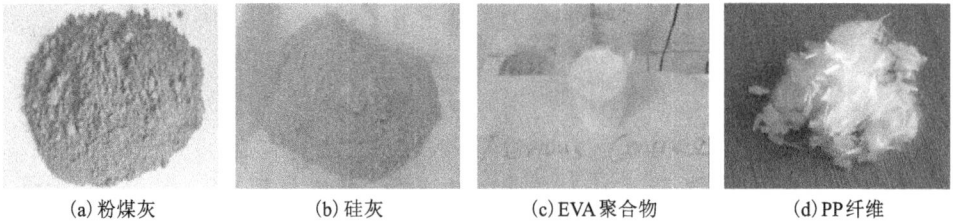

(a)粉煤灰　　　　　(b)硅灰　　　　　(c)EVA聚合物　　　　　(d)PP纤维

图 3-1　部分原材料

表 3-1　EVA 各项性能指标

含水率/%	pH	25℃时黏度 /(mPa·s)	残存乙酸乙烯酯 /%	稀释稳定性 /%	乙烯含量 /%
42.2	5.2	2700	≤0.5	≤3.5	17.2

表 3-2　PP 纤维的各项性能指标

密度 /(g·m⁻³)	等效直径 /μm	标称长度 /mm	断裂强度 /MPa	初始模量 /MPa	断裂伸长率 /%
0.91	31	3~12	≥400	>3.5×10³	23~25

注:采用的 PP 纤维是由不同公称长度纤维(3 mm、6 mm、9 mm、12 mm)各25%质量比混合而成的。

3.2　物理力学性能

>>>

3.2.1　透水混凝土的基本物理性能及测试方法

3.2.1.1　孔隙率

孔隙率是透水混凝土最基本也是最重要的物理参数,它直接影响到透水混凝土的透水性能、强度、耐久性能和生态功能等。透水混凝土的孔隙包括连通孔隙、封闭孔隙和半封闭孔隙,封闭孔隙对透水混凝土的透水性能没有贡献,一般比例较小且难以测量,故目前的孔隙率测试方法一般只是对连通及半封闭孔隙的测定。

本部分采用真空浸水法对透水混凝土的连通孔隙率进行测试。

此方法是根据规范 ASTM D706 改进的试验方法，具体测试步骤如下：

①将 100 mm 的立方体试件平均切成两半，风干 24 h。

②称取试块在空气中的质量 A。

③将试块装入塑料袋，并在真空机中密封，并称取密封的试块质量 B。

④称取密封的试块在水下的质量 E。

⑤将塑料袋在水下剪开，得到试块在水中的质量 C。

根据所得数据可以算出试块的毛体积密度 SG_1，表观密度 SG_2 以及开口孔隙率 P。

$$\begin{cases} SG_1 = \dfrac{A}{B-E-\dfrac{B-A}{F_T}} \\[3ex] SG_2 = \dfrac{A}{B-C-\dfrac{B-A}{F_T}} \\[3ex] P = \dfrac{SG_2-SG_1}{SG_2}\times100\% \end{cases} \tag{3-1}$$

式中：SG_1 为毛体积密度；SG_2 为表观密度；A 为试件在空气中的干重；B 为密封好的试件的干重；C 为密封试件的水下浮重；E 为未密封试件的水下浮重；F_T 为塑料密封材料的表观比重，一般取为 1。

3.2.1.2　透水系数

透水性能是透水混凝土最基本也是最重要的性能，通过合理的试验方法对其进行测试和了解是正确有效地应用透水混凝土的前提和基础[236]。目前用于测试透水性材料的试验方法大致分为定水头法和落水头法，通过测定一定时间内透过试件的水量来计算透水系数，但多数试验方法存在以下一些问题：

①由于透水混凝土具有大量相互连通的孔隙作为渗透路径，所以达西定律中定义的层流的情况已经不再适用于计算透水混凝土的渗透系数。

②试件密封效果不佳，导致水不是完全从试件断面透过，从而使测试结果误差较大。

③测试手段较为粗糙，目前较多的是通过测定一定时间 t 内的水位变化 Δh，以此计算透水系数，测试过程中往往会存在一定不可避免的误差。

④表征方法不够科学，目前测试方法中透水系数的测定结果与初始水位高度有关，不同的初始水位高度得出的测试结果也不相同，需要采用一个统一且科学的物理量来表征试件的透水系数。

针对现有试验方法存在的一些问题，本研究自主研发了一套装置来测试透水混凝土的透水性能,该装置的示意图如图 3-2 所示。此方法是采用热缩管密封试件,利用数据采集系统连续采集水压力随时间的变化曲线。还研究出了一种"广义透水系数"来表征试件的透水性能。

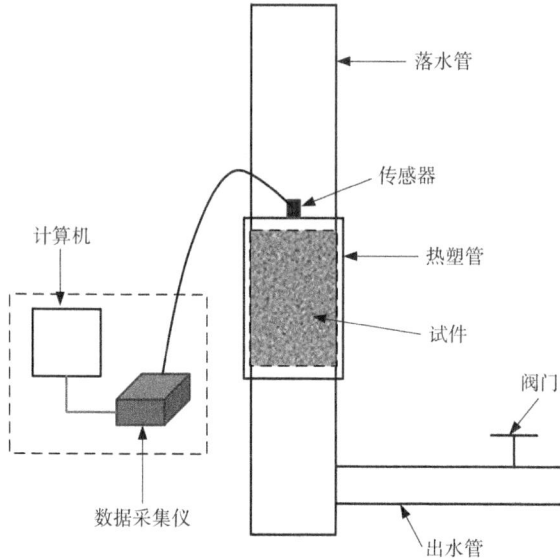

图 3-2　透水系数测试装置示意图

具体过程分为如下三个步骤:

(1)测试样品的制备与安装

试件可以是在实验室制取或者在现场取芯的圆柱体试件,试件直径要求在 90~110 mm。具体过程如下:将新拌混凝土物料加至外径 110 mm、壁厚 3.2 mm 的 PVC 管中,分两层插捣,将成型好的试件放至养护室养护 24 h 脱模。将制备好的试件放至直径 120 mm 的热缩管内中间位置,上端 50 mm 套在落水管上,下端 50 mm 套在出水管上。用热风枪将热缩管均匀加热,使热缩管紧贴试件表面和落水管、出水管的管壁,这样能保证水仅通过试件断面流过。

(2)采集数据

整个透水系数测试仪由落水管、排水管、固定架、数据采集系统以及试件组成。落水管为高度为 1 m、外径为 100 mm、壁厚 5 mm 的玻璃管;排水管左边为底端封闭的外径为 110 mm、壁厚 3.2 mm 的 PVC 管,右边接外径 40 mm 的出水管,方便排水;在距离落水管底端 50 mm 处安装一个压力传感器来测定水压力的变化(见图 3-3)。

试件安装完毕后,将排水管开关关闭,向落水管加水至接近管口,等待水位稳定后，打开数据采集系统，再打开排水管开关直至落水管中的水排完。数据采集系统便可连续地获得整个过程水压力随时间的变化曲线。

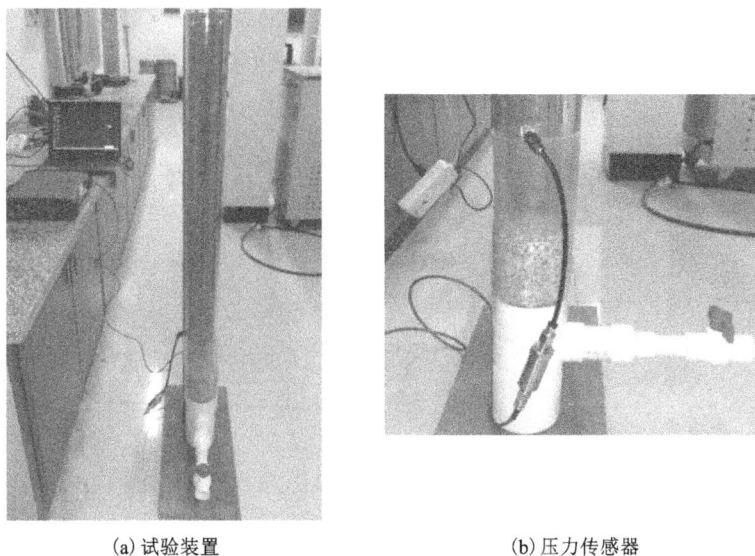

(a) 试验装置　　　　　　　　　　(b) 压力传感器

图 3-3　测试过程

（3）数据处理

试验中水头压力与时间的关系曲线可以用二次函数曲线拟合：

$$h = a_0 + a_1 t + a_2 t^2 \tag{3-2}$$

式中：a_0、a_1 和 a_2 都为回归系数；h 为水头压力；t 为试验时间。

将上式两端求导可以得到如下微分方程：

$$\frac{\mathrm{d}h}{\mathrm{d}t} = \alpha_1 + \alpha_2 t \tag{3-3}$$

式中：α_1 和 α_2 为水头压力和时间的微分方程的回归系数。

因此，水头下降速率可以表示为

$$v = \frac{\mathrm{d}Q}{\mathrm{d}t} \frac{A_1}{A_2} \frac{\mathrm{d}h}{\mathrm{d}t} = \frac{r_1^2}{r_2^2} \frac{\mathrm{d}h}{\mathrm{d}t} \tag{3-4}$$

式中：v 为水头下降的速率；Q 为通过试件的水量；A_1、A_2、r_1、r_2 分别代表试验以用的圆柱落水管和试件的横截面积和半径。

水力梯度可以表示为

$$i = \frac{\Delta h}{l} \tag{3-5}$$

式中：i 为水力梯度；Δh 为流经试件水流的进水和出水水头差；l 为试件高度。

根据计算得到的水头下降速率和对应的水力梯度，就可以得到两者之间的关系，一般可用形式为 $v=K \cdot i^m$ 的幂函数表示。其中，K 为广义透水系数；m 为曲线的形状因子。由于透水混凝土的渗透性较高，所以它的渗透系数是随时间不断变化的一个变量，所以本文定义了伪渗透系数 K 用以表征透水混凝土的渗透性。

3.2.1.3　抗压与劈裂抗拉强度

目前尚无专门针对透水混凝土抗压与抗拉强度测试的规范，国际上均采用普通混凝土的测试方法，在我国，即按照规范《混凝土物理力学性能试验方法标准》（GB/T 50081—2019）的测试方法执行。

3.2.1.4　断裂韧度

作为一种脆性材料，透水混凝土整体的力学行为受局部裂纹扩展和断裂行为的严重影响。同时，由于其显著的空隙结构，反复的交通和环境荷载更容易使其骨料与骨料之间的黏结失效，出现开裂[237]。了解透水混凝土的断裂性能，有助于从配合比的角度了解透水混凝土的断裂机理并指导耐久性设计。

由于测试操作简单，SCB 试验是目前比较常用的断裂性能测试方法[238]。采用带切口的 SCB 试件测定不同配合比下透水混凝土的断裂性能。先将圆柱体试件切割为直径 152 mm、厚 70 mm 的圆形试件，再将圆形试件切割为两个半圆并在半圆形试件底部中心位置切出长度分别为 10 mm 和 20 mm 的垂直切缝，如图 3-4 所示。

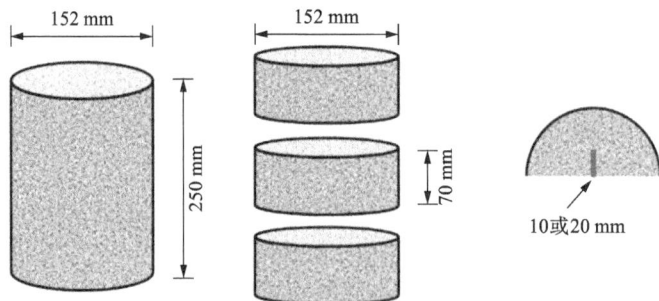

图 3-4　SCB 试件成型示意图

将试件放置于夹具上，在底部两侧形成支撑，两个支撑点间距为 120 mm。对试件顶部中间位置进行加载，加载速率为 50 mm/min。UTM 试验机同时记录荷载和位移。SCB 试验装置见图 3-5。

断裂力学领域有两种较为常见的分析水泥混凝土断裂性能的方法：应力强度

因子法和能量法。二者分别从裂缝周边强度场和能量平衡的角度对混凝土的稳定性进行判定，存在着一定的等效关系。这里使用断裂韧度 K_{IC} 和基于能量法的等效应力强度因子 K_{IC}^* 进行透水混凝土 I 型断裂行为的研究。

应力强度因子 K 是一个取决于几何形状、裂纹倾斜角和裂纹尖端周围破裂方式的参数。当应力强度因子达到临界值，即断裂韧度

图 3-5　SCB 试验装置

K_{IC} 时，裂缝发生失稳扩展，表征含有裂纹的材料在外部加载时抵抗裂缝扩展的能力。对于 SCB 试件，有

$$K_I = \frac{P}{2Rt}\sqrt{\pi a} \cdot Y \tag{3-6}$$

式中：K_I 为 I 型裂缝应力强度因子；a 为有效裂缝长度；P 为峰值荷载；R 为试件半径；t 为试件厚度；Y 为无量纲形状因子，与预切缝长度、半径和跨径有关。

Lim 等[239]给出了不同跨径直径比下 Y 的计算公式，其中当跨径比为 0.8 时有

$$Y = 4.782 - 1.219\left(\frac{a}{R}\right) + 0.063 \cdot \exp\left(7.045\,\frac{a}{R}\right) \tag{3-7}$$

等效应力强度因子是在等效能量法的基础上提出的一种评价指标[240]。由于透水混凝土具有显著的空隙结构，在加载初始阶段和峰值荷载前阶段可以观察到明显的非线性变形行为；并且当某些骨料之间的黏结出现破坏后，荷载-位移曲线会出现一定的波动。应力强度因子是基于线弹性断裂力学的断裂性能评价指标，透水混凝土的非线性行为和曲线的波动会影响断裂结果的计算精确度。采用等效能量法获得等效峰值荷载，再进行等效应力强度因子的计算，能够避免这些因素对 K_{IC} 结果的影响。如图 3-6 所示，OP 曲线为透水混凝土断裂测试过程中的荷载-位移曲线的上升段，P 点对应的荷载为峰值荷载，在 OP 的上升部分内存在一个斜率为 k 的线性部分；再画一条斜率为 k 的虚线 OP^*，使 ΔOP^*B 的面积等于 OPA 曲线包裹的面积，其中点 A 和点 B 是点 P 和点 P^* 对应的位移。以 P^* 点对应的荷载作为等效峰值荷载，再由下式可得等效应力强度因子 K_{IC}^*。

$$K_I^* = \frac{P^*}{2Rt}\sqrt{\pi a} \cdot Y \tag{3-8}$$

式中：K_I^* 为 I 型裂缝等效应力强度因子；a 为有效裂缝长度；P^* 为等效峰值荷载。

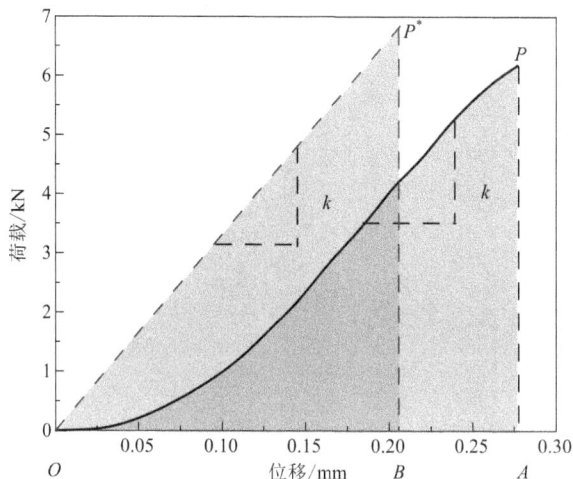

图 3-6　等效应力强度因子计算示意图

3.2.2　试验结果与讨论

3.2.2.1　成型方式

　　成型方式对透水混凝土的性能有明显的影响,下面采用插捣法(实验室成型方法)和轮碾法(透水混凝土路面现场铺装的常用方法)制作试件,各以 G1、G2、G3、G4 四种配合比(表 3-3)制备试件。得到的试件的孔隙率和强度的结果如图 3-7 所示。

表 3-3　不同成型方式透水混凝土配合比　　　　单位: kg/mm^3

组别	粗骨料	水泥	砂	水	引气剂 (AEA)	聚合物 (latex)	纤维 (fiber)	减水剂 (SP)
G1	1433	350	91	88	—	—	—	0.88
G2	1433	350	91	88	0.035	—	—	0.88
G3	1433	350	91	70	0.035	42	—	0.88
G4	1433	350	91	70	0.035	42	0.70	0.88

（a）有效孔隙率

（b）抗压强度

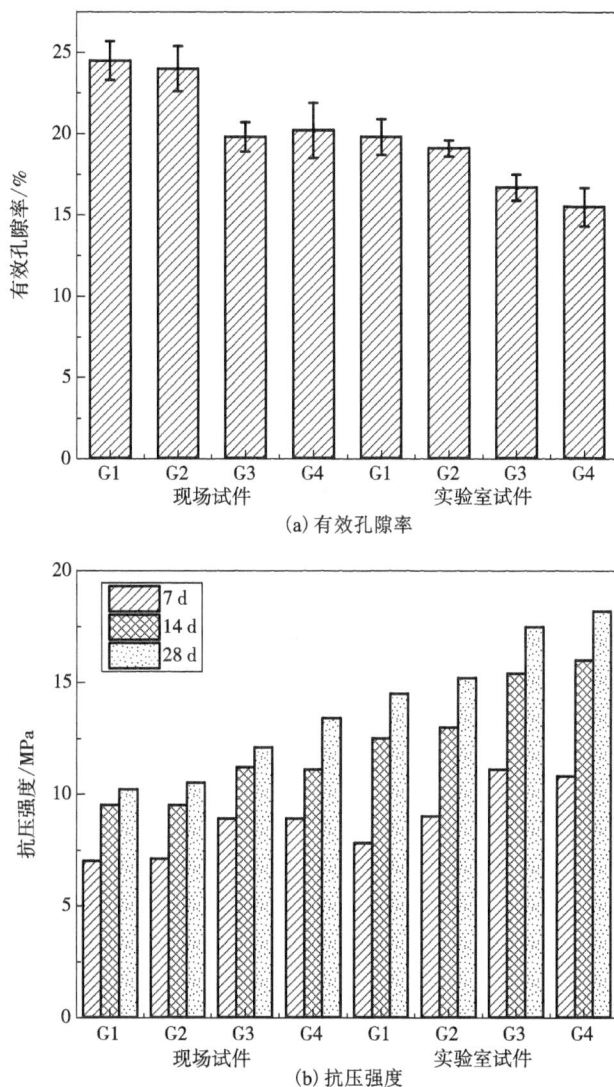

图 3-7　不同成型方式的透水混凝土的有效孔隙率和抗压强度

　　从以上结果可以看出，在实验室成型的试件的孔隙率要略小于现场取芯的试件，且强度要明显高于后者。这是因为在实验室成型的试件较小，插捣过程较为精细，使得成型的试件更为密实和均匀，故孔隙率较小且强度较高。但从上图也可以看出，虽然两种成型方式制备的试件的孔隙率和强度有明显差异，但配合比和龄期对不同成型方式的试件的孔隙率或强度影响规律一致，即其物理和力学性能是呈正相关关系的，故以在实验室成型的试件所做的试验研究所得到的结果可以反映现场的应用情况。

3.2.2.2 骨料级配

骨料的级配会影响透水混凝土的空隙结构特征,且会影响骨料之间的胶结状态,故骨料级配会影响透水混凝土的透水性和强度。下面选取了 4.75~12.5 mm 和 9.5~19.0 mm 两种粒径范围的粗骨料,各以 G1、G2、G3、G4 四种配合比(表 3-3)进行试验,测试得到的两组试件的 28 d 强度如图 3-8 所示。

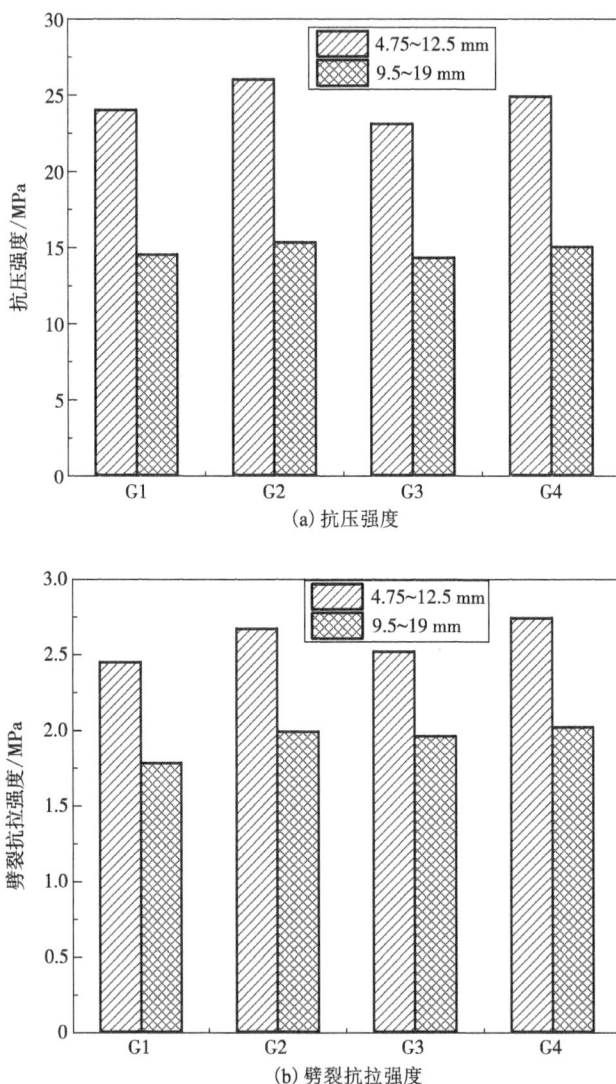

(a) 抗压强度

(b) 劈裂抗拉强度

图 3-8 透水混凝土强度试验结果

由图中结果可以看出，透水混凝土的强度与骨料粒径有一定的关系，粒径较小的透水混凝土强度明显要比粒径较大的强度要高。相同条件下，由粒径 4.75~12.5 mm 骨料拌合成的透水混凝土比由粒径 9.5~19.0 mm 骨料拌合成的抗压强度高 57.2%，劈裂抗拉强度高 33.9%。这主要是因为小粒径的骨料增加了骨料与骨料颗粒之间的胶结点，并且骨料堆积所形成的骨架中连通孔隙的孔径和有效孔隙率也相对较小，从而等效于增大了有效承载面积，因而强度有所提高。

3.2.2.3　掺合料

掺合料能一定程度改善透水混凝土的力学性能，尤其是硅灰，在提高透水混凝土强度上有显著的作用。基于此，本研究讨论了几组不同的硅灰掺量和粉煤灰复掺的透水混凝土的物理力学性能(表 3-4)。

表 3-4　不同掺合料比例的透水混凝土配合比

组别	粗骨料 /(kg·m⁻³)	水泥 /(kg·m⁻³)	砂 /(kg·m⁻³)	水 /(kg·m⁻³)	粉煤灰 /(kg·m⁻³)	硅灰 /(kg·m⁻³)	减水剂 /(kg·m⁻³)	硅灰掺量 /%
G1	1430	283.2	92	88.5	70.8	0	0.708	0
G2	1430	247.8	92	88.5	70.8	35.4	0.708	10
G3	1430	212.4	92	88.5	70.8	70.8	0.708	20

分别测试各组试件 3 d、7 d 和 28 d 的抗压强度，得到的试验结果如图 3-9 所示。由图 3-9(a)中结果可知，加有硅灰的 G2 和 G3 组的 3 d 强度相比未掺入硅灰的 G1 组无明显差异，7 d 和 28 d 抗压强度比 G1 组有明显的提高，且随着掺量

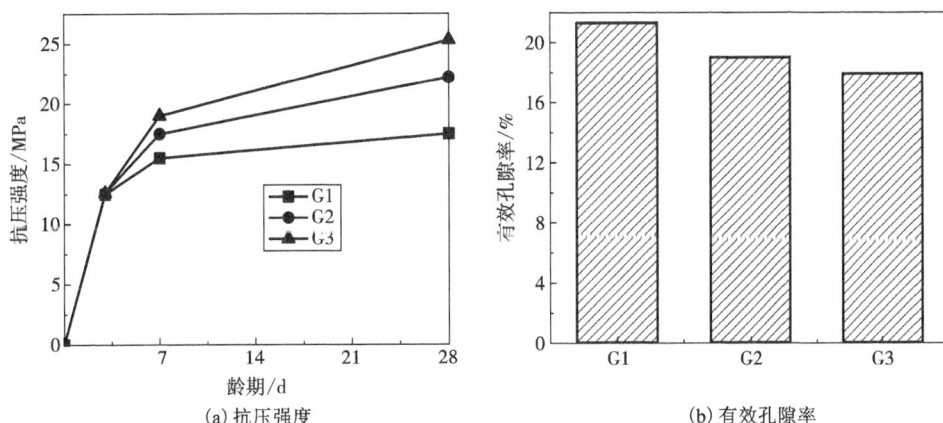

(a) 抗压强度　　　　　(b) 有效孔隙率

图 3-9　抗压强度和有效孔隙率试验结果

的增加,试件强度增幅也增大。这是因为硅灰颗粒尺寸是水泥颗粒尺寸的百分之一,硅灰颗粒可以填充在水泥颗粒之间的孔隙中,使水泥浆体更加密实,提高水泥浆体的强度,同时也提高了骨料之间的黏结强度,所以整体强度有所提高。根据图 3-9(b),G2 和 G3 组在强度有所增长的同时,有效孔隙率相比 G1 组也有一定程度降低,所以在实际应用中要综合考虑硅灰对强度和孔隙率的影响,以保证其使用功能不受较大影响。

3.2.2.4 聚合物

聚合物可以增强混凝土内部的黏聚性,从而改善其强度。下面选取 0% 和 5% 的掺量以及有砂和无砂两种情况下的配合比来讨论聚合物对其强度性能的影响(见表 3-5)。采用的聚合物为 EVA 乳液,是一种橡塑发泡类的高聚物。

表 3-5　不同聚合物掺量的配合比　　　　单位:kg/m³

组别	粗骨料	水泥	聚合物	砂子	水	减水剂
G1	1586.9	352.6	0	0	123.4	0.7052
G2	1560.3	346.7	34.7	0	103.1	0.6608
G3	1483.9	329.8	0	103.9	115.4	0.6596
G4	1460.3	324.5	32.5	102.2	96.5	0.6238

测得试件的抗压强度和劈裂抗拉强度如图 3-10 所示。由图中的结果可以明显看出,掺入聚合物能够显著提高透水混凝土的抗压强度和劈裂抗拉强度。这是因为聚合物的加入增大了骨料颗粒的包裹层厚度和骨料颗粒之间的接触面积,而且更重要的是,聚合物和水泥浆液混合在一起,加强了其黏结效果,使混凝土整体的强度有明显提高。

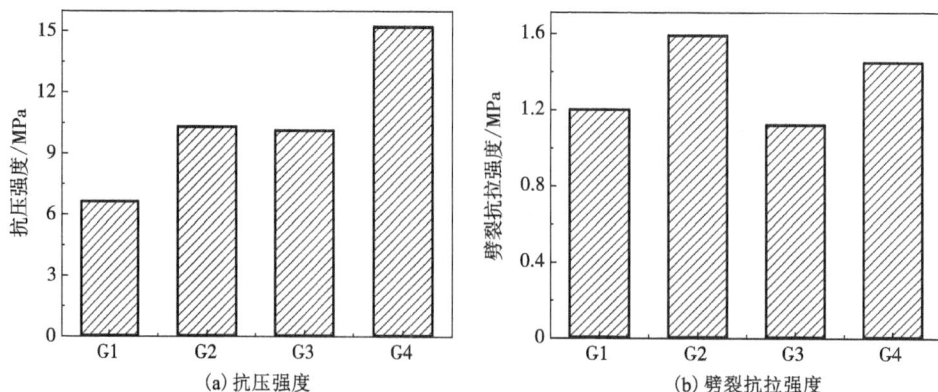

(a) 抗压强度　　　　　　　　　(b) 劈裂抗拉强度

图 3-10　聚合物对强度的影响

3.2.2.5 纤维

许多试验研究和工程实践中已经证明,纤维能够有效地弥补普通水泥混凝土脆性大、易收缩及韧性较差的缺陷,使普通水泥混凝土的体积收缩减少,弯拉强度比降低,韧度增加,一定程度上可以提高普通水泥混凝土的强度和耐久性。

本研究选取了一定比例的纤维掺量以及两种粒径骨料的配合比进行试验(见表 3-6),以探求纤维对透水混凝土的性能的影响。采用不同公称长度的聚丙烯(PP)纤维混合物进行试验。PP 纤维具有强度高、弹性好、耐磨耗的特点。

表 3-6 不同纤维掺量的配合比

组别	粗骨料粒径 /mm	粗骨料 /($kg \cdot m^{-3}$)	水泥 /($kg \cdot m^{-3}$)	纤维 /($kg \cdot m^{-3}$)	水 /($kg \cdot m^{-3}$)	减水剂 /($kg \cdot m^{-3}$)
G1	4.75~12.5	1486.9	330.4	0	115.6	0.6608
G2	4.75~12.5	1486.9	330.4	0.9	115.6	0.6608
G3	9.5~19.0	1440.8	320.2	0	112.1	0.6404
G4	9.5~19.0	1440.8	320.2	0.9	112.1	0.6404

测得试件的抗压强度和劈裂抗拉强度如图 3-11 所示。由图中结果可知,相比于未掺入纤维的 G1 组和 G3 组,G2 组和 G4 组的抗压强度有小幅度的提升,劈裂抗拉强度有较大幅度的提升。这是因为纤维有着较好的抗拉性能,纤维的掺入能够提高混凝土的抗拉破坏能力,因而劈裂抗拉强度有了较大的提升;而混凝土的受压破坏过程,在混凝土内部也有骨料之间受拉破坏发生,所以抗压强度也有一定的提升。

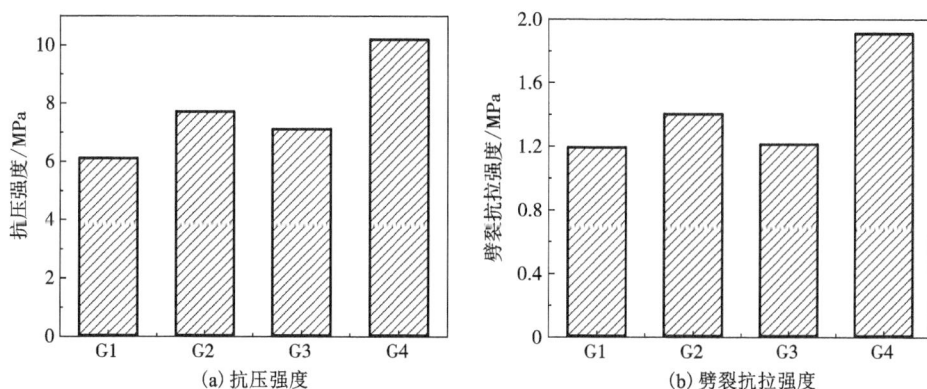

(a) 抗压强度   (b) 劈裂抗拉强度

图 3-11 纤维对强度的影响

3.2.2.6 断裂韧性

参考常用的透水混凝土配合比，并考虑不同的骨料粒径、水泥浆体量、骨料含量等，本研究选取的透水混凝土配合比如表 3-7 所示。选取粒径为 4.75~9.5 mm、9.5~13.2 mm、13.2~16 mm、16~19 mm 四种级配的骨料，其中骨料粒径为 9.5~19 mm 的骨料，是由 9.5~13.2 mm、13.2~16 mm、16~19 mm 三种级配的骨料按质量分数 1∶1∶1 配制而成。

表 3-7　断裂试验的透水混凝土配合比

组别	水泥 /(kg·m⁻³)	水 /(kg·m⁻³)	骨料 /(kg·m⁻³)	骨料粒径 /mm	水灰比
M1	400	120	1490	4.75~9.5	0.3
M2	368	130	1455	4.75~9.5	0.35
M3	321	87	1610	4.75~9.5	0.27
M4	368	117	1455	9.5~19	0.32
M5	321	87	1610	9.5~19	0.27

由于试验结果随着骨料粒径的变化有较大的不同，尤其是当骨料粒径为 9.5~19 mm 时，由于试件本身黏结点较少、强度较低，在试件切割过程中就发生了骨料的松散和脱落，导致最终试验结果有偏差，因此，将使用 4.75~9.5 mm 骨料的透水混凝土定义为小粒径，将使用 9.5~19 mm 骨料的定义为大粒径，此部分的对断裂韧性的分析只针对小粒径透水混凝土。

骨料粒径为 4.75~9.5 mm 的试件，即 M1、M2、M3 组透水混凝土的等效应力强度因子 K_{IC}^* 计算结果如图 3-12 所示，其中每种配合比不同切缝长度各有 3 个试件。可以看出，相同配合比下 K_{IC}^* 随着预切缝长度的增加而减小。对于预切缝长度相同的试件，K_{IC}^* 与抗压强度的变化趋势相同。从 M1 组到 M3 组，预切缝长度为 10 mm 和 20 mm 的试件 K_{IC}^* 分别

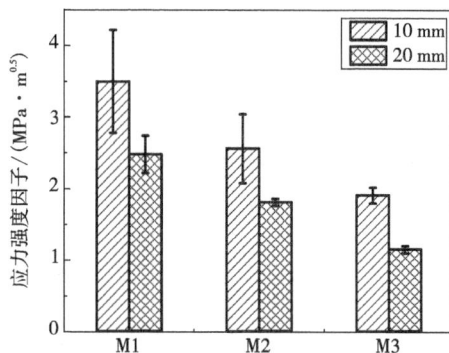

图 3-12　等效应力强度因子测试结果

降低了 51.90% 和 58.44%，这是由于水泥浆体数量减少、骨料含量增加，导致水

泥浆体与骨料的黏结强度明显降低,最终造成断裂性能的显著降低。

　　透水混凝土破坏前后的形态如图 3-13 所示。可以看出,裂纹由切缝开始扩展,或是沿着骨料与水泥黏结界面处,或是直接穿过骨料。通过观察每组试件破坏形态可以发现,多数情况下,裂纹会优先沿着骨料与水泥黏结处扩展,这是由于水泥与骨料的黏结强度要小于骨料本身的强度,但是由于加载点位于试件顶部,因此试件倾向于沿着切缝至顶点的断裂路径开裂,如果有骨料在此路径上,且骨料本身在试件切割过程中受到一定破坏,就会形成贯穿骨料的裂纹。

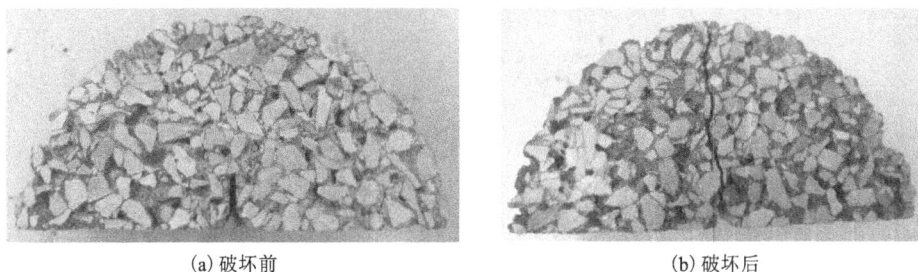

(a) 破坏前　　　　　　　　　　　　　　　(b) 破坏后

图 3-13　透水混凝土破坏前后形态

　　最终测得的各配合比下透水混凝土试件的连通空隙率如图 3-14 所示,展示了所有透水混凝土混合料的有效孔隙率。可以看出,从 M1 到 M3,由于水泥砂浆的质量从 520 kg/m³ 减少到 408 kg/m³,有效孔隙率从 18.95% 增加到 27.43%。对比 M2 和 M4 的结果,尽管 M4 中骨料的表面积比 M2 大,但 M4 中水泥浆的含量较低,导致孔隙率相对较高。对比 M3 和 M5 的结果,它们

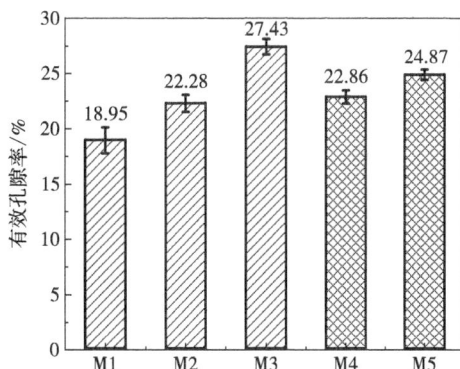

图 3-14　透水混凝土试件连通空隙率

之间的差异在于颗粒尺寸范围。在 M5 中,粒径 9.5~19.0 mm 的级配产生了更大的表面积,因此与 M3 相比会产生更厚的水泥浆,进而产生较低的孔隙率。

　　等效应力强度因子 K_{IC}^* 与连通空隙率的关系如图 3-15 所示。可以看出,透水混凝土的断裂性能与连通空隙率呈负相关,即连通空隙率越大,断裂性能越差。预切缝长度从 10 mm 到 20 mm,连通空隙率为 18.95%、22.28% 和 27.43% 的试件等效应力强度因子分别降低了 27.79%、31.68% 和 37.74%,说明随着连通空隙率的增大,预切缝长度的增加对于透水混凝土断裂性能的降低作用增强。

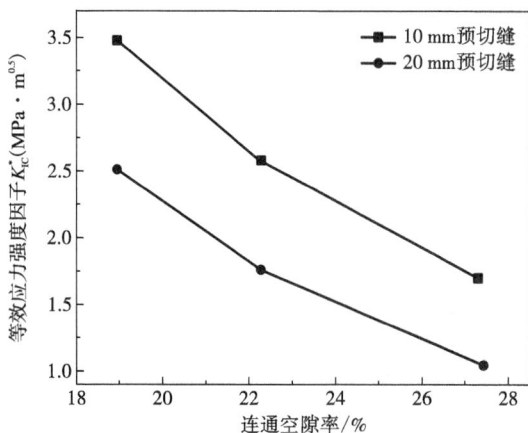

图 3-15　等效应力强度因子与连通空隙率的关系

3.3　耐久性能

3.3.1　透水混凝土抗冻性能研究

3.3.1.1　研究背景

抗冻性能是混凝土耐久性能的重要评价指标之一。许多工程实践表明,由于透水混凝土特殊的使用功能和服役环境,其容易出现堵孔现象,主要表现在以下几个方面:①透水混凝土路面由于施工质量问题,造成局部区域连通孔隙不足或是下部连通孔隙堵塞,只能满足小量径流的需要,且随着路面服役时间的延长,上表面连通孔隙也逐渐失效,而造成排水不畅。②由于诸如施工污染物、路面车辆残留油污、路面杂质等外界污染物的影响,造成其孔隙堵塞,使用功能下降。③恶劣气候条件下,透水混凝土路面还可能会受到冰、雪等自然环境介质的影响,而造成使用功能失效[241]。④透水混凝土路面在车辆荷载作用下造成孔隙结构压密而使其孔隙率下降;另外,车辆荷载的磨耗作用还会产生大量的碎屑和粉末,而造成路面孔隙的堵塞。⑤基层材料的细颗粒物质也会在外部荷载作用和雨水的侵入下被挤入透水混凝土面层中,特别是对于已出现局部损坏和开裂的路面结构。这使得透水混凝土在严寒条件下比普通混凝土更容易受到冻融循环的影响。

调查结果表明,大部分城市道路中的透水混凝土路面在使用 2~3 年后便会出现明显的堵孔现象,透水系数通常会降低 40%~50%。在得不到有效和及时的养护处理的情况下,透水混凝土路面局部区域的内部孔隙可以被雨水填充至饱和或半饱和状态,从而为冻融破坏创造了条件。这不仅影响了透水混凝土使用功能的发挥,还会大大增加透水混凝土材料出现水损害的可能,缩短其使用寿命。

对于透水混凝土材料,其强度的形成主要依靠粗骨料间的咬合和胶凝材料对骨料的黏结力,因此胶凝材料与骨料间的界面黏结性能是影响其材料松散、磨耗和破坏的主要因素。界面黏结性能的失效实际上伴随着的是透水混凝土整个孔隙结构损伤的出现与演化。交通荷载与冻融作用对透水混凝土的破坏模式与破坏特征具有一定的相似性,都是由破坏性应力的作用导致的混凝土内部损伤的逐渐积累,而在其胶凝材料与骨料的黏结界面的薄弱处失效而造成的。因此,透水混凝土胶凝材料与骨料间的黏结性能是影响其抗冻性能的重要因素,也是其抵抗荷载作用的关键。另外,由于透水混凝土胶凝材料对骨料较薄的包裹厚度,以及骨料间较差的接触咬合能力,一旦骨料与骨料的胶结结构遭到破坏,其孔隙结构的破坏速度要比普通混凝土快得多,而且极易导致区域性的结构破坏。

鉴于透水混凝土在冻融循环中的损伤和破坏规律与其抵抗荷载作用的破坏特征具有一定的相似性,因此,分析透水混凝土的抗冻性能及其在冻融循环过程中的损失演变规律,对了解透水混凝土路面在服役过程中的性能劣化规律与损伤特征有很好的指导作用。

3.3.1.2　试验

1. 原材料和配合比

目前,尚未提出专门针对透水混凝土抗冻性能的测试方法与评价指标,一般采用与普通混凝土相似的冻融试验方法。本研究以我国规范《普通混凝土长期性能和耐久性能试验方法标准》(GB/T 50082—2009)中介绍的混凝土快速冻融试验方法为基础,通过 ASTM C215-08 试验规范中的动弹性模量试验方法来对试件在冻融循环损伤作用下的性能变化情况进行测试与评价,并结合试件损伤破坏造成的质量损失,来综合分析与评价透水混凝土材料在冻融循环环境下的损伤演变规律、破坏特征及其抵抗冻融破坏的能力。

本次试验考虑采用两种成型方式和四种不同的配合比(见表 3-8)来制备透水混凝土试件。其中,两种成型方式分别为插捣法和轮碾法,其中插捣法是常用的实验室成型方法,轮碾法是较为常用的现场铺装的方法,以此来对比分析实验室模筑成型试件和现场铺装透水混凝土路面的取芯试件之间的性能差异,两种方式所制备的试件如图 3-16 所示。

表 3-8 抗冻试验配合比 单位：kg/mm³

组别	粗骨料	水泥	砂	水	引气剂（AEA）	聚合物（latex）	纤维（fiber）	减水剂（SP）
G1	1433	350	91	88	—	—	—	0.88
G2	1433	350	91	88	0.035	—	—	0.88
G3	1433	350	91	70	0.035	42	—	0.88
G4	1433	350	91	70	0.035	42	0.70	0.88

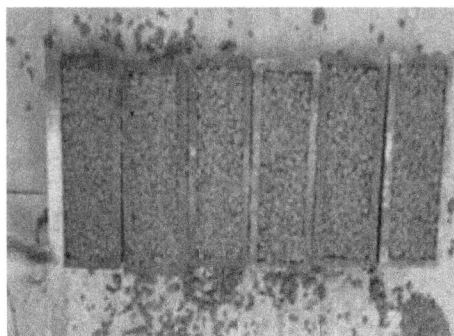

(a) 实验室成型试件   (b) 现场取芯试件

图 3-16 制备的试件

在配合比设计中，粗骨料采用粒径为 4.75~12.5 mm 的石灰石碎石；为了保证混凝土具有一定的强度和级配的稳定性，掺入一定量的河砂，砂率为 6%。骨料的具体级配如图 3-17 所示。此外，试验中还考虑加入适量的乙烯-醋酸乙烯酯（EVA）聚合物乳液和单丝聚丙烯（PP）纤维来探究它们对透水混凝土抗冻性能的影响，掺量分别为水泥用量的 12% 和 0.2%。另外，还加入了一定量的引气剂和聚羧酸减水剂，掺量分别为水泥用量的 0.01% 和 0.25%。所有组别的混凝土的水灰比都控制为 0.25。

根据配合比在实验室制备 100 mm×100 mm×400 mm 的棱柱体试件用于冻融循环试验，以及 100 mm 的立方体试件用于强度和孔隙率试验。

2. 试验过程

首先，在实验室通过标准插捣法成型 400 mm×100 mm×100 mm 的棱柱体试件，成型后的试件用塑胶膜覆盖，拆模后将试件置于标准养护条件下养护。测试各组试件的有效孔隙率，以及试件在不同龄期时（7 d，14 d，28 d）的强度。

将养护好的试件在常温水中浸泡 2 h 后取出（如图 3-18），用干毛巾擦干试件表面水分，之后称取其初始质量（M_1）；用动弹仪测量试件在试验前的初始固有

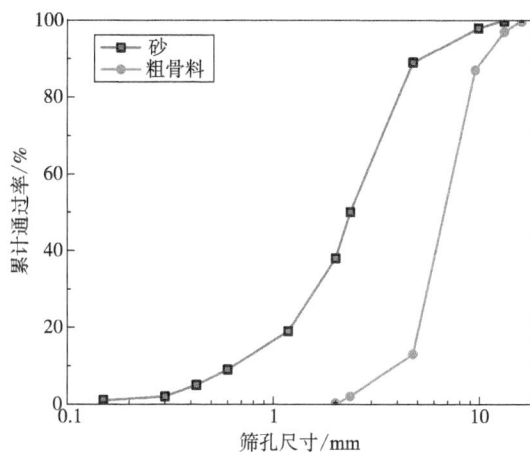

图 3-17 骨料级配

频率(f_1)；然后，将试件置于试件筒中，并浸入冷冻液中，设置好温度传感器，开启冻融试验箱。

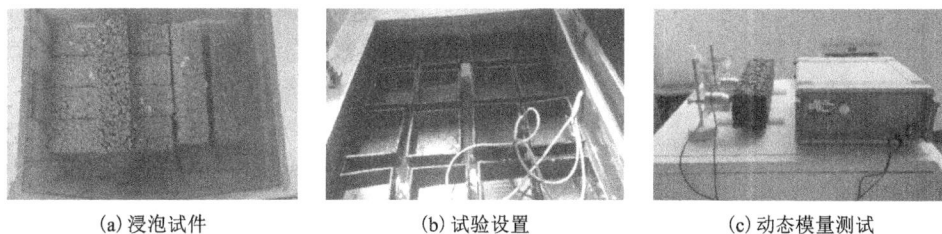

(a) 浸泡试件　　　　　　　(b) 试验设置　　　　　　　(c) 动态模量测试

图 3-18 试验过程

每组试验共进行 300 次冻融循环，每隔 25 次循环，将试件取出在常温水中浸泡 2 h 后，用干毛巾擦干后称重(M_n)，并用动弹仪测量试件经过一定冻融循环作用次数后的固有频率(f_n)。

根据测量的结果，可以得到在整个冻融循环过程中各组试件的质量损失率（ML）和动弹性模量（DME），以此来表征试件在试验过程中，随着循环次数的增加，其内部损伤的开展程度。其中，质量损失率和动弹性模量可按式（3-9）和式（3-10）计算：

$$ML = \frac{M_1 - M_n}{M_1} \times 100\% \tag{3-9}$$

$$DME = C \cdot M_n \cdot f_n^2 \tag{3-10}$$

式中：M_1 为试件的初始质量；M_n 为试件经历第 n 次冻融循环后的质量；f_1 为试件的初始固有频率；f_n 为试件经历第 n 次冻融循环后的固有频率；C 为 0.9464 $[L^3T/(bt^3)]$，其中 L 为试件的长度，t、b 分别为试件的高度和宽度，T 为可以通过查表得到的修正系数。

根据试件的动弹性模量，可以根据下式计算得到用于表征动弹性模量变化程度的相对动弹性模量（RDME）：

$$\text{RDME} = \frac{f_1}{f_n} \times 100\% \tag{3-11}$$

3.3.1.3 试验结果和分析

1. 有效孔隙率和抗压强度

有效孔隙率和抗压强度如图 3-7 所示。典型的透水混凝土的有效孔隙率为 15%~35%，在这个范围内的透水混凝土被认为是可以满足大多数透水性路面的透水性能的要求的。本研究中设计的各组试件的有效孔隙率在 15%~25% 范围内。

由实验室成型的四组试件的结果可以看出，加入了引气剂的 G2 组相比基准组（G1 组）的孔隙率降低了 4% 左右。导致这种孔隙率差异可能有以下两种原因：①引气剂能够改善拌合物的工作性能，从而提高其密实度和均匀性；②引气剂产生的气泡能够增大水泥浆体材料所占的体积，从而减小骨料之间的孔隙体积。相比基准组（G1 组），G3 组和 G4 组的有效孔隙率有十分明显的下降，这是因为加入的聚合物与水泥浆液胶结，增加了胶凝材料对骨料的包裹厚度，因此导致其孔隙率明显下降。而对比 G3 组与 G4 组，孔隙率差异并不明显（约为 3%），这说明 G4 组中纤维的加入对孔隙率并没有显著的影响。

测得的各组试件在龄期为 7 d、14 d 和 28 d 的抗压强度如图 3-7 所示。从结果可以看出，各组试件的 7 d 强度为 7~12 MPa，14 d 强度为 9~17 MPa，28 d 强度为 10~20 MPa，这说明了这些组的透水混凝土基本能够满足低交通量路面的强度要求。

另外，还可以看出，由于获得了较小的孔隙率，加入引气剂（AEA）的 G2 组试件相比基准组（G1 组）试件的强度要略高一些，这是因为引气剂能够增强拌合料的工作性能，使其更密实和均匀，从而强度有所增加。

G3 组和 G4 组试件由于加入了聚合物，其强度要显著高于其他组，这是因为聚合物的加入可以增加胶凝材料对骨料颗粒的包裹膜厚度和骨料颗粒之间的接触面积，而且更重要的是，聚合物还能够加强水泥（砂）浆的黏结性能，使透水混凝土整个骨架结构的强度有明显提高。通常来说，在保证透水混凝土透水性能的基础上，提高其强度性能，其耐久性能也会随之得以改善，所以在透水混凝土中添加聚合物是一种有效提高其强度和耐久性能的方法。

由强度的结果(见图 3-19)可以看出各组试件在 7 d 内的强度增长最快,在第 7 天其强度可以达到 28 d 强度的 60%~70%,第 7 天到第 14 天的强度增长较慢,在第 14 天其强度可以达到 28 d 强度的 85%~95%。这就说明,透水混凝土路面的早期强度增长比普通混凝土路面要快。这主要是由于透水混凝土路面在早期养护条件下(铺筑完成后在其表面洒水并覆盖塑料薄膜),由于能与养护水较好地接触,其混凝土内部的水化反应也比较迅速和充分,但是后期由于较大的孔隙率,其内部水分易于丧失,使其水化作用也逐渐减弱,强度增长也较为缓慢。

另外,从试验结果还可以看出,加有聚合物的 G3 和 G4 组试件在前 14 d 内的强度增长速度要明显快于其他组,而在 14 d 之后各组试件强度增长的差异也逐渐变小。

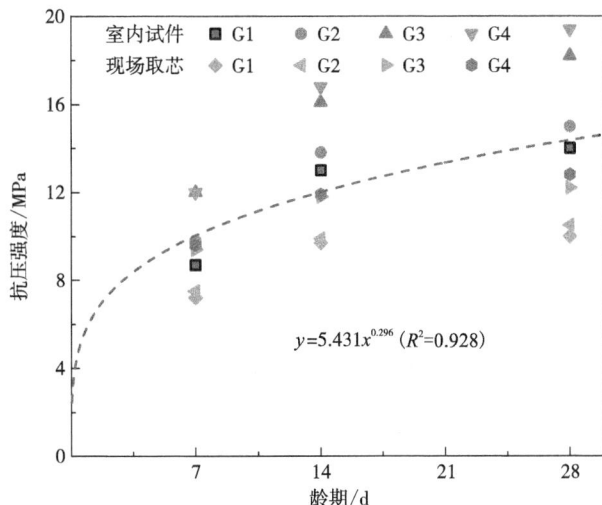

图 3-19　抗压强度随龄期的增长过程

2. 劈裂抗拉强度

图 3-20 为各组试件的 28 d 劈裂抗拉强度。从图中可以看出,与抗压强度相似,加有引气剂的 G2 组的劈裂拉伸强度比基准组略微有一点提高,而加有聚合物的 G3 组试件的劈裂拉伸强度相比基准组有大约 40% 的增长,增长的程度比抗压强度还要更为显著,这是因为聚合物与水泥胶浆胶结成的聚合物网络结构能改善其弯拉韧性,对其抗拉裂能力有显著的增强作用。除此之外,由于纤维的增强作用,G4 组(添加了聚合物+纤维)试件的劈裂拉伸强度也要高于 G3 组(仅添加了聚合物),大约提高了 10%。

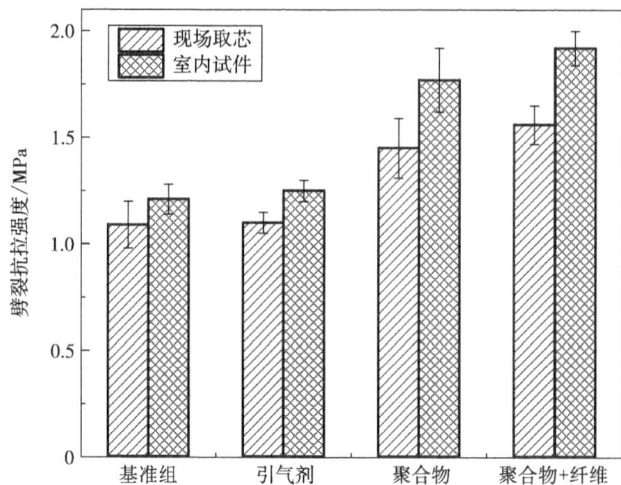

图 3-20　各组试件的劈裂抗拉强度

3. 冻融循环条件下透水混凝土的劣化规律

图 3-21 为试件在冻融循环过程中典型的破坏特征。通常，在 50~75 次的冻融循环时，由于在试件制备过程中造成的缺陷，试件边角处有少量的骨料开始被

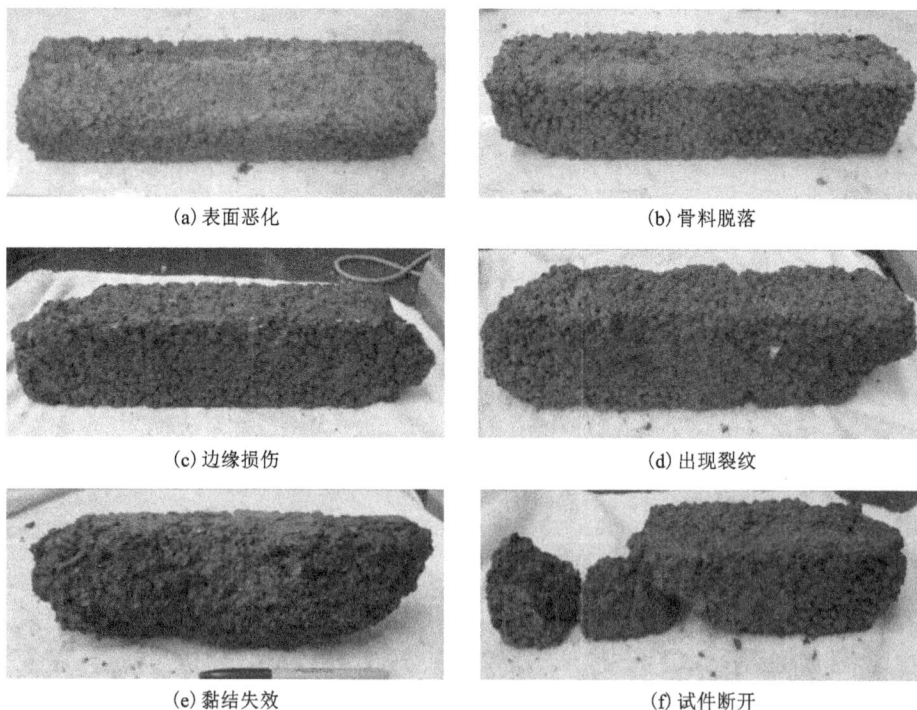

(a) 表面恶化

(b) 骨料脱落

(c) 边缘损伤

(d) 出现裂纹

(e) 黏结失效

(f) 试件断开

图 3-21　试件在冻融循环过程中典型的结构破坏特征

剥离试件，如图 3-21(a)所示。在将近 100 次循环时，部分试件表面原本黏结不牢的骨料也开始被剥落，试件表面局部位置出现小的坑洞，如图 3-21(b)所示。随着冻融循环次数的增加，试件的表面临空面和边缘位置的破损逐渐明显，试件表面出现明显的骨料松散破坏现象，如图 3-21(c)所示。随后，随着试件内部损伤的逐渐开展，试件表面出现裂纹，主要集中在骨料与骨料间的黏结处，并伴随有大量的骨料剥落，如图 3-21(d)所示。在 175~200 次冻融循环作用后，水泥胶浆对骨料的黏结作用进一步退化，整个试件表面破碎严重，此时，从图 3-21(e)中可以看出，试件整个骨架结构的黏结强度已经基本失效。当试件无法再继续承受冻胀破坏的作用时，试件断裂，如图 3-21(f)所示。

试件的质量和相对动弹性模量(RDME)随冻融循环次数的变化如图 3-22 所示。根据试验结果，试件的质量和相对动弹性模量随着冻融循环次数的增加均逐渐减小。从图 3-22(a)中可以看出，试件的质量变化在前 125 个循环并不明显，125 次循环后，质量开始迅速减小。结合相对动弹性模量的试验结果，可以看出，尽管在试验前期试件质量变化幅度很小，但相对动弹性模量已经出现了明显的下降趋势，这说明试件的内部损伤在前期就已经发生，降低了试件的整体稳定性。

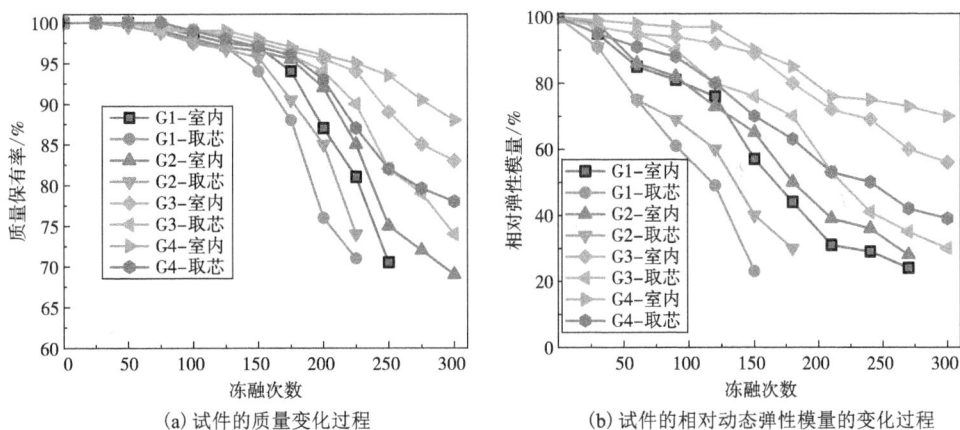

图 3-22　试件的质量和相对动弹性模量随冻融循环的变化过程

根据图 3-22 的结果，基准组(G1 组)试件相对于加有引气剂的 G2 组试件表现出更大的质量损失和更快的动弹性模量下降趋势，这说明引气剂不仅可以作为添加剂改善普通混凝土的抗冻性能，也能改善多孔混凝土的抗冻性能，但其作用机理并不是产生气泡提供有效冻胀空间和缓解水分迁移的作用，而是通过提高透水混凝土的均匀性和密实性，使其骨架结构强度得到增强。

由于能够有效地改善骨料之间的黏结性能，聚合物改性的 G3 组试件的抗冻性能要明显优于 G1 和 G2 组试件。加入纤维增强剂的 G4 组试件，其质量的损失速率和动弹性模量的下降速率也要略低于 G3 组试件，这说明加入纤维也能减弱冻融破坏的影响，因为纤维对试件的抗裂性能有一定的增强作用。

此外，由试验结果还可以看到，实验室成型的试件(通过插捣法)和现场取芯的试件(通过轮碾)的抗冻性能存在明显的差异，即大部分实验室成型的试件的质量损失率和动弹性模量的下降率均要低于现场取芯的试件。这说明实验室成型的试件具有更好的耐久性能，结合之前的强度试验结果可以看出，实验室成型试件的均匀性和强度均优于现场取芯的试件。

3.3.2　透水混凝土抗冲击磨耗性能

利用肯塔堡飞散试验来评价透水混凝土抵抗路面车辆荷载的循环冲击和磨耗的性能。该试验通过不加钢球的洛杉矶磨耗仪来进行，试验方法参照美国 ASTM C 131 和我国《公路工程沥青及沥青混合料试验规程》(JTG E20-2011)中介绍的"沥青混合料肯塔堡飞散试验"进行。

3.3.2.1　试验方案

本试验所用的透水混凝土试件是通过 PVC 管试模成型的圆柱体试件，试件尺寸为 $\phi 150$ mm×100 mm，所用试件的配合比设计见表3-9。在试验中，考虑了 4.75～12.5 mm 和 9.5～19.0 mm 两种级配的骨料，来探究骨料粒径对透水混凝土抗冲击磨耗性能的影响；另外，为了保证透水混凝土试件具有较好的抗冲击磨耗性能，还考虑了聚合物改性剂和纤维增强剂两种添加材料对其性能的增强作用。

表 3-9　冲击磨耗试验的配合比设计

粒径/mm	组别	粗骨料 /(kg·m⁻³)	水泥 /(kg·m⁻³)	砂 /(kg·m⁻³)	水 /(kg·m⁻³)	聚合物 /(kg·m⁻³)	纤维 /(kg·m⁻³)	减水剂 /(kg·m⁻³)
4.75～12.5	G1	1430	360	100	130	—	—	1.1
	G2	1410	350	100	110	35	—	1.1
	G3	1430	360	100	130	—	0.9	1.1
	G4	1410	350	100	110	35	0.9	1.1
9.5～19.0	G1	1490	370	100	130	—	—	1.1
	G2	1460	370	100	120	37	—	1.1
	G3	1490	370	100	130	—	0.9	1.1
	G4	1460	370	100	120	37	0.9	1.1

试件在标准养护条件下养护 28 d 后进行试验。试验前，先将试件在低温烘干（或风干）并称取试件的初始质量，然后将试件置于洛杉矶磨耗仪的钢滚筒内。试验时，滚筒以 30 r/min 的速度旋转，置于其中的试件会随着滚筒一起滚动，并被滚筒内的叶片带于一定高度后落下，通过试件与钢筒壁之间的摩擦与撞击，试件会受到冲击和磨耗荷载的持续作用。肯塔堡飞散试验的示意图及试验设备见图 3-23。

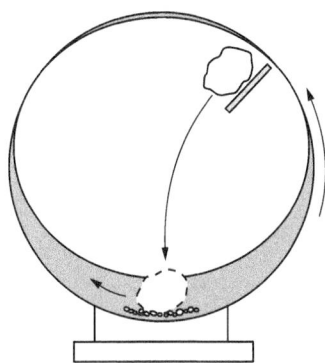

(a) 肯塔堡飞散试验示意图

(b) 洛杉矶磨耗仪

(c) 试验前试件

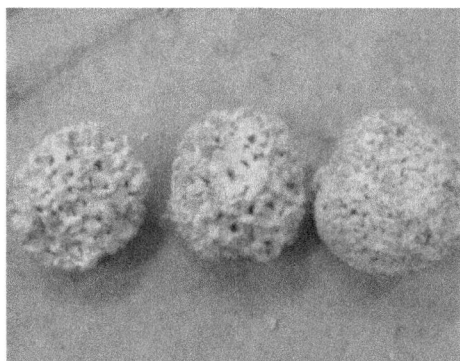

(d) 试验后试件

图 3-23 抗冲击磨耗试验

在抗冲击磨耗性能试验中，为了记录试件的质量损失随着加载次数的增加而增长的整个过程，试验中每隔 50 次旋转后便测定一次试件的质量，并观测试件的外观变化和骨料间的黏结状况。通过分析试件质量损失率随加载次数的变化来评价试件抵抗周期性冲击磨耗荷载的能力。质量损失率是指试验前后试件因冲击磨耗作用而产生的质量变化，可按式(3-12)计算：

$$\Delta S = \frac{m_0 - m_1}{m_0} \times 100\% \tag{3-12}$$

式中：ΔS 为试件的质量损失；m_0 为试验前试件的质量；m_1 为试验后试件的残余质量。

3.3.2.2 试验结果及分析

1. 试件的有效孔隙率及透水系数

在试验前，先根据之前介绍的试验方法，对各组试件的有效孔隙率及透水系数进行测试，测试结果见表 3-10。

表 3-10 有效孔隙率及透水系数测试结果

骨料粒径范围/mm	组别	测试平均值	
		有效孔隙率/%	透水系数/(mm·s⁻¹)
9.5~19.0	G1	27.4	3.6
	G2	21.6	2.3
	G3	28.2	3.7
	G4	23.0	2.6
4.75~12.5	G1	16.4	1.0
	G2	15.0	0.8
	G3	16.5	1.2
	G4	10.0	0.7

从表中可以看出，9.5~19.0 mm 粒径范围的试件的有效孔隙率为 20%~30%，而粒径范围为 4.75~12.5 mm 的试件的有效孔隙率为 15%~20%，同时，前者的透水系数也明显大于后者，这是因为采用粒径较小骨料拌合的透水混凝土在成型之后形成的孔隙（孔径和孔隙体积）较小，并且表现出较大的迂曲度，所以通常具有较小的有效孔隙率和透水系数。

G2 组试件相对于 G1 组试件的有效孔隙率有小幅度的下降，这是因为加入的聚合物与水泥浆液混合，增加了骨料的包裹厚度，并对小孔隙具有一定的填充作用，所以使得整个试件的孔隙体积减小。

2. 强度

试件的抗压强度和劈裂抗拉强度试验结果如图 3-24 所示。可以看出，4.75~12.5 mm 粒径的试件强度明显大于 9.5~19.0 mm 粒径的试件，这主要是因

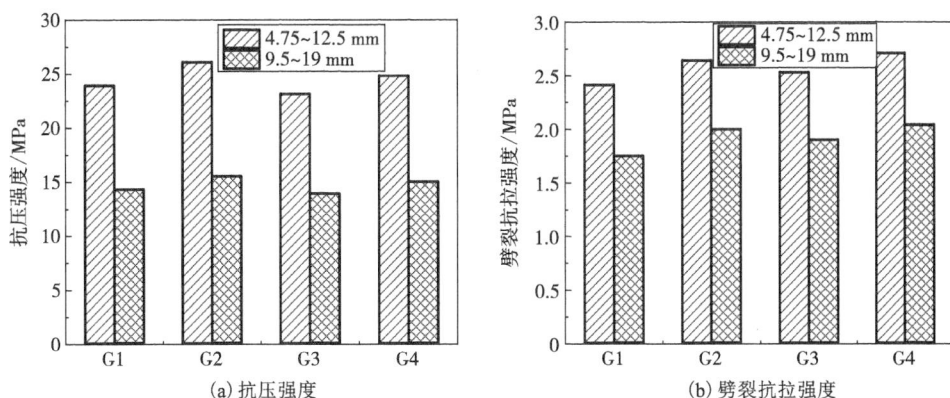

(a) 抗压强度　　　　　　　　　　　　　(b) 劈裂抗拉强度

图 3-24　强度试验结果

为小粒径的试件有效孔隙率较小，骨料与骨料颗粒之间的胶结点更多，从而等效于增加了试件的有效承载面积，因而强度有所提高。聚合物改性的 G2 组试件的抗压强度和劈裂抗拉强度相对于 G1 组有明显提高，因为聚合物能够增强胶凝材料的黏结强度。从 G3 组试件的结果来看，加入一定量的具有不同长度的纤维对透水混凝土试件的强度也有一定的增长作用，这是因为纤维有着较好的抗拉性能，纤维的掺入能够提高混凝土的抗拉坏能力，而混凝土的受压破坏过程中，在混凝土内部也有骨料之间受拉破坏发生，所以抗压强度也有一定的提升。

3. 抗冲击磨耗性能

图 3-25 是试验中试件的质量损失结果，其中图 3-25(a) 是粒径范围为 4.75~12.5 mm 试件的质量损失率随加载次数的变化规律，图 3-25(b) 是在 300 次加载周期结束时试件的质量损失率。

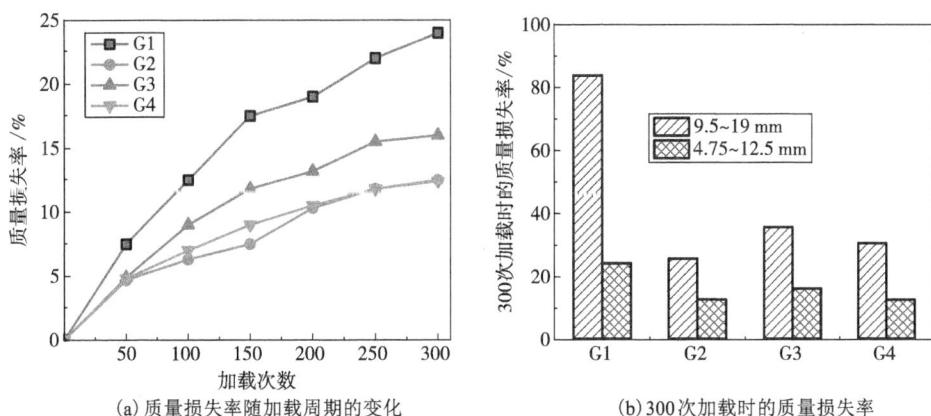

(a) 质量损失率随加载周期的变化　　　　(b) 300次加载时的质量损失率

图 3-25　试验过程中试件的质量损失状况

从图 3-25(a)中可以看出，试件的质量损失率随着加载次数的增加而逐渐增大，这是因为试件随着加载次数的增加其形状变得越来越趋于球形。根据图 3-25(b)，试件在 300 次加载周期结束时，质量损失率在 10%~35%，粒径范围为 9.5~19.0 mm 的 G1 组试件的质量损失高达 83%，是因为在 200 次加载周期左右时，试件便破碎成几块，试验时是取质量最大的碎块为残余质量来进行测量的。从图 3-25(a)和 3-25(b)中均可以看到，聚合物改性的 G2 组和加有纤维的 G3 组试件以及聚合物和纤维复掺的 G4 组试件，在质量损失上均明显小于 G1 和 G2 组试件，说明聚合物和纤维均能有效提高透水混凝土的抗冲击磨耗性能。

3.3.3 小结

①本部分开展了透水混凝土的冻融试验。试验采用了实验室插捣法成型和现场轮碾法成型后取芯两种方法各制备的四组试件，四组试件分别是添加引气剂、聚合物、纤维的试验组以及对照组；对比了各组试件的孔隙率、抗压强度和劈裂抗拉强度随龄期的增长过程以及在冻融循环中试件的质量损失和动态模量损失过程；分析了两种成型方法及各种添加成分对透水混凝土孔隙率、强度及抗冻性能的影响规律。

②通过洛杉矶磨耗仪进行了肯塔堡飞散试验，以此评价透水混凝土的抗冲击磨耗性能，并探究了添加聚合物对其抗冲击磨耗性能的影响。

通过以上试验研究得出了以下结论：

①引气剂能够增强拌合料的工作性能，使其更密实和均匀，从而使得透水混凝土的强度和抗冻性均有所提升；聚合物增加了骨料颗粒的包裹层厚度和骨料颗粒之间的接触面积，而且聚合物和水泥浆液混合在一起，加强了其黏结效果，所以能够有效提升透水混凝土的强度和抗冻性；由于纤维的良好的抗拉性能，可以提高透水混凝土的劈裂抗拉强度和抗冻性能。

②添加聚合物增大了骨料之间的黏结强度，使得混凝土抵抗磨耗仪的冲撞而骨料剥落的能力变得更强，从而提升其抗冲击磨耗性能。纤维能增强透水混凝土的抗拉性能，透水混凝土在磨耗过程中存在受拉破坏，一定程度上也能增强其抗冲击磨耗性能。

3.4 空隙结构及与力学性能相关性

3.4.1 CT 扫描

本部分研究对不同配合比下 100 mm×100 mm×100 mm 的立方体透水混凝土

试件进行 CT 扫描。透水混凝土配合比如表 3-7 所示。在轴向按 2 mm 的层厚对 CT 图像进行切片处理，保证最终分析结果是沿着高度方向每隔 2 mm 有一个试验截面分布，如图 3-26 所示。由于试件成型过程中人工操作的差异，部分试件较高处并不均匀，可能出现骨料偏少而空隙偏多的现象，如图 3-27 所示，其本质是此处截面并未完全处于试件内部，因此在切片后需要对图像进行选取，选择完整的图像进行后续分析。

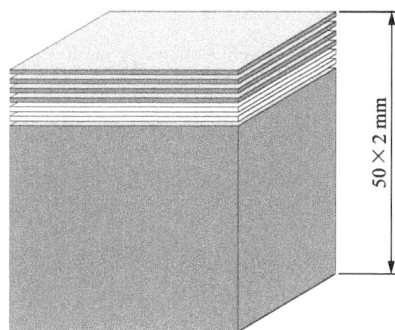

图 3-26　图像切割示意图

图 3-28 为某试件 CT 切片截面图像，从图中可以看出所获得的图像为灰度图像，截面上的每一点都被表示为从黑到白不同饱和度的黑色，它是由不同灰度值的像素按矩阵排列所得到的。图中点的灰度值范围为 0 到 255，白色为 255，黑色为 0，它反映的是相应对于 X 射线的吸收能力，即试件对应部分的密度，因此能够得出颜色较深的区域为空隙，颜色较浅的区域为试件骨料及胶浆部分。由于骨料与水泥胶浆的密度不同，二者灰度值会有细微的差别，但是由于该处所研究的是空隙结构特征，因此不对骨料与胶浆进行区分，统称为实体部分。

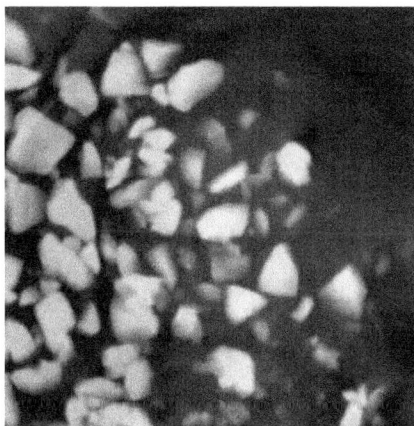

图 3-27　不完整截面

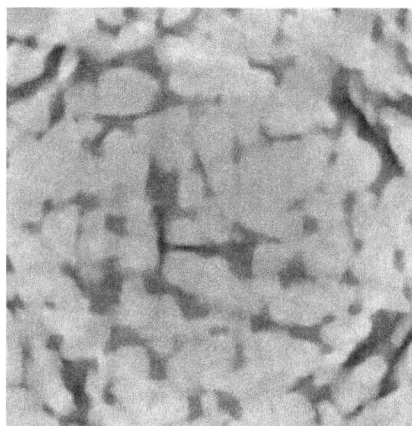

图 3-28　CT 切片截面图像

CT 扫描后，对其进行一系列二维图像处理，其中包括图像二值化、降噪、腐蚀和膨胀等程序。图像处理完成后，可以用 Matlab 软件对二维空隙率、平均空隙半径、平均配位数等空隙特征进行定量计算。

本研究中，选取截面空隙率、平均空隙半径和平均配位数来表征 OGFC 面层的空隙结构。截面空隙率是指试件截面中空隙面积之和占截面总面积的比率，是评价 OGFC 路面截面透水性最直接的参数。由于截面上空隙的形状不规则且形式各异，空隙尺寸不便于直接计算。本研究中将二维图像上不规则空隙等效为面积相等的圆，即可求取空隙半径。平均空隙半径(AVR)是某一个二维表面上所有空隙尺寸的平均值。平均配位数(ACN)是指空隙配位数表示每个空隙所连通相邻空隙的个数，也是每个空隙拥有"喉道"的个数。平均配位数是表征 OGFC 面层空隙连通性的关键参数。这些参数的详细计算方法如第 2.3 节所示。

3.4.2 空隙结构参数结果与讨论

3.4.2.1 空隙率沿高度方向的分布

图 3-29 展示了所有混合料沿试件高度的孔隙率分布情况。在试件的两端，由于边界的约束，集料嵌锁不明显，因此孔隙率相对较大。从两端到中间部分，在外部压实作用下，集料之间可以形成显著的嵌锁。考虑到垂直方向上 10 ~ 90 mm 的范围，M1、M2、M3、M4 和 M5 的二维平均孔隙率分别确定为 19.3%、22.8%、31.1%、22.5% 和 27.9%。从 M1 到 M3，水泥砂浆的质量减少，集料的含量增加，由于填充孔隙的水泥砂浆含量较低，在相同高度处的孔隙率会降低。在相同高度下，M5 的孔隙率通常低于 M3 的孔隙率，这表明在其他设计参数保持不变的情况下，增大颗粒尺寸会降低二维孔隙率。

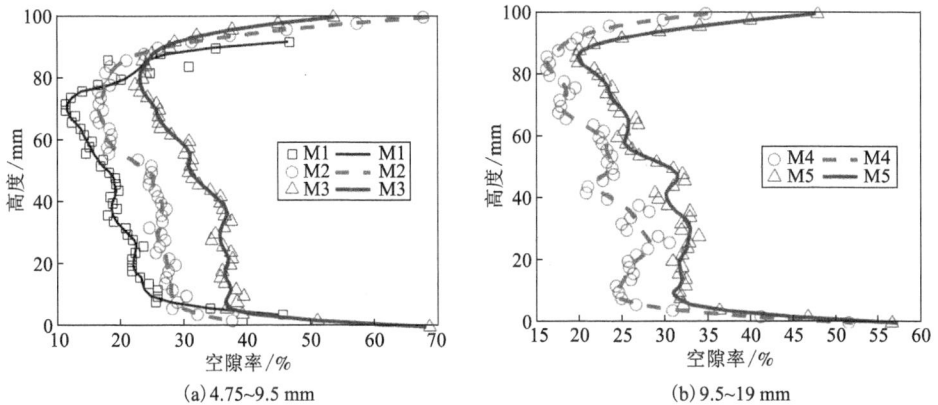

(a) 4.75~9.5 mm

(b) 9.5~19 mm

图 3-29 空隙率沿高度方向的分布

3.4.2.2 二维孔径分布和比表面积

与沿试件高度的空隙率分布类似，从一端到另一端，图 3-30 所示的孔径尺寸先减小后增大。对于所有的混合料，在 10~90 mm 范围内的孔径几乎是恒定的。考虑 10~90 mm 的高度范围计算二维平均孔隙半径。M1、M2 和 M3 的平均半径分别为 1.89 mm、1.98 mm 和 2.17 mm，这表明水泥砂浆质量的差异不仅影响孔隙率分布，还导致孔隙半径分布的差异。M4 和 M5 的平均半径分别为 2.58 mm 和 2.91 mm。从 M1 到 M3，水泥浆含量逐渐降低，水泥浆对孔隙的填充减弱，因此孔隙半径会相应地增大。比较 M3 和 M5 的结果，可以得出结论，尽管在相同高度下 M5 的孔隙率低于 M3，但 M5 中较大的颗粒尺寸产生了较大尺寸的孔隙。图 3-31 展示了试件垂直方向上的二维比表面积分布。在 10~90 mm 的高度范围内，从 M1 到 M5 平均比表面积分别为 1.04 mm^{-1}、0.94 mm^{-1}、0.77 mm^{-1}、0.66 mm^{-1} 和 0.61 mm^{-1}。由于二维比表面积是周长与面积的比值，所以当一个孔隙被视为圆形空隙时，比表面积等于 $2/R$ 的值，其中 R 是孔隙的半径。因此，一般而言，孔隙半径越小，比表面积越大。在 10~90 mm 的范围内，M1 的二维比表面积最大，其次是 M2 和 M3。M4 和 M5 的平均孔径明显大于级配为 4.75 mm 到 9.5 mm 的混合料，因此 M4 和 M5 的二维比表面积相对低于 M1、M2 和 M3。比表面积发展趋势与二维孔隙率和二维孔隙半径的趋势相反。

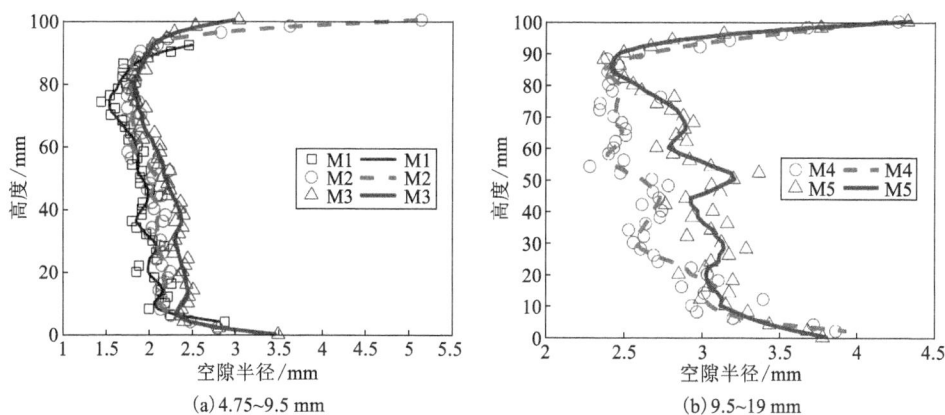

图 3-30 孔隙半径沿高度的分布情况

如表 3-11 所示为五种混合料的孔隙半径分布情况。对于 M1 和 M2，水泥胶浆的质量差异不显著，所以 M1 和 M2 在各个尺寸组中的孔隙百分比差异不显著。对于 M3，水泥胶浆的质量为 408 kg/m^3，显著低于 M1 和 M2，导致尺寸在 0~2 mm 范围内的孔隙百分比显著降低；尺寸在 2~5 mm、5~10 mm 以及大于 10 mm

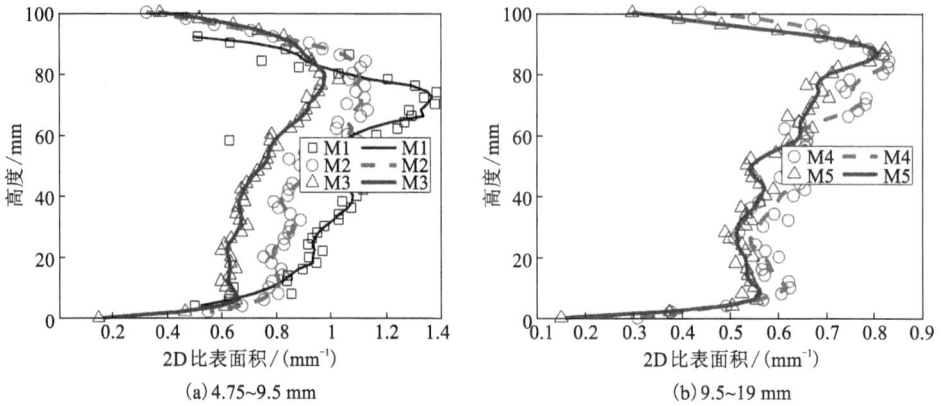

(a) 4.75~9.5 mm   (b) 9.5~19 mm

图 3-31　比表面积沿高度方向的分布情况

范围内的孔隙百分比大于 M1 和 M2。当级配从 4.75~9.5 mm 变为 9.5~19.0 mm
时，小尺寸(0~1 mm)孔隙的百分比显著降低至约 33%。相应地，尺寸在 2~5 mm
和 5~10 mm 范围内的孔隙百分比明显增大。比较 M3 和 M5 的结果，两者仅在集
料级配上有差异，尺寸为 2~5 mm 的孔隙百分比从 11.56% 增加到 19.9%。
与 M3 相比，对于 M5，尺寸大于 10 mm 的孔隙百分比从 2.76% 增加到 6.2%。

表 3-11　不同孔径孔隙所占比例　　　　　　　　　　　单位：%

组别	0~1 mm	1~2 mm	2~5 mm	5~10 mm	>10 mm
M1	70.49	15.66	9.24	4.40	0.21
M2	72.09	13.45	8.72	5.53	0.21
M3	50.75	7.29	11.56	27.64	2.76
M4	33.3	13.3	26.4	24.1	2.9
M5	32.8	13.7	19.9	27.4	6.2

3.4.2.3　二维配位数沿高度方向的分布

如图 3-32 所示为配位数(CN)沿高度方向的分布情况。与二维孔隙率和孔
隙半径的分布类似，在两端处，尽管孔隙率相对较大，但有一些颗粒是孤立的
(图 3-33)，这意味着一个颗粒可能不与任何相邻颗粒接触。虽然由于孤立颗粒
的存在，颗粒之间的接触总数较少，但由于有效颗粒数量较少，CN 相对较大。有
效颗粒是指去除孤立的颗粒以及仅与周围一个颗粒接触的颗粒后的所有颗粒。从

端部到中间部分，由于在压实作用下嵌锁效应更加明显，接触总数增加；然而，有效颗粒的数量也增加了。因此，与两端处的 CN 相比，CN 减小了。当高度从 10 mm 增加到 90 mm 时，从 M1 到 M5 平均 CN 分别为 0.96、1.05、1.53、1.3 和 1.5。可以看出，从 M1 到 M3，随着集料含量的增加，CN 逐渐增大。比较 M3 和 M5 的 CN，级配的变化对 CN 没有显著影响。这是因为当颗粒尺寸增大时，随着集料颗粒数量的减少，总接触数也会减少。

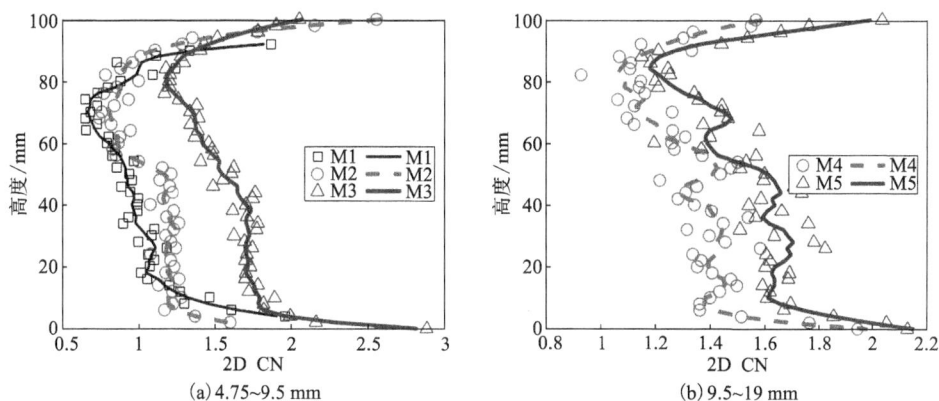

(a) 4.75~9.5 mm　　　　　　(b) 9.5~19 mm

图 3-32　二维配位数(CN)沿高度方向的分布

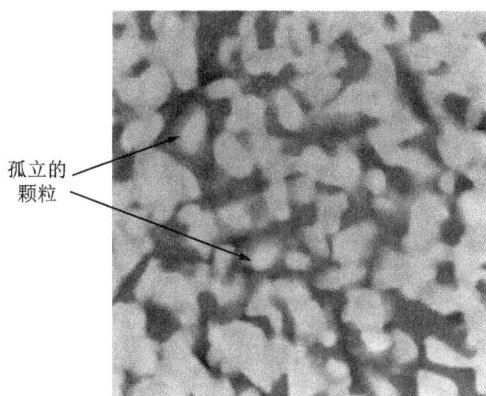

孤立的颗粒

图 3-33　颗粒接触情况

3.4.2.4　三维孔隙结构特征

使用相关软件构建透水混凝土的三维虚拟模型，将透水混凝土的孔隙结构与固相分离，然后提取孔隙。接着，建立孔隙网络模型(PNM)。该模型通过最大球法将孔隙空间划分为孔隙体和喉道。在 PNM 中，球的体积等于相应单个孔隙的体积。

相邻的球通过喉道连接。分析过程如图 3-34 所示。需要注意的是，由图 3-34 生成的三维孔隙特征是基于尺寸为 80 mm×80 mm×80 mm 的三维模型计算得出的，而不是 100 mm×100 mm×100 mm，该模型排除了侧壁表面的开放孔隙。

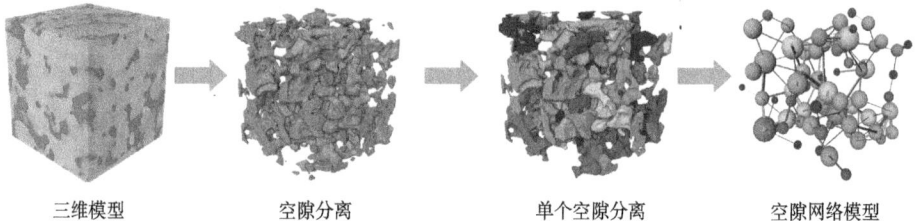

三维模型　　　　　　　空隙分离　　　　　　　单个空隙分离　　　　　　空隙网络模型

图 3-34　三维孔隙结构分析步骤

表 3-12 总结了二维和三维孔隙特征的结果。与二维孔隙率类似，从 M1 到 M3，由三维虚拟模型生成的三维连通孔隙率从 14.87% 增加到 24.61%，这是由水泥胶浆含量减少所致。然而，三维连通孔隙率的大小低于室内测量的结果，这是因为在虚拟三维模型中，尺寸为 80 mm×80 mm×80 mm，排除了侧壁表面的开放孔隙。从 M1 到 M3，三维平均孔隙半径也逐渐增大。三维孔隙半径明显大于二维孔隙半径。从 M1 到 M3，二维配位数和三维配位数都增大了，而三维配位数比二维配位数增大得更显著。对于所有试件，从三维到二维的配位数减小量都高于 60%。当研究对象从二维扩展到三维时，孔隙的配位数也从二维过渡到三维。由于垂直方向上孔隙结构的复杂性，透水混凝土在垂直方向上可能呈现出更多的连通空隙，而在水平方向上孔隙的连通性相对较差，所以三维中的平均孔隙配位数可能更大。同样，二维图像的孔隙半径不能反映三维孔隙的尺寸信息。

表 3-12　基于二维图像和三维模型的孔隙结构参数对比

组别	连通孔隙率			平均配位数			平均孔隙半径		
	三维模型/%	室内试验/%	误差/%	三维模型	室内试验	误差/%	三维模型/mm	室内试验/mm	误差/%
M1	14.87	18.95	27.4	4.08	0.96	-76.5	5.8	1.89	-67.4
M2	18.99	22.28	17.3	4.22	1.05	-75.1	5.97	1.98	-66.8
M3	24.61	27.43	11.5	7.08	1.53	-78.4	6.44	2.17	-66.3
M4	19	22.86	20.3	3.62	1.3	-64.1	6.21	2.86	-53.9
M5	23.77	24.87	4.6	4.94	1.5	-69.6	6.69	2.91	-56.5

3.4.3　透水混凝土力学性能和孔隙结构间的灰色关联分析

3.4.3.1　灰色关联分析理论

灰色关联分析是一种多因素统计分析方法，属于灰色系统理论的重要内容。它主要用于分析系统中各因素之间的关联程度，尤其是在数据有限、信息不完全的情况下，具有独特的优势。在进行系统分析时，除了选准系统行为特征的映射量，还需要进一步明确影响系统主行为的各有效因素。如果还要做量化研究分析，则需要对系统行为特征的映射量和各有效因素进行适当的处理，通过算子作用，使之化为数量级大体相近的无量纲数据，并将负相关因素转化为正相关因素。

假设有若干数据组成数据序列 X_i、Y_i，假定所研究对象的序列为 Y_i，其余的为参考序列 X_i。采用算子 D 对 X_i 和 Y_i 进行归一化处理。

$$X_i' = X_i D = (x_i(1)d, \ x_i(2)d, \ \cdots, \ x_i(m)d)$$
$$Y_i' = Y_i D = (y_i(1)d, \ y_i(2)d, \ \cdots, \ y_i(m)d)$$

$$(3-13)$$

式中：$x_i(k)d = x_i(k)/x_i(1)$，$x_i(1) \neq 0$，$y_i(k)d = y_i(k)/y_i(1)$，$y_i(1) \neq 0$，$k = 1$，2，$\cdots$，n；X_i' 和 Y_i' 是归一化之后的序列。

为计算关联度，需要采取以下步骤：

①计算每个序列的初始像：X_i' 和 $Y_i'(i = 1, 2, \cdots, n)$；

②计算差值序列：

$$\Delta_i(k) = \left| Y_i'(k) - X_i'(k) \right|, \ (k = 1, 2, \cdots, m)$$

$$(3-14)$$

③求两级最大差和最小差：

$$M = \max_i \max_k \Delta_i(k), \ N = \min_i \min_k \Delta_i(k)$$

$$(3-15)$$

④求关联系数：

$$\gamma_{ji}(k) = \frac{N + \xi M}{\Delta i(k) + \xi M}, \ \xi \in (0, 1)$$

$$(3-16)$$

式中：ξ 为分辨系数。

⑤计算关联度：

关联度是对各个比较序列与参考序列之间关联程度的综合度量，通常通过对所有关联系数求平均得到。

$$\gamma_{ji} = \frac{1}{m} \sum_{k=1}^{m} \gamma_{ji}(k), \ (i = 1, 2, \cdots, n)$$

$$(3-17)$$

式中：m 为样本数量；n 为相关因素序列的数量。

3.4.3.2　关联度结果和分析

在本研究中，抗压强度和 K_{IC}^* 值是系统特征行为序列。孔隙特征指标是因素行为序列。由于未对级配为 9.5~19.0 mm 的试件进行 SCB 测试，因此灰色关联分析仅针对集料粒径在 4.75~9.5 mm 之间的透水混凝土。

图 3-35 是一个雷达图，显示了所有孔隙指标对力学性能(如抗压强度以及缺口为 10 mm 和 20 mm 时的断裂韧性)的灰色关联度。抗压强度与三维平均孔隙半径之间的相关性最高，灰色关联度为 0.69，其次是二维平均孔隙半径(0.68)。对于所有试件的断裂韧性，无论缺口长度是 10 mm 还是 20 mm，二维和三维平均孔隙半径的灰色关联度分别为 0.65 和 0.66。结果表明，二维孔隙半径和三维孔隙半径在影响力学行为方面起着更重要的作用。无论是抗压强度还是断裂韧性，二维接触数和三维接触数的灰色关联度都是最低的，这表明孔隙之间的连接可能不是影响力学性能的关键因素。

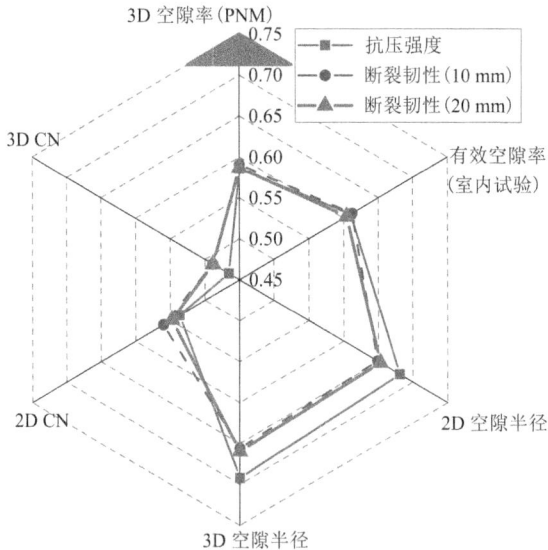

图 3-35　力学性能和孔隙结构参数之间的关联度

3.4.4　小结

①从 M1 到 M3，随着水泥砂浆的质量从 520 kg/m³ 减少到 408 kg/m³，有效孔隙率从 18.95% 增加到 27.43%，抗压强度和断裂韧性明显下降。对于相同类型的透水混凝土混合物，随着缺口长度的增加，临界应力强度因子相应减少。

②二维孔隙率分布、二维孔径分布和二维配位数分布呈现出随着试样高度增加而先减少、后增加、再减少的对称趋势。二维比表面积的发展趋势与二维孔隙率分布相反。

③与 4.75 mm 至 9.5 mm 的级配相比，骨料级配在 9.5 mm 至 19.0 mm 范围

内的透水混凝土具有更高的抗压强度、更大的有效孔隙率和更大的孔径。9.5 mm
至 19.0 mm 级配的试样中，小尺寸(0~1 mm)孔的百分比较低，而 2~5 mm 和 5~
10 mm 范围内孔的百分比明显增大。

④从三维孔隙网络模型获得的三维配位数明显高于从二维 CT 切片获得的配
位数，三维孔径也明显大于二维孔径。这表明平均二维孔径或二维配位数不能代
表整体孔隙特性。

⑤二维孔径和三维孔径是影响力学性能的最显著因素。二维孔径和三维孔径
对单轴抗压强度的相关度分别为 0.68 和 0.69。对于所有试样的断裂韧性，无论
缺口长度是 10 mm 还是 20 mm，二维和三维平均孔径的灰色关联度都分别为
0.65 和 0.66。二维连通数和三维配位数是影响力学性能最不显著的因素。

3.5 降噪功能研究

3.5.1 路面降噪原理

多孔材料的吸声降噪原理主要包括以下两个方面：

①空气摩擦与黏滞阻力耗能。当声波入射到多孔材料表面时，会引起材料
表面的振动，进而带动小孔或间隙内的空气运动。而紧靠孔壁与纤维表面的空气
受孔壁的影响不易动起来，这就使得空气与孔壁之间产生摩擦。这种摩擦以及空
气的黏滞阻力会使空气分子的振动受到阻碍，将声能转化为热能，从而使声波的
能量不断衰减，反射声减弱，达到吸声的效果。并且，高频声波可使空隙间空气
质点的振动速度加快，空气与孔壁的摩擦作用更强烈，热交换也加快，所以多孔
材料对高频声波的吸声效果更好。

②热交换耗能。小孔中的空气与孔壁以及材料的纤维之间存在温度差，当声
波引起空气振动时，空气与孔壁及纤维之间会发生热交换。这种热交换过程也会
消耗一部分声能，使声能进一步衰减。

路面/轮胎噪声的测试评价方法很多，可分为 4 种：一是远场测试方法；二是
近场测试方法，包括拖车法、声强法和近轮胎声压法；三是室内模拟法，包括转
鼓法和轮胎单体试验法；四是路面表面声吸收试验方法，包括驻波管法、混响法
和传递函数法。

本节主要通过第四种方法也就是吸声系数测试法，通过路面交通噪声的吸收
效果来测定透水混凝土降噪性能。

3.5.2 吸声系数测试

本研究通过规范 ASTM E 1050-08 所介绍的试验方法来测试路面材料的吸声系数,通过吸声系数来反映同样的噪声声源在接触或是通过不同类型路面材料时的损失程度,以此表征路面材料的吸声降噪性能。本研究考虑了四种典型的路面材料:普通混凝土(PCC)、水泥透水混凝土(PCPC)、普通沥青混合料(AC)、沥青混合料开级配磨耗层(OGFC)。此外,还讨论了不同孔隙率大小对多孔路面材料吸声降噪性能的影响。

3.5.2.1 试验设备及工作原理

材料的吸声系数的定义为材料吸收的声能与入射到材料上的总声能之比。本试验采用的是阻抗管以及双麦克风、放大器数据采集仪、计算机组成的整套声学测试系统。其原理是将宽带稳态随机信号分解成入射波 P_i 和反射波 P_r,P_i 和 P_r 大小由安装在管上的两个传声器测得的声压决定,如图 3-36 所示。其中 s 为双传声器的间距,l 为传声器 2 至基准面(测量表面)的距离。

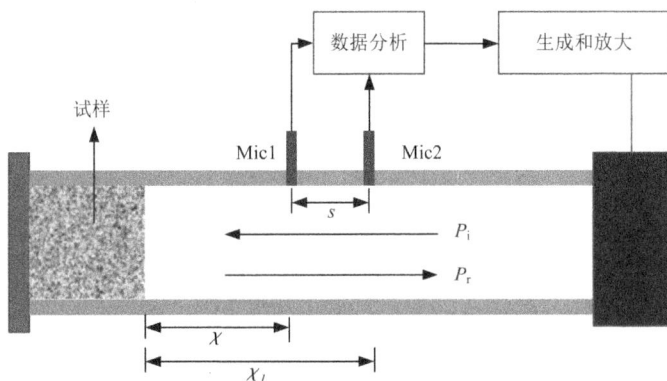

图 3-36 阻抗管测吸声系数

入射波声压和反射波声压分别可写为

$$\begin{cases} p_i = P_I e^{jk_0 x} \\ p_r = P_R e^{-jk_0 x} \end{cases} \qquad (3-18)$$

式中:P_I 为基准面上 p_i 的幅值;P_R 为基准面上 p_r 的幅值。

两个传声器位置处的声压分别为

$$\begin{cases} p_1 = P_I e^{jk_0(s+l)} + P_R e^{-jk_0(s+l)} \\ p_2 = P_I e^{jk_0 l} + P_R e^{-jk_0 l} \end{cases} \qquad (3-19)$$

入射波的传递函数 H_i 为

$$H_i = \frac{p_{2i}}{p_{1i}} = e^{-jk_0 s} \tag{3-20}$$

式中：s 为两个传声器之间的距离。反射波的传递函数 H_r 为

$$H_r = \frac{p_{2r}}{p_{1r}} = e^{jk_0 s} \tag{3-21}$$

总声场的传递函数 H_{12} 可由 p_1、p_2 获得，并有 $P_R = rP_I$。

$$H_{12} = \frac{p_2}{p_1} = \frac{e^{jk_0 l} + re^{-jk_0 l}}{e^{jk_0(s+l)} + re^{-jk_0(s+l)}} \tag{3-22}$$

使用 H_i、H_r 改写上式：

$$r = \frac{H_{12} - H_i}{H_r - H_{12}} e^{j2k_0(s+l)} \tag{3-23}$$

反射系数 r 可通过测得的传递函数、距离 s 和 l 及波数 k_0 决定。因此，吸声系数为

$$\alpha = 1 - |r|^2 \tag{3-24}$$

3.5.2.2　试件制备

（1）水泥混凝土试件的制备

本次试验制备的普通水泥混凝土（PCC）和透水混凝土（PCPC）试件的配合比见表 3-13。其中，普通混凝土采用典型的 C20 配合比；透水混凝土采用三种不同砂率来得到三种不同的目标孔隙率，以此来探究孔隙率对吸声系数的影响。

表 3-13　混凝土的配合比设计

组别	粗骨料 /(kg·m⁻³)	砂 /(kg·m⁻³)	水泥 /(kg·m⁻³)	水 /(kg·m⁻³)	减水剂(0.2%) /(kg·m⁻³)	砂率/%
PCC	1244	641	330	185	—	34
PCPC1	1405	0	330	90	0.660	0
PCPC2	1346	59	330	90	0.660	4
PCPC3	1283	122	330	90	0.660	8

由于阻抗管的试件筒对试件尺寸要求直径为 100 mm，且由于混凝土为硬质材料，试件尺寸应略小于 100 mm，所以本次试件的成型采用的试模为外径 110 mm、管壁厚度为 5.4 mm、管长 100 mm 的硬质 PVC 筒，成型 24 h 后采用马歇尔脱模机脱模，所制备的试件如图 3-37 所示。

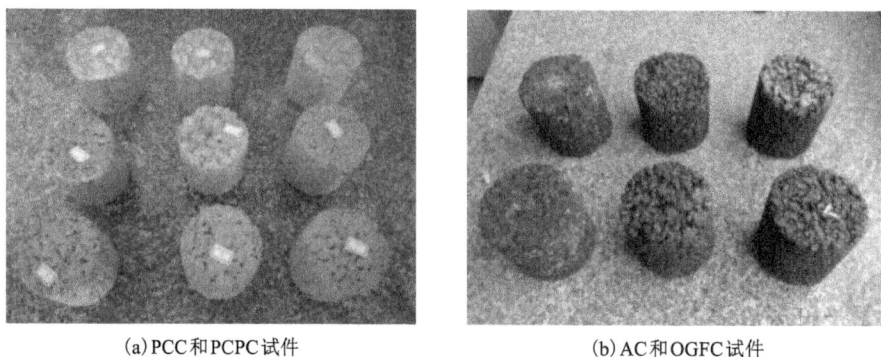

(a) PCC和PCPC试件　　　　　　　　　　(b) AC和OGFC试件

图3-37　水泥混凝土和沥青混合料试件

（2）沥青混凝土试件的制备

本次试验制备的沥青混合料，包括普通沥青混合料（AC）和用作开级配磨耗层的多孔沥青混合料（OGFC）。试件的沥青用量均为5%，其中OGFC试件还考虑了两种不同的孔隙率，混合料的集料级配如表3-14所示。

表3-14　集料的筛孔通过率　　　　　　　　　　　　　　单位：%

试件	筛孔尺寸/mm									
	16	13.2	9.5	4.75	2.36	1.18	0.6	0.3	0.15	0.075
AC	100	95	72.5	40	30	22.5	17.5	13.5	10	6
OGFC1	100	95	72.5	40	30	22.5	17.5	13.5	10	6
OGFC2	100	94.1	70.3	39.8	28.7	23.4	17.7	12.4	9.3	5.9

由于试验设备的尺寸要求，马歇尔试件的尺寸不能满足要求，故本次试验所用的沥青混合料试件是通过击实法在PVC管中击实成型的 $\phi99.2$ mm×100 mm 的圆柱形试件。试件制备时，先将一定质量的热拌沥青混合料分三层装入PVC筒，然后通过击实锤将每层散体混合料在PVC筒中击实到一定的高度，最后用切割机切成高度为100 mm的试件。

3.5.2.3　PCPC和OGFC试件的有效孔隙率测试

采用真空浸水法测试制备的PCPC和OGFC试件的有效孔隙率试验结果如图3-38所示。

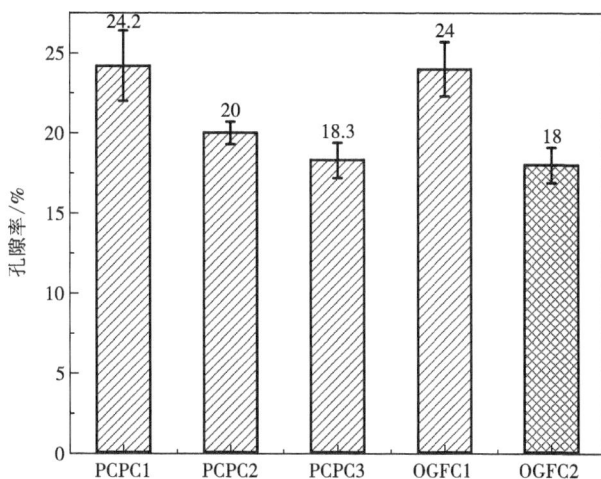

图 3-38 有效孔隙率测试结果

3.5.2.4 测试过程

如图 3-39 所示,将试件装入试件桶,连接好麦克风、放大器和数据采集仪,打开测试软件进行样品测试。此时,声源处会发射一段 50~1600 Hz 的声信号,经两个传声器测得声压,通过采集仪输入 PC 端,经过电脑后处理得到了试件在各频段下的吸声系数。

(a) 试件安装

(b) 数据采集

图 3-39 吸声系数测试

3.5.3 测试结果和分析

3.5.3.1 水泥混凝土试件测试结果

图 3-40 为 PCC 和 PCPC 试件吸声系数的测试结果。

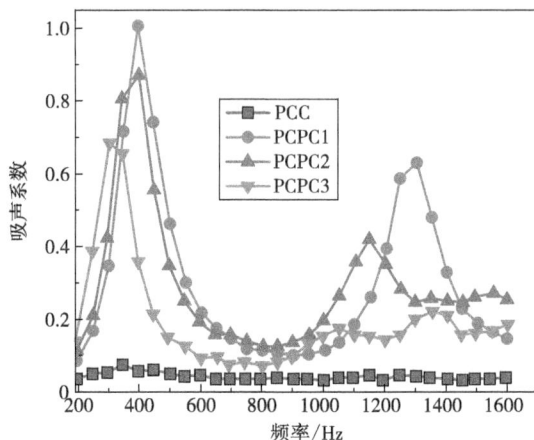

图 3-40　水泥混凝土吸声系数测试结果

根据试验结果，可以得出以下结论：

普通混凝土(PCC)试件在各声源频率下的吸声系数均很小，这是因为密实的普通混凝土几乎将所有声源的声能反射回去，对声音的吸收效果微乎其微。透水混凝土(PCPC)试件吸声系数要显著地高于 PCC，且在大部分的声源频段内，几组不同孔隙率的试件的吸声系数存在明显的对比关系：PCPC1>PCPC2>PCPC3。也就是说，吸声效果会随着试件孔隙率的增大而增大。这主要是因为随着有效孔隙率的增大，多孔材料内部腔体的空气含量增高，声波入射到多孔材料内部激发微孔内的空气振动以及空气与混凝土筋络间相对运动产生的总的黏滞阻力增加，振动空气的动能转化为热能的程度提升，从而使声能衰减得更快，材料表现的吸声系数增大。

试件对不同频率的声信号的吸声效果存在着差异。吸声系数随声信号频率的变化函数具有两个及两个以上的波峰，其中有两个最为明显的波峰，第一个出现在 300~500 Hz 的低频段，第二个出现在 1100~1400 Hz 的高频段。PCPC1、PCPC2 和 PCPC3 试件(这三组试件的平均有效孔隙率分别是 0.24、0.2、0.18)的吸声系数的最大值均出现在第一个波峰位置，分别是 0.68、0.87 和 0.98，对应的频率分别为 310 Hz、380 Hz 和 400 Hz。如图 3-41 所示，随着孔隙率的增大，试件的最佳吸声系数也随之增大(这与上述结论相一致)，此外，最佳吸声系数对应的频率会随着试件孔隙率的增大而向着低频方向移动。这主要是因为砂率的增大不仅改变了试件的孔隙率，而且由于砂浆包裹厚度的增加而使得试件内部孔径和孔隙体积变小；另外，砂率的增大还会使试件的整体密实性变好，试件内部孔隙的迂曲度减小。因此，以上的试验结果表明，透水混凝土路面对低频的交通噪声

（300～500 Hz）的吸收效果最佳，而且孔隙率越大，吸收效果越好。

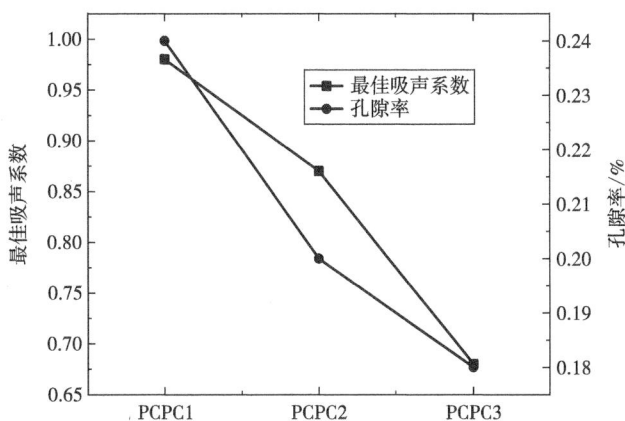

图 3-41　PCPC 的最佳吸声系数和相应的孔隙率

　　由上述分析可知，不同的试件不仅在最佳吸声效果上存在差异，而且获得最佳吸声效果的噪声频段也有所差别。由于交通噪声的频谱分布是复杂多变的，不能以单一频率的吸声系数来评价该路面材料的吸声性能，所以在此引入一个平均吸声系数来综合评价不同路面材料对交通噪声的吸收能力。

　　这里定义的平均吸声系数是以 200～1600 Hz 均匀分布的相同声压级声源组成的多频声源垂直入射于材料表面的吸声系数，也就是任意相同宽度的频段的声能是相同的。假定噪声声源的声能为 E_i，$y(x)$ 是吸声系数关于声频 x 的函数，则路面材料吸收的声能 E_α 可按下式计算得到：

$$E_\alpha = \int_{200}^{1600} y\,\frac{\mathrm{d}x}{1400} E_i \tag{3-25}$$

则此时，平均吸声系数 α 可以表示为

$$\bar{\alpha} = \frac{E_\alpha}{E_i} = \frac{1}{1400}\int_{200}^{1600} y\mathrm{d}x = \frac{S}{1400} \tag{3-26}$$

式中：S 为吸声系数的函数曲线与坐标轴包围的面积。

　　如图 3-42 所示为本研究计算得到的路面材料对交通噪声的平均吸声系数结果。从结果可以看出，试件的平均吸声系数和孔隙率是呈相同趋势变化的，即孔隙率越大，平均吸声系数亦越大。这意味着，对于频谱分布多样化的交通噪声，孔隙率较大的试件的综合吸声效果较好。

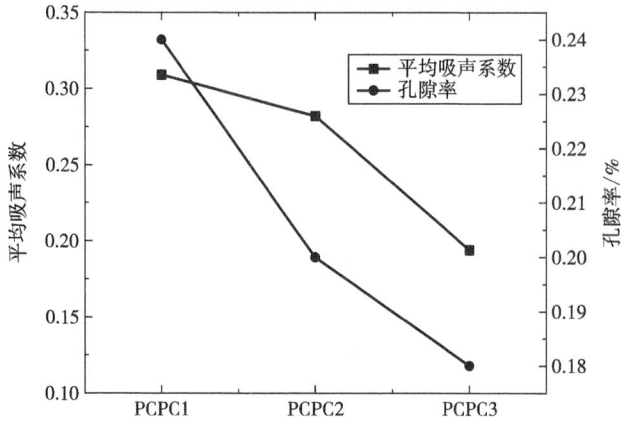

图 3-42　PCPC 平均吸声系数和相应的孔隙率

3.5.3.2　沥青混凝土试件测试结果

普通沥青混凝土(AC)以及用作开级配磨耗层(OGFC)的多孔沥青混合料的吸声系数测试结果如图 3-43 所示。

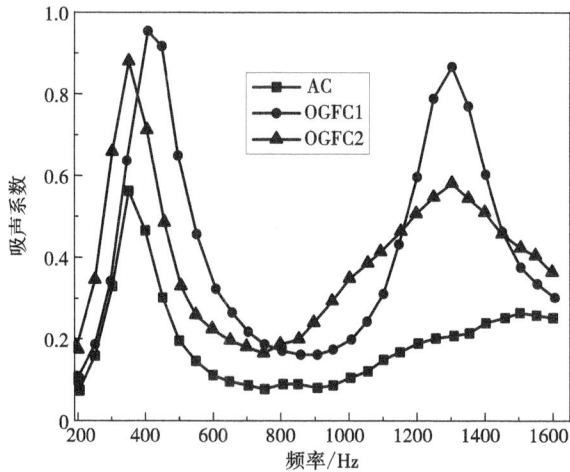

图 3-43　沥青混合料吸声系数测试结果

根据试验结果,可以得到如下结论:

普通沥青混凝土(AC)试件虽然孔隙率较小(目标孔隙率为4%),但从图中可以看到,在 300~500 Hz 的声频范围内有着较高的吸声系数,最佳吸声系数达到了 0.58。而同样孔隙率很小的普通水泥混凝土 (PCC) 试件的吸声系数几乎为 0，这是因为 AC 相比 PCC，其材料的流阻较大，流阻是能够反映吸声材料对空气的黏滞性能大小的参数，流阻与材料本身有很大的关系，沥青是一种流阻较大的材料，故 AC 试件也有一定的声阻抗效应。而 OGFC 试件相比普通 AC 试件，吸声系数有明显的提升，最大吸声系数可增大 50%～70%。

　　由图中结果还可以看出，在大部分声频波段范围内，具有较大有效孔隙率的 OGFC 试件都表现出更好的吸声效果，这一结论也与水泥透水混凝土试件相似，但是，由于沥青混合料材料本身具有的声阻抗能力，较大孔隙率所带来的材料吸声性能改善效果并不如水泥透水混凝土材料那么显著。

　　跟 PCPC 相似，OGFC 的吸声系数关于声频的函数曲线也存在两个明显的波峰，其中较大的波峰对应的就是最佳吸声系数，如图 3-44(a) 所示。可以看出随着孔隙率增大，试件的最佳吸声系数也随之增大，而且最佳吸声系数对应的频率也会向着低频方向移动。这一规律与水泥透水混凝土材料相同。按照之前介绍的方法计算得到的 OGFC 试件的平均吸声系数见图 3-44(b)。从结果可以看出，平均吸声系数和孔隙率是呈相同趋势变化的，即孔隙率越大，平均吸声系数越大。这一规律也与水泥透水混凝土相似。

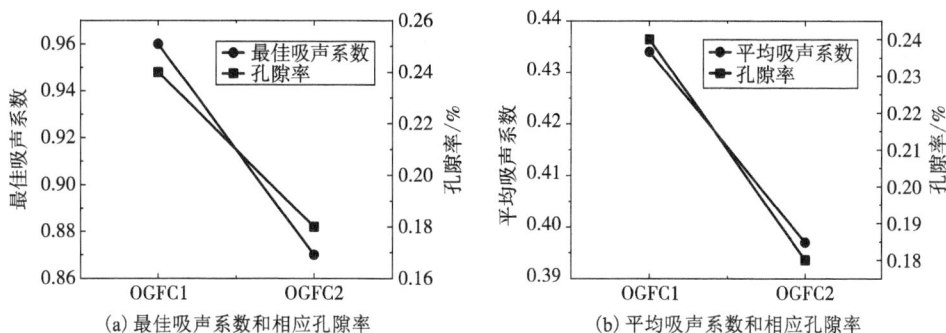

(a) 最佳吸声系数和相应孔隙率　　　　　(b) 平均吸声系数和相应孔隙率

图 3-44　吸声系数和相应的孔隙率

3.5.3.3　水泥混凝土与沥青混合料的吸声性能对比分析

　　由上述的结论可知，虽然 PCPC 与 OGFC 的吸声系数随孔隙率的变化存在着相同的变化规律，但 PCC 与 AC 在孔隙率均很小的情况下吸声系数存在较大的差异。将 PCC 与 AC 孔隙率视为 0.01 和 0.04，PCPC3 和 OGFC2 的孔隙率均为 0.18，PCPC1 和 OGFC1 孔隙率均为 0.24，将这三组孔隙率相同或相近的试件的平均吸声系数进行对比可得到图 3-45 所示的结果。

　　从图中可以看出，在孔隙率相同的情况下，沥青混合料的平均吸声系数要明显高于水泥混凝土。这是因为沥青的高流阻特性，使得沥青混合料对声波引起的空气振动有着较强的黏滞性，从而增强了沥青混合料对声源的吸收能力。

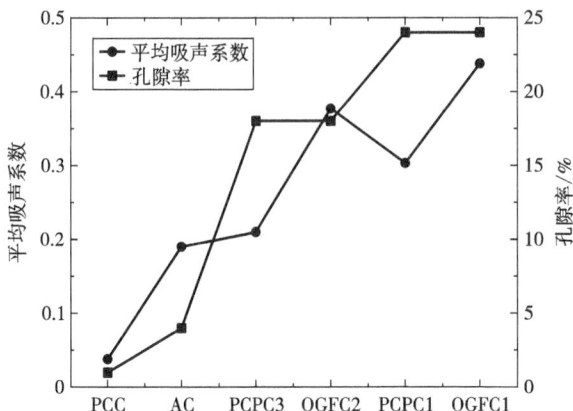

图 3-45 水泥混凝土和沥青混合料吸声性能对比分析

3.5.4 小结

①随着孔隙率的增大，透水混凝土材料内部腔体体积增大，孔隙的迂曲率减小，声波入射到孔隙结构内部激发微孔内的空气振动以及空气与混凝土筋络间相对运动产生的总的黏滞阻力增加，从而使声能衰减得更快，材料表现出更好的吸声降噪效果。

②在相近孔隙率的情况下，沥青混合料的平均吸声系数要明显高于水泥混凝土。这是因为沥青的高流阻特性，使得沥青混合料对声波引起的空气振动有着较强的黏滞性，从而增强了沥青混合料对声源的吸收能力。

③随着孔隙率的增大，透水混凝土最佳吸声系数随之增大，且对应的频率也会随着材料孔隙率的增大而向着低频方向移动。试验结果表明，透水混凝土路面对低频的交通噪声(300~500 Hz)的吸收效果最佳，而且孔隙率越大，吸收效果越好。

3.6 透水混凝土路面缓解热岛效应试验研究

3.6.1 热岛效应

热岛效应是指一个地区的气温高于周围地区的现象[242]。

3.6.1.1　产生原因

城市内有大量的人工构筑物,如混凝土、柏油路面、各种建筑墙面等,这些材料的比热容较小,在相同的太阳辐射条件下,升温速度快,温度升高幅度大。城市中的建筑物、道路等会减少自然下垫面(如植被、水体等)的面积。自然下垫面具有较好的蒸发散热和保水能力,而城市下垫面的蒸发散热作用较弱,使得城市地表及近地面空气温度升高。

城市中大量的工业生产、交通运输以及居民生活等都会产生热量。工厂中的各种机器设备在运行过程中会释放大量的热能;汽车、火车、飞机等交通工具在行驶过程中也会排放热量;居民生活中的空调、暖气、电器等设备同样会向周围环境散热。

城市中的大气污染物如颗粒物、二氧化碳、氮氧化物等会吸收和反射太阳辐射,减少地面的长波辐射损失,从而使城市气温升高。大气污染还会影响大气的透明度,使得太阳辐射在城市中更容易被吸收和储存,加剧热岛效应。

3.6.1.2　影响

高温会使人感到不适,出现中暑、热衰竭等症状。特别是老年人、儿童、孕妇以及患有慢性疾病的人群,对高温的耐受性较差,更容易受到热岛效应的影响。热岛效应还会加剧城市的空气污染,增加空气中的有害物质含量,对人体呼吸系统、心血管系统等造成危害。

热岛效应会改变城市的气候条件,影响城市的生态平衡。高温会使城市中的植被生长受到抑制,甚至死亡;水体蒸发加快,水质恶化;动物的生存环境受到破坏,生物多样性减少。热岛效应还会影响城市的降水分布,使得城市中心地区的降水量减少,周边地区的降水量增加,从而引发城市内涝等问题。

为了应对高温天气,城市中的居民和企业需要大量使用空调、电扇等制冷设备,这会导致能源消耗大幅增加。同时,高温还会使城市中的电力、供水等基础设施的负荷加重,增加运行成本。

3.6.1.3　缓解措施

植树造林、建设公园和绿地等可以增加城市的植被覆盖面积,提高自然下垫面的比例。植被通过蒸腾作用可以吸收热量,降低气温;同时,植被还可以吸收空气中的污染物,净化空气。优化城市的能源结构,推广使用清洁能源,如太阳能、风能、水能等,减少化石燃料的使用,降低工业生产和交通运输等领域的热量排放,也可以缓解热岛效应。

使用具有高反射率的建筑材料,如浅色的屋顶和墙面,可以减少太阳辐射的吸收,降低建筑物的表面温度。还可以增加城市中的水体面积,如建设人工湖、喷泉等，水体的蒸发散热作用可以有效地降低周围环境的温度。

当前城市的下垫面以铺装的路面为主，我国城市道路铺装以沥青路面和水泥混凝土路面为主，它们是造成热岛效应的重要原因，它们对热岛效应的作用主要体现在以下三个方面。

①对太阳的反射能力弱。它们的反射率比自然下垫面低，吸收较多的太阳辐射，在夏季高温的时候，当树冠和草坪达到30℃的时候，水泥路面的温度可以达到57℃，沥青路面可以高达63℃，形成高温热源烘烤周围环境，使环境温度升高。

②与环境之间的水热交换少。地表能量转换的主要方式之一是蒸发，从地表蒸发的水分越多，地表将吸收的太阳辐射热量传输给大气的比例就越大，地表的环境温度就会越低。水泥路面和沥青路面的透水性很差，其蒸发率几乎为零，导致其热量几乎全部输送给地表空气，造成了城市气温的提升。

③蓄热能力强。水泥路面、沥青路面的热容较大，而且传热系数大，使其温度变化的影响深度较大，加上其本身温度就较高，使其蓄热能力较强，导致路面蓄积大量的热量，对周围造成较强的热辐射。并且，其在夜间向周围散发大量的热量，也是造成夜间热岛效应的重要原因。

因此，要改善城市热岛效应，必须改善道路铺装结构，选择合适的路面材料。相比于水泥混凝土路面和沥青路面，透水混凝土路面被认为可以有效地降低道路铺面对城市热环境的不利影响。这是因为透水混凝土路面是一系列与外部空气及下部透水垫层相连通的多孔构造，透水性铺装下垫层土壤中丰富的毛细水通过太阳辐射作用下的自然蒸发蒸腾作用，吸收大量的显热和潜热，且因为其表面反射率较低，对附近反射少，使路面温度和路面附近空气温度比传统路面更低，因此减轻了行人的灼热感和附近建筑物和车辆的热负荷。

3.6.2 路面热效应理论

3.6.2.1 路面与外界热交换的方式

路面与环境主要通过以下几种方式进行热交换：

（1）辐射换热

路面接收来自太阳的短波辐射，这是路面升温的主要热源之一。太阳辐射的强度取决于地理位置、季节、时间以及天气状况等因素。在晴朗的夏日中午，太阳辐射强度较大，路面吸收的热量多，温度迅速上升。不同路面材料对太阳辐射的吸收率不同。例如，黑色的沥青路面吸收率较高，而浅色的混凝土路面吸收率相对较低。

路面在吸收太阳辐射升温后，会以长波辐射的形式向周围环境散热。长波辐射的强度与路面温度和周围环境温度的差值有关。当路面温度高于周围环境温度时，长波辐射散热较强；反之，散热较弱。

（2）对流换热

空气的自然流动会与路面进行热交换。当路面温度高于空气温度时，热空气上升，冷空气下沉，形成自然对流。自然对流的强度取决于空气的温度梯度、风速以及路面的粗糙度等因素。在微风或静风条件下，自然对流的换热效果相对较弱；但在强风天气，自然对流会显著增强，加快路面的散热速度。

车辆行驶过程中会带动周围空气流动，形成强制对流。车辆行驶速度越快，强制对流的换热效果越强。强制对流不仅会带走路面的热量，还会使路面的温度分布更加均匀。然而，车辆本身也会向路面释放热量，如发动机散热、轮胎与路面摩擦生热等，这在一定程度上会抵消部分散热效果。

（3）传导换热

路面与路基之间通过热传导进行热量交换。路基材料的热导率和热容量会影响路面的热效应。如果路基材料的热导率低、热容量大，能够减缓路面温度的变化，起到一定的隔热作用。路面在白天吸收热量后，会通过热传导将部分热量传递给路基。到了夜晚，路基中的热量又会缓慢地向路面传递，影响路面的温度变化。

路面与周围土壤之间也存在热传导。土壤的温度相对较为稳定，对路面的温度变化有一定的缓冲作用。当路面温度高于土壤温度时，热量会向土壤传递；反之，土壤中的热量会向路面传递。土壤的湿度也会影响热传导效果。湿润的土壤热导率相对较高，有利于热量的传递；而干燥的土壤热导率较低，会阻碍热量的传递。

3.6.2.2　路面材料因素

影响路面温度场的路面材料因素主要包括以下几个方面：

（1）密度和孔隙率

在铺设相同厚度的路面时，密度较小的路面材料其质量更小，使得路面吸收更少的热量。而具有一定孔隙率的透水混凝土（PCPC）路面，一般比传统的普通混凝土（PCC）和沥青混凝土（AC）路面密度小，同等情况下吸收的热量更少；另外，由于其透水性能，可以将雨水渗流至地表而不是形成径流流失，从而使得地表水在蒸发时可以带走路面热量。

（2）反射率

道路表面的反射率是指道路表面的反射辐射通量占入射辐射通量的比例。这也反映了材料吸收太阳辐射的能力，反射率越小，吸收的太阳辐射就越多，路面温度就越高，同时路面对周围环境的热辐射就越强。故反射率是直接影响路面温度的最主要因素之一。城市下垫层反射率过低也是造成热岛效应的重要原因。

（3）比热容

比热容，即热容量系数，表示单位质量或重量的物质，温度升高或者降低1℃时所吸收或者放出的热量。比热容越大的路面材料，吸收相同的热量时升高温度的幅度越小，但降低相同的温度时释放的热量越多。一般来说，沥青混凝土（AC）比热容较小，吸收热量能迅速升到高温，对周围造成较强的热辐射。而普通混凝土（PCC）比热容较大，其升温速度较慢，但蓄热能力较强，且由于其密度较大，能够在白天储蓄较多的热量，夜间降温时向周围释放较多的热量。

（4）导热系数与导温系数

导热系数，也称为热传导系数，用来表征物体的导热能力，是指在单位温差、单位时间内通过单位面积的热量，单位为 W/(m·K)。物体的导热系数越大，则表明该物体的热传导性能越好，物体内部温度达到平衡的时间就越短。路面材料导热系数越大，持续将吸收的热量传导到路面深层的能力就越强，使其吸收更多的热量。

导温系数，也称为热扩散系数，是表征物体温度状态的系数，表示在单位时间内单位面积上吸热和放热的速度，其值可以通过物体的导热系数、比热容以及密度计算得到，即

$$\alpha = \frac{\lambda}{c \cdot \rho} \tag{3-27}$$

式中：α 为导温系数；c 为比热容；ρ 为密度。

可以看出，导温系数与导热系数是两个不同的物理量，前者综合反映了材料的导热能力和单位容积的热容量大小，而后者仅表示物体导热能力的大小。导热系数越大，材料中温度变化传播得就越迅速，物体内部温度达到平衡的能力就越大。

（5）对流换热系数

对流换热系数反映的是流体与固体表面之间的换热能力，表示单位时间单位面积上通过对流与附近空气交换的热量，可按下式计算：

$$q = h(t_1 - t_2) \tag{3-28}$$

式中：q 为交换热流密度；h 为对流换热系数；t_1 为壁面温度；t_2 为流体温度。

对流换热系数与固体本身的材料性质无关，而取决于固体表面的粗糙度，流体的导热系数、黏滞系数、流速及流向等。可见，不考虑路面与大气温差及风速因素，仅考虑路面材料本身，对流换热系数取决于路面的粗糙程度，路面材料越粗糙，路面与大气的热交换速度越快。

文献[243]中提出，固体表面在空气中放热的对流换热系数，在不同风速下，可用下式进行计算：

$$\begin{cases} h = 6.64 + 4.03\nu_a \,(\text{粗糙表面}) \\ h = 6.06 + 3.76\nu_a \,(\text{光滑表面}) \end{cases} \tag{3-29}$$

可以看出,在同样的情况下,PCPC 相对于 PCC 的对流换热系数较高。

(6)路面辐射强度

路面不仅会吸收太阳辐射和周围环境的热辐射,也会向外界辐射热量,其辐射的强度可按下式计算得到:

$$E_{sur} = \varepsilon \sigma T_{sur}^4 \tag{3-30}$$

式中:E_{sur} 为长波辐射强度,W/m^2;ε 为路面发射率;σ 为斯特藩-玻尔兹曼常数,$W/(m^2 \cdot K^4)$;T_{sur} 为路面温度。

可以看出,路面辐射强度主要与路面温度有关,其次还与路面的发射率有关。发射率的定义是物体的辐射能力与相同温度下黑体的辐射能力之比,其中黑体是一种能够全吸收全部外来辐射的理想物体。发射率反映了物体辐射能力,发射率越小的路面,对周围的热辐射影响就越低。

3.6.3　试验设置

本研究考虑了三种典型的路面材料:普通水泥混凝土(PCC)、普通沥青混凝土(AC)和透水混凝土(PCPC)。其中 PCPC 考虑了两种不同骨料级配,PCPC1 骨料级配范围为 9.5~19.0 mm,PCPC2 骨料级配范围为 4.75~12.5 mm。通过在室内模拟光照、风速等不同环境条件以及在室外多变天气条件下测试来探究路面材料及孔隙特征对路面热效应的影响,以此来探究透水混凝土对减缓热岛效应的作用。

3.6.3.1　配合比设计

PCC 和 PCPC 的配合比设计及骨料级配见表 3-15 和图 3-46,AC 的配合比设计及骨料级配见表 3-16 和图 3-46。

表 3-15　PCC 和 PCPC 配合比设计　　　　　　　　　　单位:kg/m³

	水泥	粗骨料	砂子	水	减水剂
PCC	330	1244	641	185	0
PCPC1	330	1484	103.9	115.4	0.6596
PCPC2	312	1403	98.3	109.2	0.6238

表 3-16　AC 试件各组分的质量分数　　　　　　　　　　单位:%

材料	骨料	矿粉	消石灰	沥青
AC	92.15	1	2	4.85

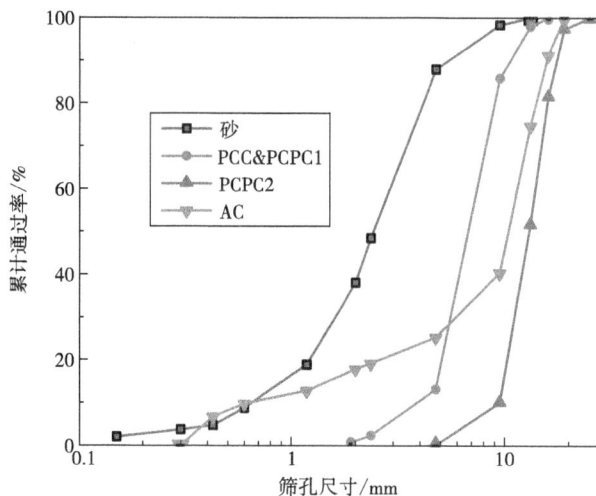

图 3-46　砂以及各试件的粗骨料级配

3.6.3.2　试件的准备

试件均按照邮政 4 号泡沫箱尺寸大小 300 mm×180 mm×140 mm 制作，其中 PCC 和 PCPC 试件直接在泡沫箱成型，并预埋温度传感器，AC 试件则由 3 层车辙板通过改性沥青黏结而成，然后将试件放置于泡沫箱内。采用泡沫箱的目的是减小周围环境对试件内部温度的影响。试件具体制备过程如下：

PCC 和 PCPC 试件制备过程如图 3-47 所示。在成型试件前，先在泡沫箱的表层和底层各预埋一个温度传感器（探头式温度传感器），并用玻璃胶密封好插口。其中，表层温度传感器距离试件表面 30 mm，底层温度传感器距离底面 30 mm，以此来测量试验过程中试件上部和下部的温度变化。然后，将拌合料放入泡沫箱中，并分 3 层插捣均匀后将表面抹平。制备好的试件表面用塑料膜覆盖，置于标准养护室中。

AC 试件的制备过程如图 3-48 所示。先采用轮碾法成型一个 300 mm× 300 mm×30 mm 和 300 mm×300 mm×100 mm 的车辙板，并把 3 cm 厚的车辙板用切割机切割成 300 mm×180 mm×30 mm，把 10 cm 厚的板切割成 1 个 300 mm× 180 mm×30 mm 和 1 个 300 mm×180 mm×70 mm 的板，把这 3 块板每两层用 5 mm 厚的改性沥青胶结成一个完整连续的试件，并在每两层之间的中心位置放置一个贴片式温度传感器，用于测试试验过程中试件不同层位的温度变化。最后，将黏结成的完整试件放置于泡沫箱中，试件表面边缘处的微小缝隙用树脂密封。

（a）预埋传感器

（b）成型

（c）抹平

（d）制备好的PCC和PCPC试件

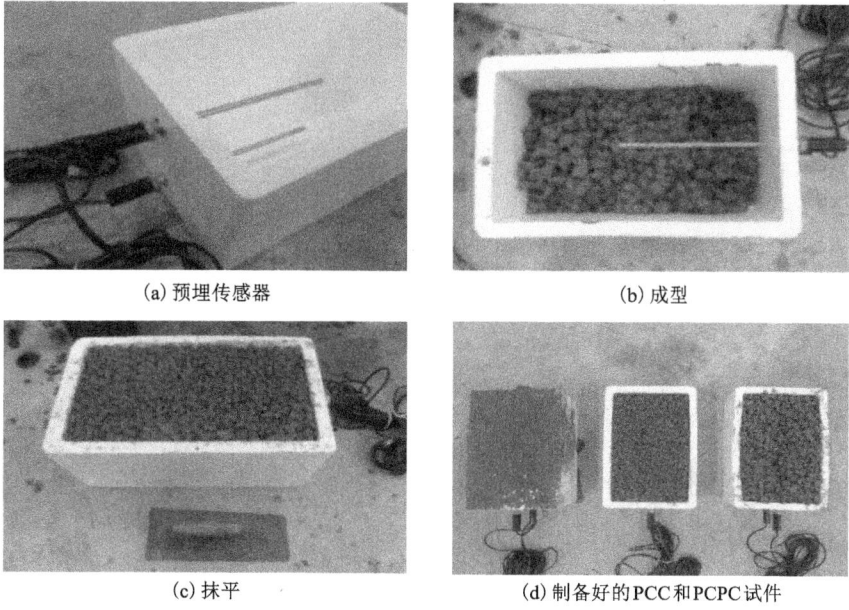

图 3-47　PCC 和 PCPC 试件的制备过程

（a）切割成特定尺寸的3块板

（b）固定传感器并用乳化沥青覆盖

（c）黏结

（d）制备完成的AC试件

图 3-48　AC 试件的制备过程

3.6.3.3 试验设备

试验中所用到的设备见表 3-17。

表 3-17 试验所需要的设备

设备名称	型号或规格	设备图片	作用
温度传感器	PT100 探头式热电阻温度传感器		用于测试 PCC 和 PCPC 试件温度
	PT100 贴片式热电阻温度传感器		用于测试 AC 试件温度
数据采集系统	JM3813 扬州晶明静态应变测试仪		用于采集试件温度变化数据
红外线热像仪	Fluke VT04A		用于直观观察试件表面温度变化
太阳光辐射仪	台湾泰仕 TES-1333R		用于测试光照强度
风速计	希玛 100836 数字风速仪		用于测试试件表面风速

续表3-17

设备名称	型号或规格	设备图片	作用
温湿度计	希玛 as817 数字温湿度计		用于测试环境温湿度
红外线加热灯	功率为 275 W	—	用于模拟光照
小型电风扇	1~3 级风速分别为 1.5 m/s、2.5 m/s、3.6 m/s	—	用于模拟风速

3.6.4　试件的物理属性

3.6.4.1　密度和孔隙率

测得本次模拟试验所用的 5 个试件的表观密度，如表 3-18 所示。

表 3-18　各试件密度

试件	PCC	PCPC1	PCPC2	AC
密度/(kg·m^{-3})	2569	1956	2031	2324
有效孔隙率/%	—	25	19	

3.6.4.2　反射率

参照规范 ASTM E1918-06，本研究针对所制备的试件自行设计了室内光照反射率测试方法。如图 3-49 所示，首先将试件置于红外线加热灯正下方 30 cm 处，然后稍微横向移动试件，用固定架将太阳光辐射仪固定在试件旁边，保证辐射仪的传感器正面朝上、位置与试件表面齐高且在灯泡正下方，以此来测得试件表面入射光强度 P_1。然后将试件重新移至灯泡正下方，将辐射仪固定在纵向三分点处的正上方，保证传感器正面朝下且距离试件高度为 10 cm，选择此位置是因为经测试此位置能充分接收反射光，并以此位置的反射光强度来表示试件表面反射光强度 P_2。因此试件表面的反射率可按式（3-31）计算：

$$\alpha = \frac{P_1}{P_2}$$

$$（3-31）$$

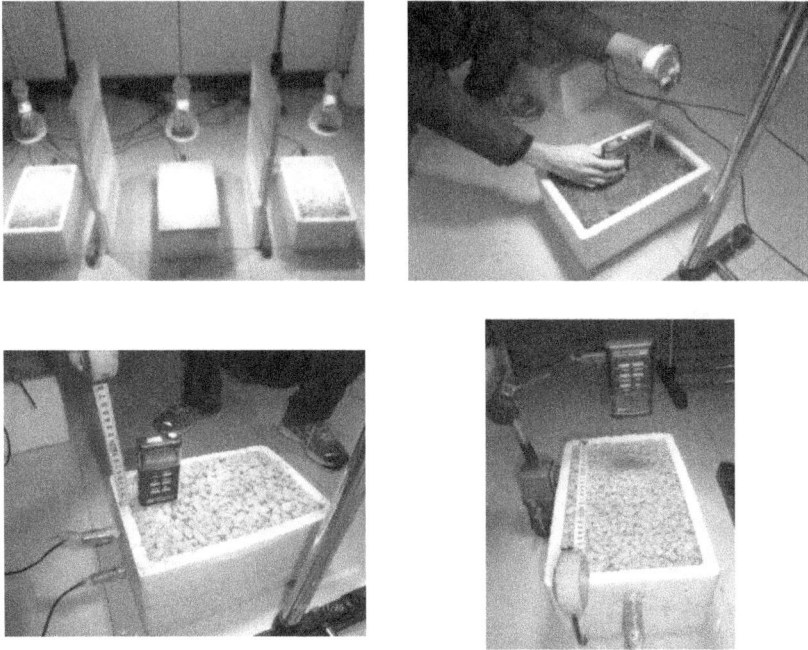

图 3-49　反射率测试

依次测得每个试件的反射光强来得到其反射率。调节光源距试件的高度（30 cm、40 cm、50 cm、60 cm），重复上述试验过程。测试结果如表 3-19 所示。

表 3-19　反射率测试结果

试件	入射高度/cm	入射光强/(W·m⁻²)	反射光强/(W·m⁻²)	反射率	反射率平均值
PCC	30	1284	333.6	0.26	
	40	729.3	226	0.31	
	50	557.2	149.2	0.27	0.275
	60	422.1	108.9	0.26	
PCPC1	30	1284	161.7	0.13	
	40	729.3	87.5	0.12	
	50	557.2	69.7	0.13	0.125
	60	422.1	51.3	0.12	

续表3-19

试件	入射高度 /cm	入射光强 /(W·m⁻²)	反射光强 /(W·m⁻²)	反射率	反射率 平均值
PCPC2	30	1284	192.6	0.15	0.148
	40	729.3	109.4	0.15	
	50	557.2	80.7	0.14	
	60	422.1	61.3	0.15	
AC	30	1284	61.1	0.05	0.055
	40	729.3	40.4	0.06	
	50	557.2	31.3	0.06	
	60	422.1	22.7	0.05	

由此结果可以看出, PCC 的反射率要显著地高于 PCPC, 大概是其两倍, 这是因为 PCPC 表面比 PCC 粗糙得多, 在表面发生漫反射, 在多次反射的过程中吸收的光照更多。而 AC 的反射率非常小, 几乎为 0, 这是因为其表面为深黑色, 吸收了几乎所有的光照辐射。PCPC1 反射率略低于 PCPC2, 是因为 PCPC1 的骨料粒径较大, 因而孔隙率也较大, 使得发生的漫反射程度更高, 从而吸收更多的光照辐射。

3.6.4.3　比热容

由于比热容的测定工作量很大, 且试验方法复杂, 因此在实际工程中, 可以利用加权平均法来推定材料的比热容, 文献[244]中, 结合试验研究提出了考虑混凝土原材料质量分数来计算比热容的方法:

$$c_p = \frac{\sum \omega_i c_i}{\sum \omega_i} \tag{3-32}$$

式中: c_p 为水泥基材料的比热容; ω_i 和 c_i 分别为水泥基材料不同组成部分(相)的质量分数及其比热容。

文献[244]中得到的水泥基成分的比热容如表 3-20 所示。

表 3-20　各组分在 30℃时的比热容　　　　单位: J/(kg·℃)

组分	水	水泥	骨料	砂	沥青
比热容	4175	838	745	757	1670

根据表 3-15 和表 3-16 中各试件的配合比可以得到各组分的质量分数,再根据表 3-20 和式(3-32)可计算出各试件的比热容(其中将沥青混合料中极少量的消石灰和矿粉的比热容按照骨料的比热容计算)。结果见表 3-21。

表 3-21　计算得到的各试件的比热容　　　　单位:J/(kg·℃)

试件	PCC	PCPC1	PCPC2	AC
比热容	1025	904	916	793

3.6.5　室内热辐射模拟

3.6.5.1　试验方案

试验在一个温湿度比较稳定的房间内进行,以减少外界环境对试验的干扰。

1. 太阳光辐射的模拟

如图 3-50 所示,本试验采用碘钨灯来模拟太阳光辐射。试验时,将试件置于碘钨灯的正下方,使灯泡轴线通过试件中心,灯泡底部距离试件顶面 500 mm;在每个试件中心上方 35 mm 处放置一个温度传感器来测量试件上方靠近试件的空气温度。

在每个试件的长边一侧平行放置一个混凝土块,在混凝土块中心位置粘贴一个温度传感器,用此混凝土块来模拟试件周围的建筑物,从而测量试件对周围建筑物的影响程度。

在试件温度 20℃左右时,开启碘钨灯对试件进行加热,同时开启数据采集系统,设置采集频率为 1 次/min,5 h 后关闭加热灯,直至试件温度恢复至原来温度,以此来模拟试件在光照下的升温和降温过程。

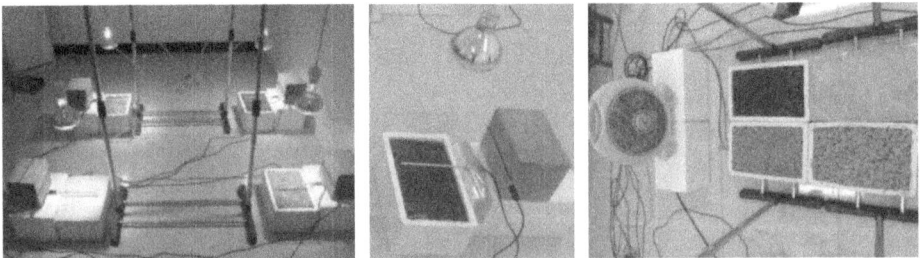

图 3-50　模拟太阳光辐射及周围环境

2. 模拟不同风速的作用

如图 3-50 所示,将 4 个试件分两排排布在一起,每个试件中心正上方悬挂一个碘钨灯,灯泡最低端距离试件顶面 500 mm。在试件的一侧放置一个风扇,有 1~3 级三挡风速(风速分别为 1.5 m/s、2.5 m/s、3.6 m/s),开启风扇时,风向平行于试件的长边方向,待风速稳定后用风速计测得每个试件上方的风速,通过调整风扇的高度和与试件的距离来使所有试件都处于较为均匀的风速条件下。

3.6.5.2　试验结果与分析

1. 模拟太阳辐射条件下试件的温度变化

在循环的热辐射和冷却过程中,可以通过埋设在试件内部的温度传感器测试得到的各试件在模拟升温和降温过程中其内部温度的变化情况。1 个周期过程内的试验结果如图 3-51 所示。

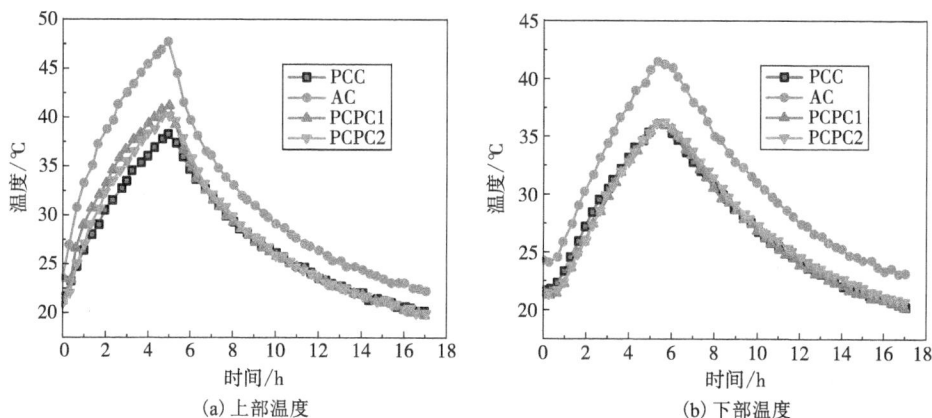

图 3-51　试验过程中试件上部和下部温度的变化情况

由图可知,在光照下各试件上部和下部的温度逐渐升高,并且升温速度由快变慢,在光照停止后,由于试件表面与室内空气存在较大的温差,从而发生热交换,试件开始逐渐降温,并且降温速度由快变慢,直到稳定。

由图 3-51(a)可以得到以下结论:

试件上部温度增长速度,AC 最快,PCPC 其次,PCC 最慢。其中,AC、PCPC1 和 PCPC2 分别比 PCC 的最高温度提高了 26%、8% 和 6%。造成这种差异的主要原因是:各种路面材料表面的对热辐射的反射率,以及各种材料本身的比热容不同。材料表面反射率越低,对光照辐射的吸收能力越强。另外,材料的比热容越小,则在吸收同等热量的情况下温度升高越多。由之前的反射率试验的结果可知,AC 反射率最小,且比热容也最小,所以 AC 试件在同样的热辐射条件下温度最高。PCC 的反射率要显著高于其他试件，且比热容最大，所以其上部温度也最低。

虽然 PCPC 的反射率要明显高于 PCC，但其上部温度在升温过程中与 PCC 相差不大，最大温差仅 2~3℃，而在随后的降温过程中，两者的温度很快便达到相当的水平。这是因为，PCPC 表面比 PCC 表面粗糙，与空气的接触面积更大，且内部孔隙中的空气与外界空气能够充分和迅速地进行热交换和热对流，而带走其内部的热量。这一现象也说明，透水混凝土的多孔结构对热量的吸收有很好的缓冲效应，在热辐射的过程中能够减缓材料本身的升温速度，所以 PCPC 虽然比 PCC 多吸收了较多的辐射热能，但其试件上部的温度却与 PCC 试件相差不大。

由于具有较大的孔隙率，所以 PCPC1 试件在升温过程中其内部的温度要略高于 PCPC2 试件，这是因为 PCPC1 的反射率要略小于 PCPC2，在同样的热辐射条件下吸收的热量更多。

由图 3-51(b) 可得到以下结论：

PCPC 和 PCC 试件的下部温度非常接近，这与试件上部的温度结果有较大差异。这是因为，试件下部温度不仅与试件表面吸收的热量有关，还与材料的温度传导能力有关。根据式(3-27)，材料的导温系数与导热系数成正比，但 PCC 内部密实而 PCPC 具有许多连通或半连通的孔隙结构，这意味着 PCC 的传热通道或者说是传热的有效面积更大(大 20% 左右)，所以 PCC 的导热系数大于 PCPC，从而导温速度也更快，使得 PCC 即便在上部温度较低的情况下，其下部温度也与 PCPC 很接近。

AC 与 PCC 试件的下部最大温差为 5.48℃，相比两试件上部 9.43℃ 的最大温差，有大幅度的减小，这说明 AC 的导温速度也比 PCC 慢。这是因为虽然 AC 与 PCC 均为密实的传热介质，但 AC 混合料的比热容和密度更小，根据式(3-27)，导温速度与密度和比热容成反比，所以 AC 的导温速度也要低于 PCC。

PCPC1 试件的上部温度略高于 PCPC2 试件，而下部温度却略低于 PCPC2 试件，这说明 PCPC2 的导温速度比 PCPC1 快。这是因为 PCPC2 的孔隙率更小，有效的传热面积更大，热量的传递也更为有效。因此，路面材料的孔隙率越大，则传热速度越慢，路面上部和下部的温差也越大。

2. 试件上部与下部的温差

为了更加清楚地了解试件上部和下部温度的变化关系，图 3-52 显示了试件上部与下部温差在升温和降温过程中的变化情况。

从图中可以看出，试件在接受热辐射 2 h 左右时，试件上部与下部的温差达到最大；在 2~5 h 内温差呈现缓慢下降的趋势；在 5 h 时，由于去除辐射源，试件的上部温度迅速下降，而下部温度还在持续上升[见图 3-51(b)]，所以温差开始迅速下降至负值，在缓慢向 0℃ 趋近。整个热辐射过程中，各组的试件的温差变化表现出明显的差异，即 PCC<PCPC2<PCPC1<AC，它们在 2 h 时的最大温差分别是 3.42℃、6.26℃、7.27℃、8.56℃，这意味着 PCC 相比 PCPC 和 AC，竖向温度梯度更小，温度分布更均匀。这使得在实际工程中，PCC 路面能将路表的高温传导到下部更大的深度，从而储存更多的热量，并且这些热量更加难以散失，说明普通混凝土路面会在白天热辐射较大的时候储存大量的热量，并在夜间持续地向外辐射这些储存的热量，而加剧热岛效应的影响。

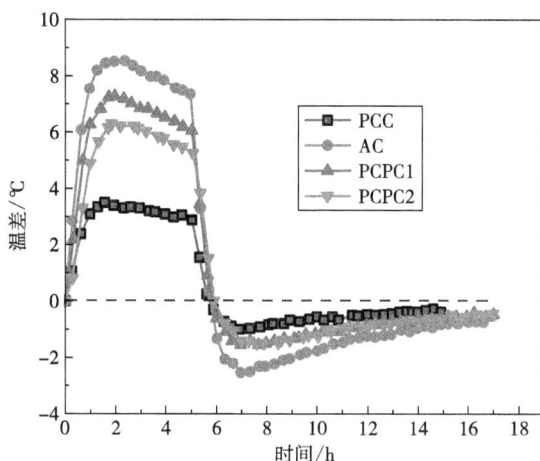

图 3-52　试验过程中试件上部与下部温差变化情况

3. 试件吸收或释放的热量

若假设试件的温度在其深度方向呈线性分布规律，则可以把上部和下部温度的平均值近似看作试件内部的平均温度，如图 3-53 所示为各组试件的平均温度在一个周期的试验过程中的变过情况。

从图中可以看出，AC 的平均温度明显高于其他试件，PCPC 试件与 PCC 试件的平均温度比较接近，PCPC 试件只在高温阶段略高一点。

试件在光照下吸收并储存热量，在去除光照时，由于试件表面与周围环境的温差，试件开始向周围释放热量。根据热力学公式 $Q = Cm\Delta T$，若将试件在其深度方向分为若干层，则可按式(3-33)累加计算试件在升温和降温过程中吸收或释放的热量：

$$Q = \sum Cm_i\Delta T_i \tag{3-33}$$

式中：Q 为吸收或释放的热量，J；C 为物体的比热容，J/(kg·℃)；m_i 为试件第 i 层的质量，kg；ΔT_i 为试件第 i 层的温度的变化幅度。

把试件视为保持在 30℃时的比热容不变(事实上变化很小，可以忽略)，而试

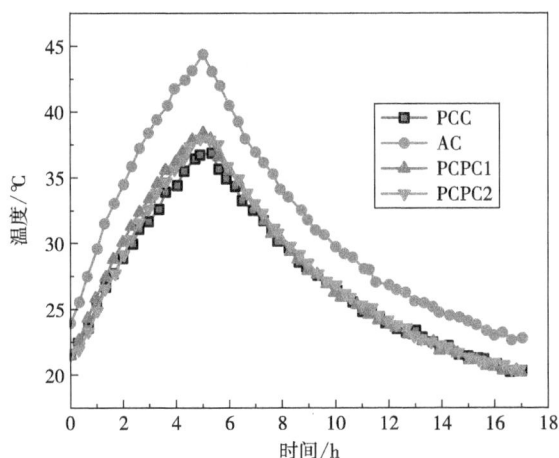

图 3-53 试件平均温度变化情况

件温度在深度方向呈线性分布，则可按式（3-34）算出试件相对初始状态时所吸收的热量：

$$Q = C_{30℃} m \Delta \overline{T} \tag{3-34}$$

式中：m 为试件的总质量，kg；$\Delta \overline{T}$ 为试件在竖直方向上的平均温度的变化幅度。

由此可以得到整个过程试件吸收或释放的热量，结果如图 3-54 所示，并由此可以得到试件在降温过程中向周围环境所辐射出的总热量，结果如图 3-55 所示。

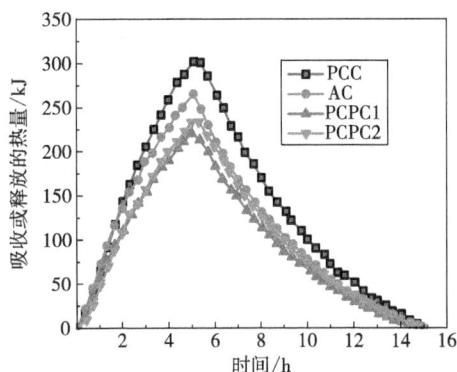

图 3-54 试件吸收或释放的热量随时间的变化

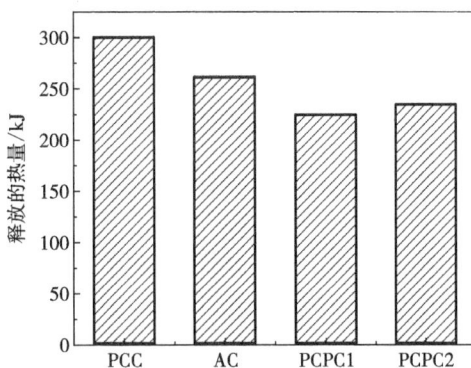

图 3-55 试件在降温过程中向环境释放的热量

从上图可以看出，PCC 和 AC 在降温过程中释放的热量要明显多于 PCPC。PCC 释放热量最多是因为其密度和比热容均较大，而且试件内部温差较小，温度分布较为均匀，使其在接受热辐射时储存的热量最多，在降温过程中便会持续释放给周围环境。AC 释放热量较多是因为其对光照辐射的吸收率较高，试件平均温度较高，降温幅度也较大，从而释放热量较多。

在实际环境中，路面在白天接受太阳光辐射而吸收热量，夜间由于气温降低便会向路面周边持续释放热量，而夜间释放大量热量便是造成城市热岛效应的重要原因之一。因此，根据试验结果，PCPC 路面虽然在白天时温度较高，但是其表面的反射率较低，所以不会将过多的热量反射给周围环境；而在夜间，其释放的热量也相对较小，不会给周围环境带来过大负担。所以说，透水混凝土路面对热岛效应有一定的缓解作用。

4.路面对周围环境的热影响

图 3-56 为试验中测得的各试件上方 35 mm 处的空气温度以及侧上方混凝土块中心的表面温度。

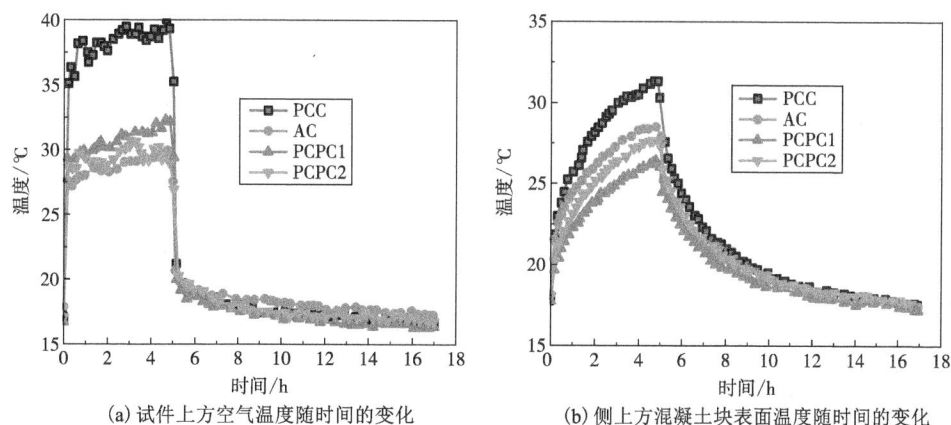

(a) 试件上方空气温度随时间的变化　　(b) 侧上方混凝土块表面温度随时间的变化

图 3-56　试件周围环境温度的变化

试件对其周围环境的热影响主要来自两个方面：一方面是试件反射的光照辐射，另一方面是试件作为热源的热辐射。其中反射光照的辐射强度主要由试件表面的反射率来决定，而作为热源的热辐射强度主要由试件所储存的热能来决定。

从图 3-56(a)中可以看出，在 5 h 的光照期间，PCC 上方空气温度要显著高于其他组试件，PCPC 略高于 AC，而 PCPC1 则略高于 PCPC2，即 PCC>PCPC1>PCPC2>AC。这说明，在相同热辐射的作用下，普通水泥混凝土路面上方的空气温度最高，透水混凝土路面温度较低，而普通沥青混凝土路面最低。根据图 3-56(b)中的试验结果，侧上方混凝土块的表面温度，PCC>AC>PCPC2>PCPC1，这说明路面周围物体的温度受到反射热和热辐射的双重影响。PCC 路面虽然表面温度最低，但其反射率大约是 PCPC 路面的 2 倍、AC 路面的 7 倍，所以其反射热对周围环境的热影响起主导作用，其侧上方混凝土块的表面温度最高，也就是说，在白天太阳辐射较强的时候，普通水泥混凝土路面旁边的居民受到的热辐射影响最为显著。AC 路面反射光强较小，但 AC 路面表面温度显著高于 PCPC，热辐射是主导因素，也使得其侧上方混凝土块的表面温度要高于 PCPC 路面。综合上述结论，相比 AC 和 PCC，PCPC 用作路面材料，既不会因为较高的反射率使得路面上的气温较高，也不会因为较高的路面温度而对周围环境造成较强的热辐射。因此，透水混凝土路面可以有效改善路面上行人及车辆的热舒适性，也可以降低路面对周围设施及建筑物的热影响。

5. 有风环境下试件的温度变化

为了了解风速对不同路面材料的影响差异，现计算不同风速条件下各试件在 2 h 的光照下的升温幅度，以及四种不同风速下各试件升温幅度相对无风条件时的下降率，结果如图 3-57 所示。

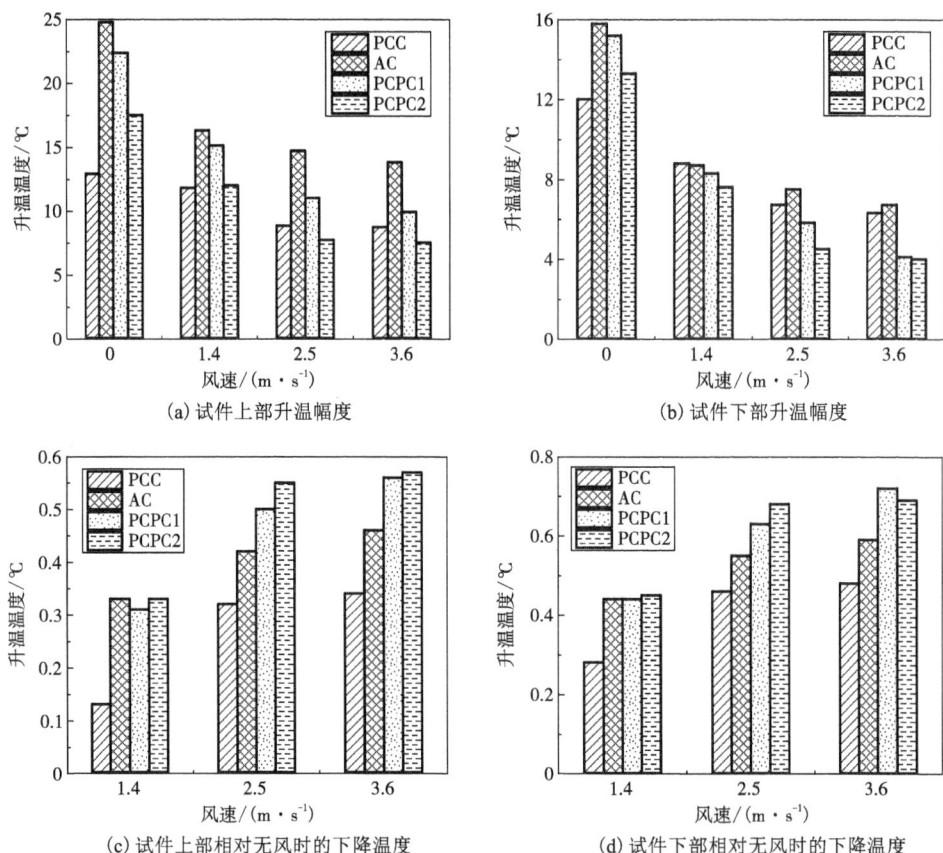

(a) 试件上部升温幅度

(b) 试件下部升温幅度

(c) 试件上部相对无风时的下降温度

(d) 试件下部相对无风时的下降温度

图 3-57　不同风速下各试件的温度变化情况

可以明显地看出，随着风速的增加，PCPC 的升温幅度从高于 PCC 变为低于 PCC。由图 3-57(c) 和 (d) 可以看出，风速对试件升温的减缓效果是：PCPC>AC>PCC。这是因为，风速可以加速试件与空气的热交换，而在相同风速下，换热速度取决于材料与空气的对流换热系数。如本书之前所介绍的，PCPC 的对流换热系数要高于 PCC 和 AC，所以 PCPC 在有风条件下被空气带走的热量更多。再加上 PCPC 的比热容以及试件质量要小于 PCC，放出相同的热量，PCPC 降低的温度要大于 PCC，所以风速对 PCPC 的降温效果要比 PCC 更明显。而 AC 的温度与空气温度相差较大，放热速度也快于 PCC，且比热容较小，所以风速对 AC 试件的降温效果也比 PCC 更为明显。

以上结论可以说明，相比于 AC 和 PCC，PCPC 路面在有风天气时降温效果更为明显。

3.6.6　室外模拟

3.6.6.1　测试过程

除了室内特定条件下的模拟试验，本研究还进行了室外自然环境下的模拟试验（见图 3-58）。试验过程中，采用温度采集仪采集试件温度和大气温度变化，采用太阳光辐射仪采集太阳辐射强度变化，采用风速计测量风速的变化，采用温湿度计采集环境温湿度，采用红外线热像仪观察试件表面温度的变化状态。

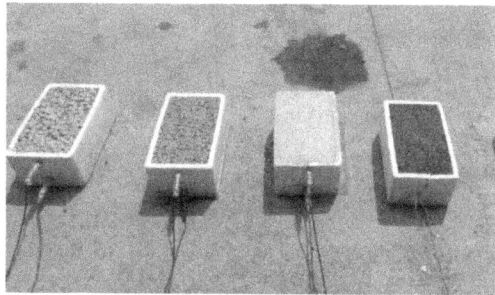

图 3-58　室外模拟试验

3.6.6.2　测试结果和分析

1. 热像图测试结果

表 3-22 中是各试件表面的热像图。

热像图可以直观地看到试件温度分布，颜色越深代表温度越高。从表中可以看出，从 10:00~14:00 各试件温度在不断升高，而在同一时间下，各试件的温度大小关系为 AC>PCPC1>PCPC2>PCC，这与在室内试验的结果相同。

表 3-22　试件热像图

时刻	PCC	PCPC2	PCPC1	AC
10：00				
12：00				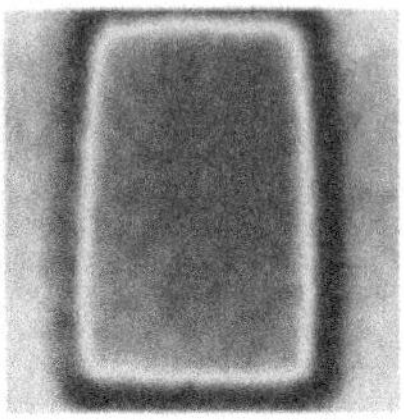
13：00		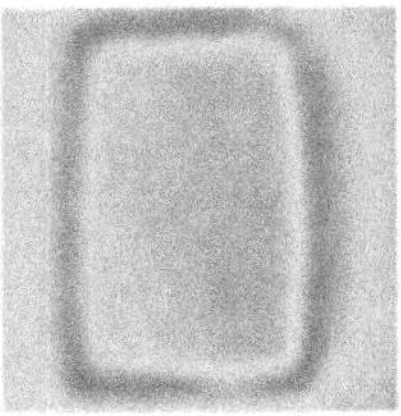	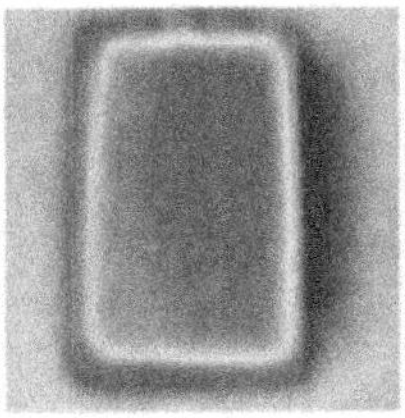	
14：00		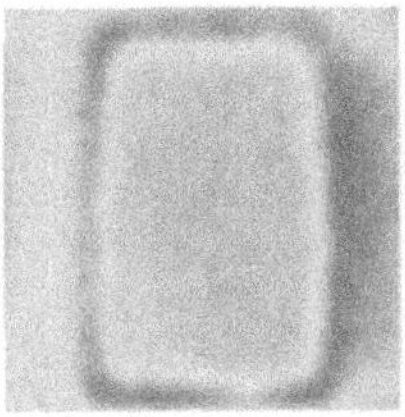		
15：00			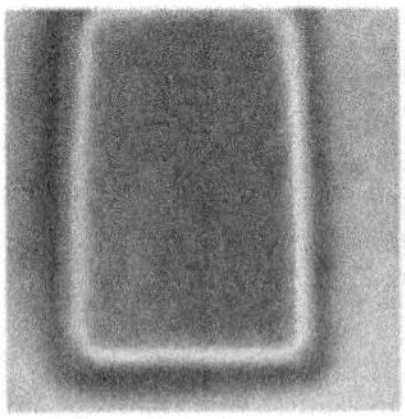	

2. 晴天试件上部温度

根据监测的环境参数，2016 年 7 月 22 日—7 月 27 日为天气炎热且无风的晴天。测得这五天的光照强度、大气温度以及试件上部温度如图 3-59 所示。

(a) 光照强度变化

(b) 试件上部温度及大气温度变化

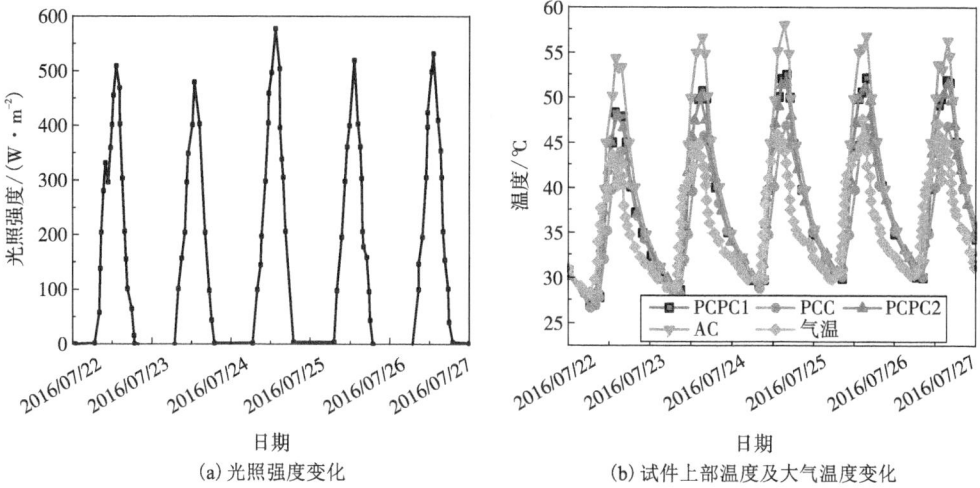

图 3-59　晴天室外测试结果

由图 3-59(a)和(b)可知,各试件这五天内的光照条件和温度变化都比较相近。在白天试件上部温度的关系是 AC>PCPC1>PCPC2>PCC,这与室内试验和热像图的结果相同。

3. 有风天气

根据环境监测参数,2016 年 8 月 22 日—8 月 24 日为有风天气。图 3-60 为这三天以及前后两天测试的风速和光照强度变化。图 3-61 为大气温度及试件上部温度变化过程。

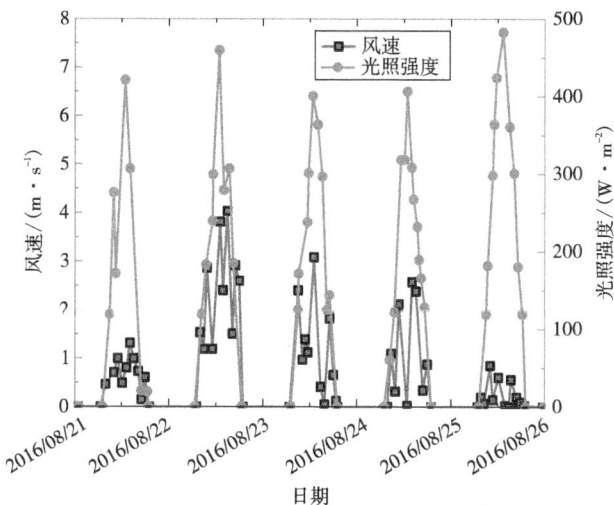

图 3-60　风速和光照强度变化

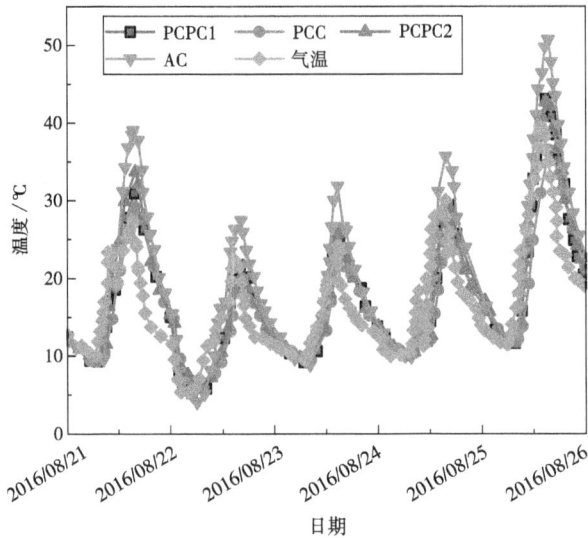

图 3-61 大气温度和试件上部温度变化

可以看到，8 月 22—25 日风速较大，试件上部温度也明显较低，22 日风速最大，对应的各试件上部温度最低，25 日风速最小且光照最强，故温度最高。可以看到在 22 日和 25 日 PCPC 和 PCC 有一定的温差，而在 23—25 日风速较大时温差有了明显的缩小，其中 22 日下午 PCPC2 的温度甚至小于 PCC。这说明风速对 PCPC 的降温效果强于 PCC，这也符合在室内模拟试验的结论。

3.6.7 小结

①PCC 路面热容高，密度大，储热能力强，而且其传热速度快，使得路面在白天接受热辐射时储蓄了大量的热量，在夜间降温时又会向周围释放大量的热量，从而加剧夜间热岛效应。PCPC 路面虽然在白天时温度较高，但是其表面的热反射率较低，所以不会因为较高的热反射率而使得路面上方的气温较高，也不会对周围环境造成较大的影响；而在夜间，其释放的热量也相对较少，而且放热周期短，所以也不会给周围环境带来较多的热辐射。因此，透水混凝土路面可以有效改善路面上行人及行车的热舒适性，也可以降低路面对周围设施及建筑物的热影响。

②风速能够缓解路面升温、加速路面降温，由于多孔结构，PCPC 在风速作用下能被空气带走的热量更多，所以相比 AC 和 PCC，风速对 PCPC 的冷却效果最好。此外，由于孔隙结构的存在，路面以下的水分蒸发时可以带走 PCPC 路面的

热量，从而减小路面的升温幅度。城市热岛效应形成的重要原因之一就是，普遍存在的不透水的 PCC 和 AC 路面，使得雨水很快形成径流流失，不能渗入地下，蒸发率几乎为零，导致热量几乎全部输送给地表空气，进而导致城市气温的增加。

第4章

OGFC 路面层间力学性能评价

4.1　基于直剪试验的 OGFC 路面层间黏结性能测试与分析 >>>

4.1.1　原材料和试件制作

本部分采用一种 OGFC 混合料与三种类型的下卧层材料相结合，制成组合试件用于测试 OGFC 路面层间剪切性能。这三种下卧层材料包括两种密级配混合料（D 和 TLD）以及一种沥青玛蹄脂碎石混合料（SMA）。如表 4-1 所示为 OGFC 和下卧层的集料和沥青类型。图 4-1 展示了四种沥青混合料的集料级配。对于 OGFC、D、TLD 和 SMA 混合料，公称最大集料粒径（NMAS）分别为 12.5 mm、9.5 mm、9.5 mm 和 12.5 mm。黏层油是阴离子慢裂乳化沥青，乳化剂掺量低于 2.0%，25℃时黏层油黏度为 40 cSt。

表 4-1　集料和沥青类型及沥青用量

材料	OGFC	下卧层		
		D	TLD	SMA
集料类型	石灰岩	砾石	砾石	花岗岩
沥青类型	PG 76-22	PG 70-22	PG 76-22	PG 76-22
沥青用量/%	6.4	6.0	6.2	6.3

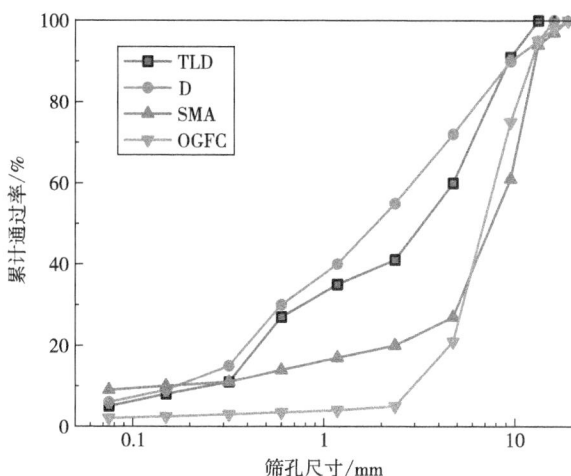

图 4-1　集料级配曲线

使用直径为 150 mm 的双层组合试件进行直接剪切试验。使用旋转压实仪（SGC）进行压实，压力为 600 kPa。压实之前，将集料和沥青分别在温度为 160℃的烘箱中放置 1.5 h。下卧层（D、TLD、SMA）首先被压实到 4% 左右的空隙率，压实高度在 50 mm 左右。之后，从模具中取出下卧层并冷却至环境温度后，将黏层油均匀地涂覆在其表面。再将 32 mm 厚的上层 OGFC 压实至下卧层顶面之前，将试件放置 30 min。OGFC 的压实温度为 145℃。OGFC 压实后的空隙率为 18%。这三种类型的复合试件分别命名为 OGFC-D、OGFC-TLD 和 OGFC-SMA。使用了四种黏层油掺量：0 L/m²、0.15 L/m²、0.3 L/m² 和 0.5 L/m²。黏层油掺量指的是残留的固体黏层油掺量。

4.1.2　试验设置

4.1.2.1　构造深度测试

为了研究下卧层的表面特性对 OGFC 层与下卧层之间的嵌挤作用的影响以及对界面抗剪强度的影响，根据 ASTM E965 标准，使用铺砂法对下卧层的表面构造深度进行了测试。表面构造深度是将已知体积的标准砂均匀铺撒在道路表面上的体积与覆盖总面积的比值。该方法适用于构造深度大于 0.25 mm 的沥青面层和混凝土路面。该测试进行了三次重复试验。

4.1.2.2　直接剪切试验

如图 4-2 所示为直接剪切试验装置。剪切加载速率为 50 mm/min。剪力和位移由数据采集系统自动记录。抗剪强度计算为测量的峰值剪力除以界面面积。

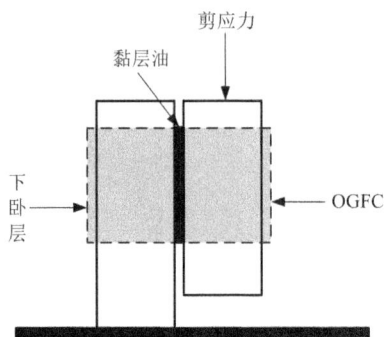

图 4-2 直接剪切试验装置

4.1.3 测试结果和分析

4.1.3.1 直接剪切试验结果

1. 温度的影响

如图 4-3 所示为温度对含不同黏层油掺量的 OGFC-SMA 试件剪切强度的影响。可以看出,温度对剪切强度有显著的影响。随着温度从 0℃ 升高到 50℃,剪切强度从大约 1000 kPa 急剧下降到大约 100 kPa,这可以归因于黏层油的黏弹性性质,当温度从 0℃ 升高到 50℃ 时,黏层油由坚硬状态急剧转变为柔软的材料。图 4-4 展示了剪切强度的变异系数(CV)。可以观察到,随着温度的升高,CV 也增大。然而,所有的 CV 值都低于 18%,这表明剪切强度为路面层间的黏结性能提供了一个可靠的指标。

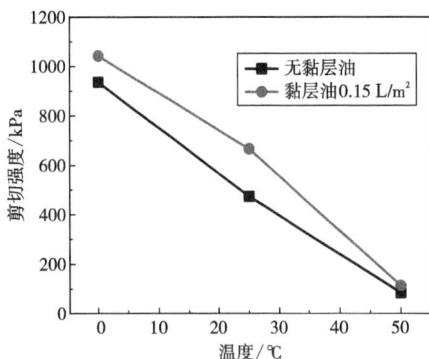

图 4-3 温度对 OGFC-SMA 剪切强度的影响

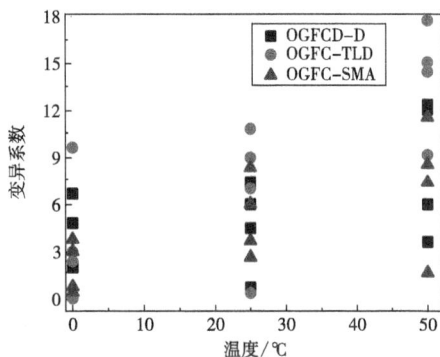

图 4-4 变异系数

温度的影响也可以从组合试件的破坏模式中看出(图 4-5)。在 0℃时，试件表现出脆性破坏，破坏面甚至穿过 OGFC 层。随着温度的升高，试件逐渐表现出塑性破坏，变形增加。

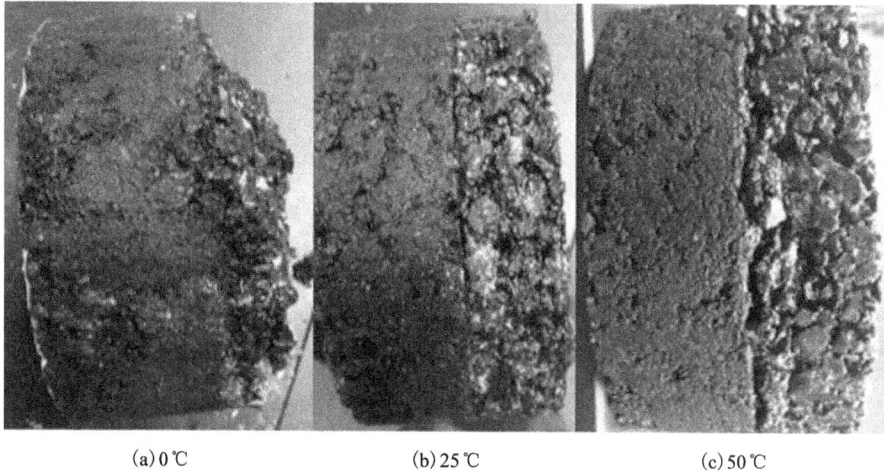

(a) 0℃　　　　　　(b) 25℃　　　　　　(c) 50℃

图 4-5　不同温度下组合试件的破坏形态

2. 黏层油掺量的影响

如图 4-6 所示为不同温度下黏层油掺量对 OGFC 与不同下卧层剪切强度的影响。可以看出，黏层油掺量对剪切强度的影响受到其他因素的影响，例如测试温度和下卧层材料的类型。在中低温(0~25℃)下，黏层油掺量在对剪切强度的影响中起着重要作用。然而，在较高温度(50℃)下，黏层油掺量的变化不会引起剪切强度的显著变化。这可以归因于高温下黏层油的低黏度，即使增加黏层油掺量也不能改善 OGFC 与下卧层之间的嵌挤作用。

在从低温到高温的情况下，通常会出现一个最佳的黏层油掺量，在该掺量下试件达到峰值剪切强度。然而，最佳黏层油掺量的存在也受到下卧层类型和温度的影响。例如，OGFC-D 试件的剪切强度在 0℃时不受黏层油涂覆率变化的显著影响，并且随着黏层油涂覆率的增大而降低。这种现象可以用 OGFC 和 D 混合料之间的界面粗糙度低来解释。低界面粗糙度对剪切强度没有显著贡献，并且使得两层之间的沥青黏结成为在 0℃下控制剪切强度的主要因素，这也解释了增加黏层油涂覆量并没有提高剪切强度的现象。在 25℃时，低界面粗糙度甚至使黏层油变成了润滑剂而不是预期的黏结剂。黏层油掺量越多，剪切强度越低。

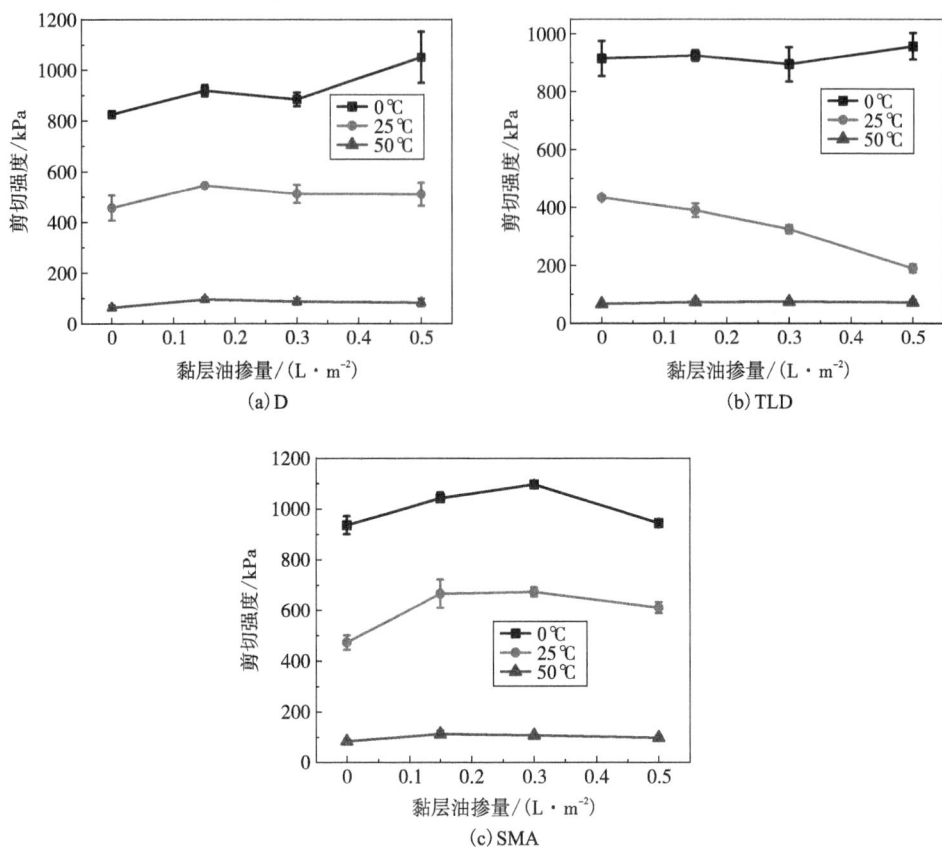

(a) D

(b) TLD

(c) SMA

图4-6　黏层油掺量对组合试件剪切强度的影响

3. 下卧层类型的影响

如图4-7所示为下卧层类型在不同温度下对剪切强度的影响。在三种下卧层材料中，OGFC-SMA组合通常表现出较高的剪切强度，其次是OGFC-TLD组合，而OGFC-D组合的剪切强度最低。这种趋势可归因于OGFC与不同下卧层之间的嵌锁作用，这表明SMA在OGFC与下卧层之间提供了最强的嵌锁作用，而D混合料提供的嵌锁作用最弱。图4-7(a)还表明，这种趋势也受温度和黏层油掺量的影响。在低温(0℃)下，这种趋势不如中高温(25℃至50℃)明显，说明在中温和高温时层间黏结是控制剪切强度的主要因素，而界面嵌锁/摩擦对层间黏结的影响较小。

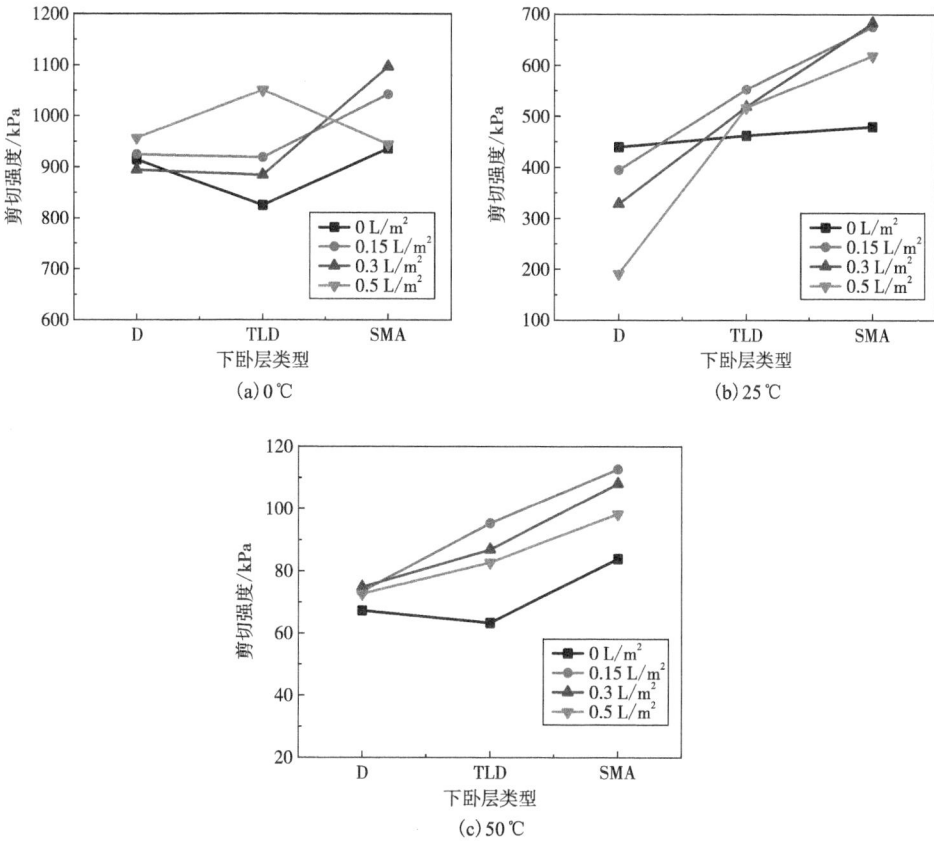

(a) 0 ℃

(b) 25 ℃

(c) 50 ℃

图 4-7　下卧层类型对组合试件剪切强度的影响

4.1.3.2　构造深度对组合试件剪切强度的影响

图 4-8 给出了不同下卧层的构造深度结果。在三种下卧层材料中，SMA 具有最大的构造深度，D 混合料的构造深度最小，TLD 的构造深度介于两者之间。构造深度越大，OGFC 与下卧层之间就能产生更强的嵌锁作用，表明具有更高的摩擦阻力和更高的剪切强度。从图 4-9(b) 和 (c) 中可以清楚地看到，在中高温下，较高的构造深度通常会导致较高的剪切强度。

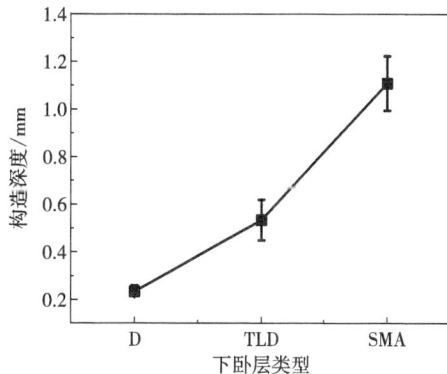

图 4-8　不同下卧层的构造深度

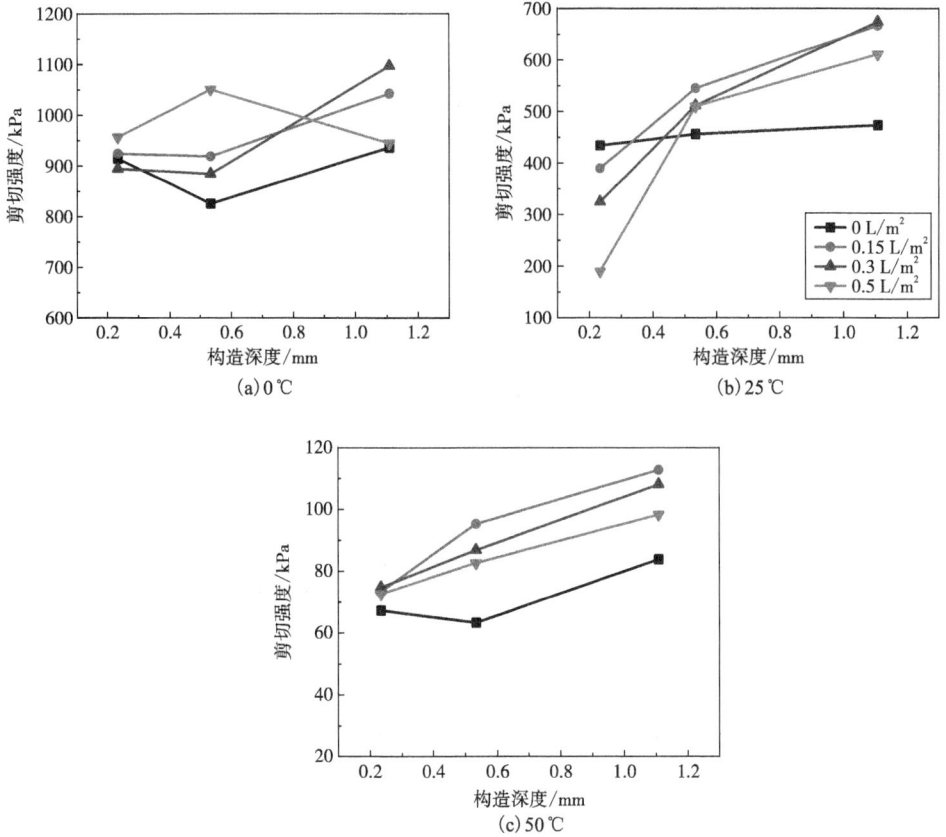

(a) 0 ℃

(b) 25 ℃

(c) 50 ℃

图 4-9　构造深度对组合试件层间剪切强度的影响

对 25℃ 时的剪切强度结果进行分析，以进一步探索最佳黏层油掺量与下卧层构造深度之间的关系（图 4-10）。可以看出，最佳黏层油掺量随着构造深度的增加而增加。对于下卧层 D，其构造深度在三种混合料中是最低的，OGFC-D 的最佳黏层油掺量也是如此。随着构造深度的增加，需要更多的黏层油才能在 OGFC 与下卧层之间实现最强的剪切强度。

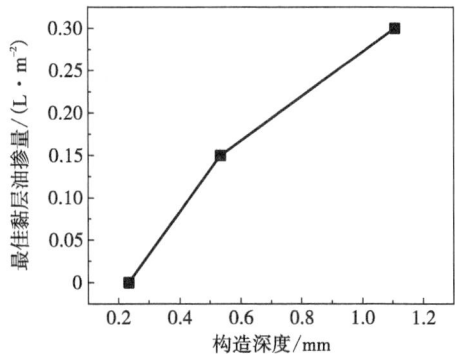

图 4-10　不同构造深度对应的最佳黏层油掺量

4.1.3.3　统计分析

本研究进行了三因素和双因素方差分析(ANOVA)以分析这些因素对剪切强度影响的重要性。在三因素方差分析中，将剪切强度视为因变量，将温度、构造深度以及黏层油掺量视为自变量。在双因素分析中，三个因素中的两个被视为自变量，而第三个保持恒定。双因素分析的目的是在第三个因素保持恒定的情况下研究两个因素的影响。表 4-2 给出了三因素方差分析的结果。下卧层的表面构造深度、温度和黏层油掺量的影响以及它们的相互作用在 95% 置信区间内均显著。在这三个因素中，温度是最显著的因素，其次是下卧层的表面构造深度。温度对剪切强度的影响通过图 4-3 中所示的由测试温度升高而导致的剪切强度急剧下降得到了验证。

表 4-2　三因素方差分析结果

因素	Sum Sq.	d. f.	Mean Sq.	F	Prob>F
构造深度	160795.3	2	80397.6	35.38	0
温度	8755375.6	2	4377687.8	1926.42	0
黏层油掺量	23062.4	3	7687.5	3.38	0.0285
构造深度×温度	161279.3	4	40319.8	17.74	0
构造深度×黏层油掺量	72428.2	6	12071.4	5.31	0.0005
温度×黏层油掺量	45418.1	6	7569.7	3.33	0.0103
构造深度×温度×黏层油掺量	78685.4	12	6557.1	2.89	0.0069
误差	81807.9	36	2272.4		
总和	9378852.2	71			

虽然在三因素方差分析中所有三个因素都很显著，但当其中一个因素保持恒定时，某些因素的显著性会发生改变。表 4-3 给出了双因素方差分析的结果，显示了不显著的因素。在不使用黏层油的情况下，下卧层的表面构造深度的影响变得不显著。这是因为 OGFC 和下卧层之间的摩擦力归因于黏层油和界面粗糙度的结合。在没有黏层油的情况下，界面粗糙度对剪切强度的贡献不大。在低测试温度(0℃)下，黏层油变得坚硬，其对剪切强度的贡献非常大，以至于粗糙度对剪切强度的影响显著降低，两个因素都变得不显著。在高温(50℃)下，沥青变得非常柔软，黏层油涂覆率的变化不会导致剪切强度的显著变化，这表明黏层油涂覆

率成为一个不显著的因素。在表面构造深度为 0. 234 mm 时, 黏层油涂覆率成为一个不显著的因素, 这表明低界面粗糙度显著降低了黏层油的影响。

表 4-3　双因素方差分析结果

固定因素		Source	Sum Sq.	d. f.	Mean Sq.	F	Prob$>F$
黏层油掺量 $=0$ L/m^2		构造深度	6231. 5	2	3115. 7	1. 33	0. 3107
		温度	1976671	2	988335. 6	423. 47	0
温度	温度 $=0℃$	构造深度	13224. 6	2	6612. 3	1. 37	0. 2916
		黏层油掺量	35408. 6	3	11802. 7	2. 44	0. 1146
	温度 $=50℃$	构造深度	2503. 18	2	1251. 59	5. 37	0. 0216
		黏层油掺量	1628. 54	3	542. 85	2. 33	0. 1262
构造深度 $=0. 234$ mm		温度	3032979	2	1516489	828. 46	0
		黏层油掺量	16163. 4	3	5387. 81	2. 94	0. 0761

4.1.4　小结

①研究中考虑的三个因素——构造深度、温度和黏层油掺量, 都显著影响了 OGFC 与下卧层之间的剪切强度, 其中温度是最主要的因素, 其次是构造深度。

②在低温到中温(0℃至25℃)之间, 黏层油掺量在对剪切强度的影响中作用不相同。然而, 在高温(50℃)下, 黏层油掺量并没有引起剪切强度的显著变化。最佳黏层油掺量不仅受温度影响, 还受下卧层类型的影响。

③随着温度从低到高增加, OGFC 与下卧层之间的剪切破坏模式从脆性变为塑性。在中温到高温之间, 下卧层表面构造深度在影响剪切强度中扮演了重要角色, 这表明选择具有适当粗糙度的合适下卧层与 OGFC 对于 OGFC 与下卧层之间的黏结性能很重要。

④下卧层表面构造深度对剪切强度的影响受黏层油喷洒率的影响, 反之亦然。在低构造深度或低黏层油掺量的情况下, 另一个因素变得不那么显著。下卧层表面构造深度被发现是界面粗糙度的指示, 与剪切强度有很强的相关性。通常来说, 表面构造深度越大, OGFC 与下卧层之间的剪切强度越高。

4.2　基于斜剪试验的 OGFC 路面层间黏结性能测试与分析　>>>

4.2.1　层间界面性能及其影响因素

层间界面性能对路面使用性能和使用寿命有着极大的影响。定量描述层间抗剪强度的方法有很多,目前主要是采用莫尔-库仑理论来评价沥青路面层间接触状态。莫尔-库仑强度理论指出:沥青混合料层间抗剪强度主要包含两部分,一部分来自上下层材料颗料间的内摩阻力和嵌挤咬合作用,另一部分由黏层材料自身的黏结力和沥青与集料间的黏附力构成,如式(4-1)所示。

$$\tau = c + \sigma \tan \varphi \tag{4-1}$$

式中:τ 为层间抗剪强度;c 为沥青材料的黏结力;σ 为外荷载产生的法向应力;φ 为沥青混合料内摩擦角。

经典路面力学中采用 Goodman 模型评价界面的黏结强度,见式(4-2)。典型的位移-剪应力曲线如图 4-11 所示。

$$k = \tau / \varepsilon \tag{4-2}$$

式中:k 为层间黏结系数;ε 为层间界面处的相对位移。

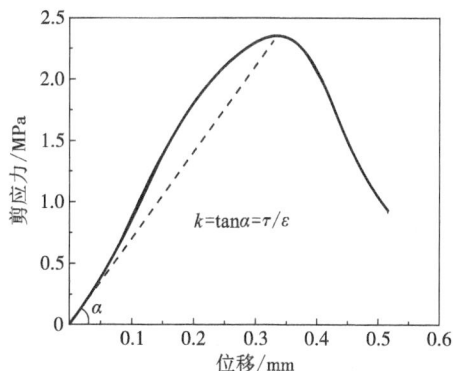

图 4-11　位移-剪应力关系示意图

根据 Goodman 模型,多层弹性材料第 i 层层间接触行为可表示为下式:

$$\tau_i = \tau_{i+1} = K_i(\mu_{i+1} - \mu_i) \tag{4-3}$$

式中:τ_i 和 τ_{i+1} 为两层材料之间层间接触面之间的剪切应力;μ_i 和 μ_{i+1} 为层间界面上下表面的位移值;K_i 为第 i 层材料的层间黏结系数。当路面层间界面在外界荷载作用下在剪切方向上产生单位相对位移时,路面层间界面处剪应力的值即为层间黏结系数的大小。因此当界面处的水平相对位移一定时,层间黏结系数越大则路面层间所需的剪应力也越大,表示路面界面处的黏结性能更强。理论上层间黏结系数为 0 到无穷大,当 K 值为 0 时,层间界面为完全光滑的状态;当 K 值为无穷大时,路面界面为完全连续的状态,可以把路面结构看成一个整体。

本部分主要对以下影响因素进行研究:

①黏层油洒布量。

②温度。

③层间污染。

④冻融循环。

4.2.2　试验设置

目前关于沥青路面的层间黏结状态的研究没有统一的指导理论和标准的试验方法，想要用理论分析准确得到层间黏结状态较难，因此大多数研究者通过各种试验来评价层间抗剪强度的大小，采用自主研发或改进的试验仪器。国内外常用的沥青混合料层间剪切试验方法主要有直剪、斜剪和扭剪等。

在实际道路使用中，车辆荷载会对沥青路面产生垂直荷载与水平荷载的影响。扭剪试验是通过在圆柱试件上施加旋转扭矩使试件产生纯剪切变形，从而获得最大剪切应力与应变，试件处于纯扭简单应力状态，这样的试验执行起来相对比较复杂也较难以实现。而斜剪试验为双向复杂应力状态，相比于直剪试验，由于竖向荷载的存在，试件的受力状态更接近沥青路面的实际情况，因此能更好地模拟沥青路面结构层间的受剪状态。

层间界面剪切试验试件采用复合车辙板试件的组合形式模拟 OGFC-下卧层的组合结构，混合料拌和温度为170℃，采用振动碾压机分层碾压的形式，即先成型 50 mm 厚 AC-20 沥青混合料层，压实成型冷却后再在界面处涂抹黏层油，本研究采用改性乳化沥青作为黏层油材料。待乳化沥青破乳固化后再在其上成型 50 mm 厚的 OGFC 沥青混合料。成型后的组合结构车辙板尺寸为 300 mm×300 mm×100 mm，然后再切割为长 85 mm、宽 85 mm、高 100 mm 的试件。完成后的组合结构示意图见图 4-12。

图 4-12　组合结构示意图

本部分采用斜剪试验研究 OGFC 组合结构层间抗剪强度的影响因素。每种条件下按 3 个平行试件进行试验。加载设备为 UTM-250 材料试验机。压头将垂直方向的作用力均匀分布在层间接触面与法向方向，能够有效模拟剪切状态下组合结构的力学行为特性。剪切装置示意图见图 4-13，试件在界面承受剪切力发生破坏，剪切破坏后的试件见图 4-14。试验时加载速率设定为 2 mm/min，试验温度为30℃，每次试验前将试件放入环境箱保温 4 h 后开始试验。对于斜剪试验，组合结构的层间界面抗剪强度可以根据以下公式计算：

$$\tau = \frac{P\cos\theta}{A} \qquad (4-4)$$

式中：θ 为层间界面与竖直方向的夹角，本试验为 45°；A 为试件界面截面积。

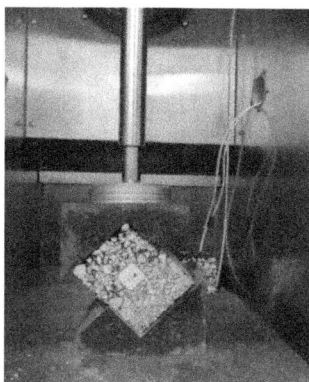

图 4-13　剪切装置示意图

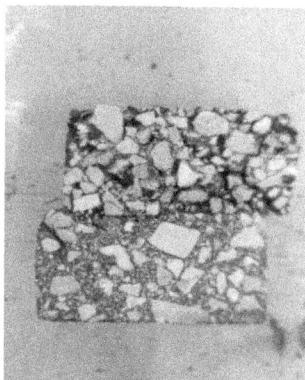

图 4-14　剪切破坏后的试件

4.2.3　原材料和配合比

4.2.3.1　原材料

试验所用的粗、细集料都采用石灰岩矿料，由于沥青材料化学性质为弱酸性，使用碱性集料可以增强沥青对集料的黏附性。根据试验需要，首先将集料按粒径筛分为 9 种不同的规格。按照《公路工程集料试验规程》（JTG E42—2005），测定不同规格粗集料的表观相对密度、毛体积相对密度，试验结果如表 4-4 所示。规范要求沥青混合料作为表面层时其粗集料表观相对密度不小于 2.6，并且宜采用轧制碎石作为透水沥青混合料的粗集料；细集料的表观相对密度技术要求不小于 2.5，OGFC 作为路面表面磨耗层其混合料中细集料应使用机制砂（表 4-5）；高级公路、一级公路填料的表观密度不小于 2.50 g/cm³。经试验检验，本研究所采用原材料的指标皆符合要求（表 4-6）。

表 4-4　粗集料的表观相对密度及毛体积相对密度

集料粒径/mm	表观相对密度	毛体积相对密度	试验方法
13.2~16	2.838	2.799	T0304—2005
9.5~13.2	2.840	2.804	
4.75~9.5	2.807	2.761	
2.36~4.75	2.740	2.665	

表 4-5　细集料的表观相对密度与毛体积相对密度

指标	试验结果	标准要求	试验方法
表观相对密度	2.726	不小于 2.5	T0328—2005
毛体积相对密度	2.664	—	T0330—2005

表 4-6　矿粉的表观密度与表观相对密度

指标	试验结果	标准要求	试验方法
表观密度/($g \cdot cm^{-3}$)	2.643	不小于 2.50	T0352—2000
表观相对密度	2.649	—	T0352—2000

采用黏附性能较强的高黏性 SBS 改性沥青成型 OGFC 沥青混合料试件,其技术要求及指标如表 4-7 所示,组合结构剪切试验中利用基质沥青成型下卧层的 AC-20 沥青混合料,基质沥青性能指标见表 4-8。沥青胶结料各技术要求参照《公路沥青路面施工技术规范》(JTG F40—2004)。

表 4-7　SBS 改性沥青性能指标及技术要求

试验项目		试验结果	技术要求	试验方法
针入度(25℃, 100 g, 5 s)/0.1 mm		55.6	40~60	T0604
延度(5℃, 5 cm/min)/cm		30.2	≥20	T0605
软化点(环球法)/℃		78.9	≥60	T0606
运动黏度(135℃)/(Pa·s)		1.98	≤3	T0625
针入度指数 PI		0.23	≥0	T0625
闪点(开口式)/℃		>300	≥230	T0611
溶解度(三氯乙烯)/%		99.65	≥99	T0607
弹性恢复(25℃)/%		95	≥75	T0662
RTFOT 后残留物	质量损失/%	0.024	≤1.0	T0610 或 T0609
	针入度比(25℃)/%	75	≥65	T0604
	延度(5℃)/cm	17.2	≥15	T0605

表 4-8　基质沥青性能指标及技术要求

试验项目		试验结果	技术要求	试验方法
针入度(25℃，100 g，5 s)/0.1 mm		69	60~80	T0604
针入度指数 PI		−1.11	−1.5~+1.0	T0604
软化点(环球法)/℃		47.5	≥46	T0606
动力黏度(60℃)/(Pa·s)		226	≥180	T0620
延度(10℃，5 cm/min)/cm		>60	≥15	T0605
延度(15℃，5 cm/min)/cm		>100	≥100	T0605
溶解度/%		99.83	≥99.5	T0607
闪点/℃		>300	≥260	T0611
蜡含量/%		1.8	≤2.2	T0615
密度/(g·cm⁻³)		1.040	—	T0603
RTFOT 后的残留物	质量损失/%	−0.03	±0.8	T0609
	针入度比(25℃)/%	66	≥61	T0604
	延度(10℃)/cm	7	≥6	T0605

$\qquad$根据现行规范《公路沥青路面施工技术规范》(JTG F40—2004)，黏层油的类型包括液体石油沥青、乳化沥青以及改性乳化沥青。其中慢裂沥青由于在洒布后会发生流淌现象，因此快裂或中裂沥青更适宜作为黏层。黏层作用于热拌沥青混合料沥青层之间，起到了使各层面之间黏结为一个整体的作用。对于一般的沥青路面，在连续摊铺两层的情况下可以不设黏层，但是对于 OGFC 等大空隙排水路面，必须在下卧层施工后喷洒黏层油。这是由于 OGFC 特有的大空隙结构使得其下表层与下卧层接触面积比普通沥青混凝土接触面积小，需要通过黏层提高两层之间的黏结能力。其次，雨水经由 OGFC 路面内部的连通空隙从路表渗入然后向路两侧排出，如果雨水渗透到下层则会降低路面结构的整体稳定性，虽然密级配沥青混合料作为下卧层材料能起到一定的防水作用，但在动水压力和雨水渗入的长期作用下，或者当下卧层结构产生裂纹的时候，仍有渗透的可能。因此，OGFC 路面结构中的黏结层除了增强层间界面黏结性能之外，也兼作封层起到封闭雨水的效果。在这种条件下，通常使用改性沥青或者改性乳化沥青作为黏结油，其用量宜不少于 1.0 L/m²。本研究采用一种国产改性乳化沥青作为黏结油，其主要技术指标见表 4-9。

表 4-9 黏结层改性乳化沥青基本技术指标

指标	规范要求	实测结果
蒸发残留度/%	>50	61.59
针入度(25℃, 100 g, 5 s)/0.1 mm	40~120	50.7
延度(5℃, 5 cm/min)/cm	>20	44.7
软化点/℃	>50	54

在 OGFC 路面的实际铺筑过程中，由于施工因素的影响，下卧层界面往往会被油或者尘土污染。为了评估这些材料对试件抗裂性能的影响，将具有规定含量的泥土和油分别直接施加在界面上。根据 USCS 规范，该泥土被归类为级配良好的砂质土(SM)。

4.2.3.2 配合比设计

根据《公路沥青路面施工技术规范》(JTG F40—2004)相关设计方法，OGFC-13 的沥青用量为 4.6%。OGFC-13 的级配如表 4-10 所示。AC-20 的沥青用量为 4.03%，级配如表 4-11 所示。

表 4-10 OGFC-13 沥青混合料级配范围

级配范围	通过下列筛孔(mm)的质量百分率/%									
	16.0	13.2	9.5	4.75	2.36	1.18	0.6	0.3	0.15	0.075
规范上限	100	100	75	26	20	17	14	12	9	7
规范下限	100	90	55	15	7	6	6	5	4	3
规范中值	100	95	65	20.5	13.5	11.5	10	8.5	6.5	5
设计级配	100	94.7	56.6	17.3	10.7	9.3	8.2	7.3	6.5	5.0

表 4-11 AC-20 沥青混合料级配范围

级配范围	通过下列筛孔(mm)的质量百分率/%											
	26.5	19.0	16.0	13.2	9.5	4.75	2.36	1.18	0.6	0.3	0.15	0.075
规范上限	100	100	92	80	72	56	44	33	24	17	13	7
规范下限	100	90	78	62	50	26	16	12	8	5	4	3
规范中值	100.0	95.0	85.0	71.0	61.0	41.0	30.0	22.5	16.0	11.0	8.5	5.0
设计级配	100.0	98.7	88.4	74.6	65.5	43.5	37.3	26.6	14.9	7.6	6.2	4.8

4.2.4　试验结果与分析

4.2.4.1　黏层油洒布量的影响

在车辆荷载作用下,黏结层处理不当会造成磨耗层的推移和滑移,影响其耐久性能。黏层油的洒布量是影响路面结构层间界面性能的关键因素。特别是对于 OGFC 与下卧层组合结构,由于层间界面处材料级配特征和界面特性的差异,黏结层的黏层油洒布量与普通沥青混凝土路面不同。图 4-15 为通过斜切试验获得的不同黏层油洒布量下 OGFC-13+AC-20 组合结构的剪切试验结果。

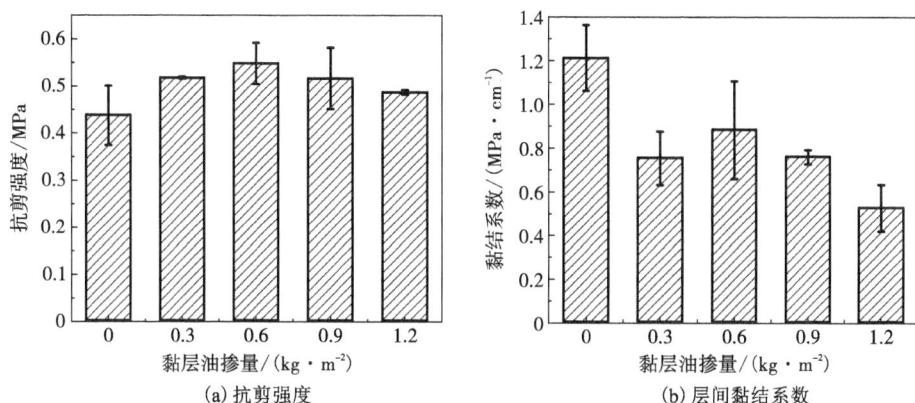

图 4-15　黏层油洒布量对组合结构层间界面抗剪性能的影响

由试验结果可以看出,随着黏层油用量的增加,OGFC 与下卧层层间界面抗剪强度呈先上升后下降的趋势,黏层油改性乳化沥青的最佳洒布量在 $0.6~\text{kg/m}^2$ 左右。这表明适量的黏层油洒布量可以增大 OGFC 与下卧层之间的层间抗剪强度,但是过多的黏层油会导致双层沥青混合料界面处形成一个滑移平面,削弱界面集料间的摩擦与嵌挤作用,从而降低界面的抗剪强度。研究表明,最佳黏层油洒布量的具体数值与上下层的级配组合、中间黏层油的类型等因素密切相关。

由不同黏层油洒布量下层间黏结系数可以看出,黏层油的使用会降低层间黏结系数,在相同的应力条件下使组合结构产生更大的界面剪切位移。因此,合适的黏层油洒布量能够为层间界面提供足够的抗剪能力,有效抑制磨耗层推挤滑移和组合结构层间界面脱黏的发生,而黏层油洒布量过多或者过少都会造成层间界面接触不够紧密、嵌挤咬合不充分或黏结强度不足的问题。

4.2.4.2　温度的影响

温度也是组合结构层间界面性能的主要影响因素之一。温度不仅会影响OGFC 与下卧层材料本身的力学特性，还会对黏层材料的黏结性能也产生影响，而且不同温度条件下组合结构在斜向剪切应力作用下的力学状态也会有所不同。图 4-16 是组合结构层间界面抗剪性能随温度的变化情况。

由图 4-16 可以看出，随着温度的升高，OGFC - 13 + AC - 20 组合结构层间抗剪强度逐渐下降。其中，30℃时层间抗剪强度为 0.56 MPa，相较于 10℃时的 1.29 MPa 下降了 56.59%，当温度从 30℃上升至 50℃时，层间抗剪强度从 0.56 MPa 下降到 0.21 MPa，降低了 62.50%。试验结果表明，温度对界面黏结强度的影响是十分显著的，这与其

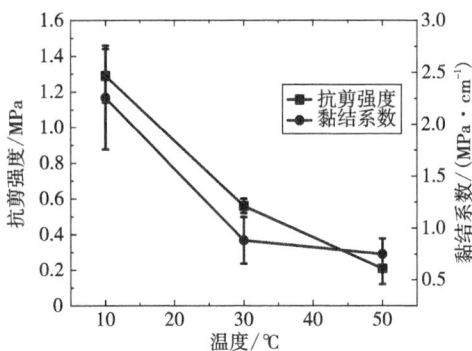

图 4-16　温度对组合结构层间界面抗剪性能的影响

他研究者得出的结论是一致的。这主要是由于温度的升高会造成界面处的黏层油黏结强度显著下降，流动性增大，最终引起层间抗剪强度降低。

由试验结果还可以看出，随着温度的升高，层间黏结系数也会逐渐下降。当温度从 10℃上升到 30℃时，层间黏结系数从 2.257 MPa/cm 下降至 0.88 MPa/cm，下降幅度为 61.01%。当温度从 30℃上升至 50℃时，层间黏结系数从 0.88 MPa/cm 下降至 0.75 MPa/cm，下降幅度为 14.77%。因此，可以看出高温状态下黏层油与界面的黏结作用逐渐降低，下降到一定程度后，层间黏结系数基本维持不变。

4.2.4.3　层间污染的影响

由于施工人员、机械设备和工程车辆的通行需要，黏结层表面的污染是路面施工过程中很难避免的问题，也是引起路面层间黏结性能弱化的原因之一。对于OGFC 路面，较大的空隙率会使得路面的各种杂质和污染物随着雨水和动水压力的作用通过空隙而进入磨耗层与下卧层的层间界面处，随着雨水的渗出和蒸发，这些杂质仍然会滞留在层间界面，对界面的接触咬合和黏结带来影响。

对于城市中的 OGFC 路面，最为典型的杂质和污染物是尘土和油污。本节通过组合结构的层间界面剪切性能试验来评价这些杂质和污染物对层间性能的影响。黄土撒布和机油涂刷见图 4-17。

由不同黄土用量下抗剪强度与层间黏结系数（图 4-18）试验结果可以看出，随着黄土用量的增加层间的抗剪强度略有增大，但幅度很小。黄土的存在会显著

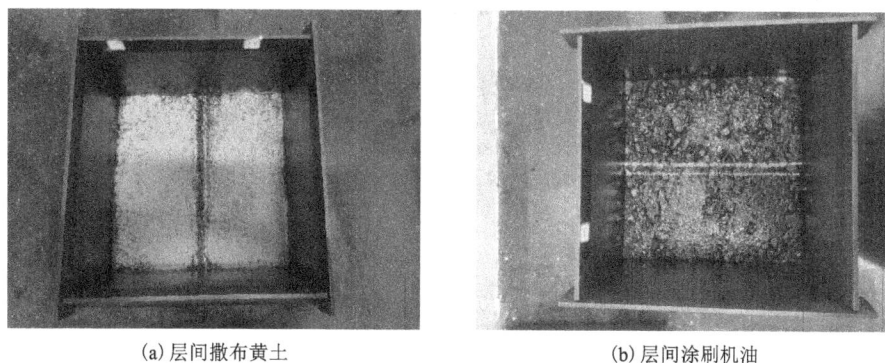

(a) 层间撒布黄土　　　　　　　　(b) 层间涂刷机油

图 4-17　层间杂质和污染物的影响模拟

降低层间黏结系数,当黄土用量为 0.5 kg/m² 时,层间黏结系数从 0.882 MPa/cm 下降至 0.311 MPa/cm,下降幅度为 64.74%。黄土用量增大时层间黏结系数也会随之增大,推测可能的原因是黄土中存在一些细沙会与黏层油结合,改变界面的粗糙度,从而对黏层油的黏结性能产生影响。由不同机油用量下层间黏结系数结果(图 4-19)可以发现,机油污染对层间抗剪强度的影响很小,但会较大地降低层间黏结系数。当机油用量为 0.2 kg/m² 时,层间黏结系数相较于对照组从 0.882 MPa/cm 下降至 0.477 MPa/cm,下降幅度为 45.92%。

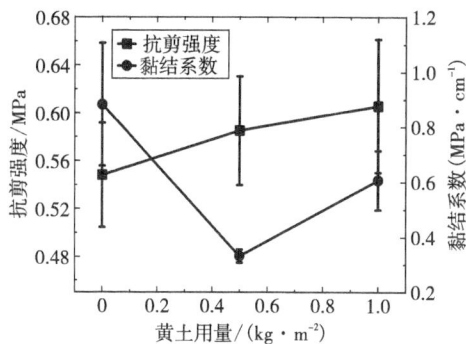

图 4-18　黄土对组合结构
层间界面抗剪性能的影响

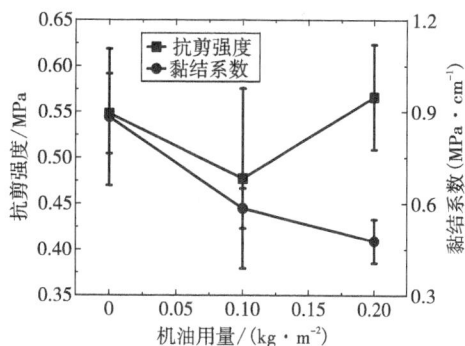

图 4-19　机油对组合结构
层间界面抗剪性能的影响

4.2.4.4　冻融循环的影响

OGFC 路面的大空隙结构使其具有极好的排水性能,所以 OGFC 路面很难达到浸水饱和状态,但是材料间的界面、缺陷、夹杂、半开口空隙和毛细孔中还是会浸入和集聚大量的水分。这些水分也将长期滞留于材料内部，造成持续性的影响。在恶劣雨雪气候和路面排水不畅时，OGFC 路面也会受到冻融作用的影响。由于 OGFC 混合料沥青胶浆-集料相对较差的黏附与黏结性能，冻胀力和动水迁移作用造成的破坏现象也更为明显；同时，侵入面层与黏结层界面中的雨水也为界面冻融破坏的产生提供了条件，温度降低时残存在路面结构内的水分会凝结引起体积膨胀，从而对四周的沥青混合料颗粒产生挤压作用，使得材料强度降低。

由于 OGFC 沥青混合料在真空饱水后还是会有水流出，因此精确控制混合料的饱和度较为困难，国内冻融循环试验方案大多参考《公路工程沥青及沥青混合料试验规程》(JTG E20—2011)中冻融劈裂试验(T0729—2000)的做法，先将组合结构试件放入真空度为 98 kPa 的真空干燥箱真空条件下饱水 15 min，再在常压环境下静置 30 min。将试件取出后装入塑料袋中，放入 10 mL 的水，系紧后再放置冰箱-18℃条件下冷冻 16 h，取出后最后放入 60℃恒温水槽中保温 24 h，以此作为一次冻融循环。本节共选取经过 0、1、2 次冻融循环后的试件进行界面剪切性能试验，以探究冻融作用对组合结构层间界面性能的影响。冻融试验见图 4-20。

图 4-20　组合结构冻融循环试验

由图 4-21 可以看出，层间抗剪强度与层间黏结系数随着冻融循环次数的增加而降低，其中第一次冻融循环对组合结构抗剪切性能的影响最为显著，抗剪强度与层间黏结系数较对照组分别下降了约 21.18%、38.64%；第二次冻融循环造成的性能衰减程度逐渐变缓，抗剪强度与层间黏结系数较第一次冻融循环分别下降了约 18.60%、25.45%。

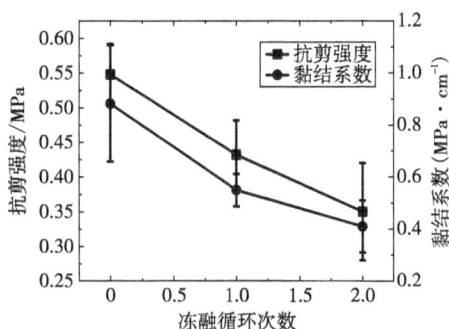

图 4-21　冻融循环对组合结构界面抗剪性能的影响

4.2.5　小结

①OGFC 沥青混合料与 AC-20 下卧层黏层油改性乳化沥青存在一个最佳用量,在此用量下层间抗剪强度最高。当超过最佳用量后,随着黏层油用量的增加,层间黏结系数逐渐下降。

②层间界面抗剪切性能对温度的敏感性很大,层间抗剪强度随着温度升高逐渐下降,其中由 10℃ 上升至 30℃ 时下降幅度最大;层间黏结系数也呈现相似的变化趋势,50℃ 时层间黏结系数约为 10℃ 时的 33.23%。

③黄土污染与机油污染对层间抗剪强度有一定影响,但并不显著。0.5 kg/m² 黄土用量下的层间黏结系数低于 1.0 kg/m² 黄土用量的。而随着机油污染量的增加,层间黏结系数逐渐下降。

④冻融循环对层间抗剪切性能的影响比较明显。随着冻融循环次数的增加,层间抗剪强度与层间黏结系数逐渐下降,经历 2 次冻融循环之后的试件层间抗剪强度约为未冻融试件的 64.81%,层间黏结系数约为未冻融试件的 46.59%。

4.3　基于断裂力学的 OGFC 路面层间黏结性能测试与分析

沥青路面层间脱黏是一种常见的病害形式,严重破坏了路面系统的整体性,缩短了路面的使用寿命。路面层间脱黏往往出现在垂直裂缝产生之后,在交通荷载的影响下,考虑到与裂缝之间的距离,路面层间脱黏的模式也是非常复杂的。图 4-22 给出了两种不同位置处的脱黏模式,在远离垂直裂缝的位置会分别出现拉伸断裂(模式 I)和剪切断裂(II)。而在靠近裂缝的边缘处,会出现两种模式(I 和 II)的混合形式。

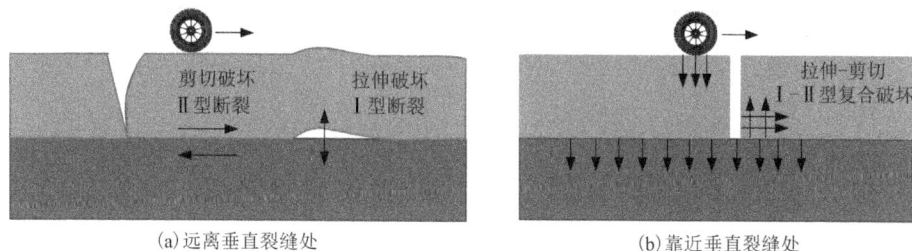

| (a)远离垂直裂缝处 | (b)靠近垂直裂缝处 |

图 4-22　路面层间脱黏模式

与传统的密级配沥青路面相比,OGFC 非常薄,因此 OGFC 与下卧层之间的剪切应力非常大,需要足够大的黏结力才能抵抗受车辆荷载时路面层间的剪切力和拉力。另外，由于 OGFC 丰富的空隙结构，水分、紫外线、温度等环境因素更容易影响到层间界面，从而影响沥青混合料的性能和黏结层的性能，使 OGFC 与底层之间的结合减弱。此外，OGFC 与下卧层的力学性能存在差异，导致力学相容性和变形配合性的不同，因此，各层间的界面更容易被破坏。最后，在荷载、水、温度等各种因素的影响下，由于应力奇点的存在，在界面边缘角可能会发生大量的层间失效。其他路面磨损，如车辙、裂缝、坑洞等，可能会诱发和加速层间脱黏行为。反过来，路面层间脱黏又会导致路面过早损坏，如车辙、开裂、滑脱等，并导致使用寿命的缩短。研究表明，改善 OGFC 路面的黏结性能可以有效地控制在 OGFC 或 HMA 结构层中产生的裂缝。OGFC 与下卧层之间充分的黏结可以保证路面结构的整体服务，从而延长路面的生命周期。实际服务阶段，沥青路面层间黏结 I 型断裂失效的情况更为常见，对路面功能的影响也更大。本节在研究 OGFC 路面层间脱黏失效时主要考虑 I 型断裂破坏模式。

4.3.1 原材料及试件制作

本研究中面层由 OGFC 混合料组成，而下卧层由两种密级配沥青混合料代表，分别命名为混合料 A 和混合料 B。两种混合料都使用未改性的沥青，但沥青用量不同，混合料 A 的沥青含量为 5.84%，混合料 B 的沥青含量为 6.2%。沥青用量是根据马歇尔配合比设计方法确定的。按照 ASTM D7064/D7064M-08 确定的 SBS 改性沥青用量为 6.4%。对于所有三种混合料，为了保持一致性，都选择了石灰岩集料，它们各自的级配如图 4-23 所示。组合试件的制作需要黏层油，

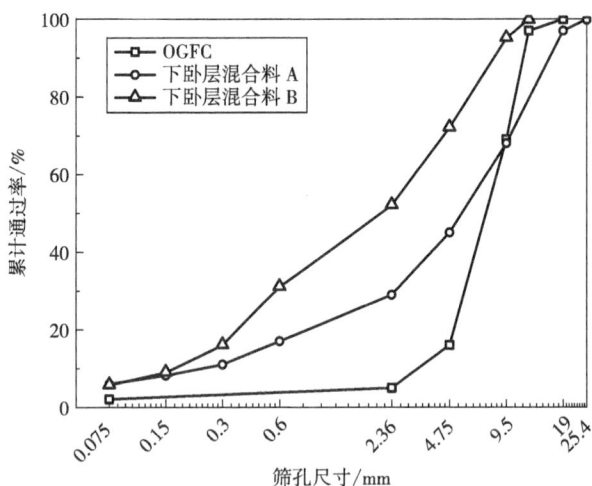

图 4-23 OGFC 和下卧层的级配曲线

以确保层间的良好黏结。为了简化制作过程，OGFC 混合料中使用的 SBS 沥青也被用作黏层材料。本研究探讨了四种不同的黏层油掺量的影响：0 kg/m²、0.5 kg/m²、1.0 kg/m² 和 1.5 kg/m²。本研究中引用的结合料和集料符合《公路沥青路面施工技术规范》(JTG F40—2004)设定的标准，详细内容在表 4-12 中给出。

表 4-12　SBS 改性沥青和基质沥青的基本性能

沥青类型	指标	要求	测试结果
SBS 改性沥青	针入度(25℃，100 g，5 s)/0.1 mm	30~60	55.6
	延度(5℃，5 cm/min)/cm	≥20	30.2
	黏度(135℃)/(Pa·s)	≤3	1.98
	软化点/℃	≥60	78.9
	闪点/℃	≥230	≥300
	溶解度(三氯乙烯)/%	≥99	99.65
基质沥青	针入度(25℃，100 g，5 s)/0.1 mm	60~80	69
	延度(5℃，5 cm/min)/cm	≥15	≥60
	黏度(135℃)/(Pa·s)	≥180	226
	软化点/℃	≥46	47.5
	闪点/℃	≥260	≥300
	溶解度(三氯乙烯)/%	≥99.5	99.83

组合试件 OGFC-A 和 OGFC-B 使用碾压机进行压实。模具的长度和宽度均为 300 mm。首先将下卧层压实至 65 mm 的厚度。大约冷却 2 h 后，将黏层油(SBS 改性沥青)均匀地喷洒在下卧层表面。黏层油的温度约为 160℃。然后，立即将松散的 OGFC 混合料放入模具中，并对 OGFC 层进行额外的压实。OGFC 层的厚度为 65 mm。下卧层和 OGFC 层的压实温度均约为 155℃。下卧层和 OGFC 层的空隙率分别为 4% 和 18%。

双层复合试件制备完成后，将原始试件切割，以制备一些小试件用于三点弯拉(TPB)试验。TPB 试件的长度、宽度和厚度分别为 130 mm、60 mm 和 40 mm。TPB 试件的制备如图 4-24 所示。在所有试件上制作一个长度为 10 mm 的切缝。切缝宽度约为 2 mm。

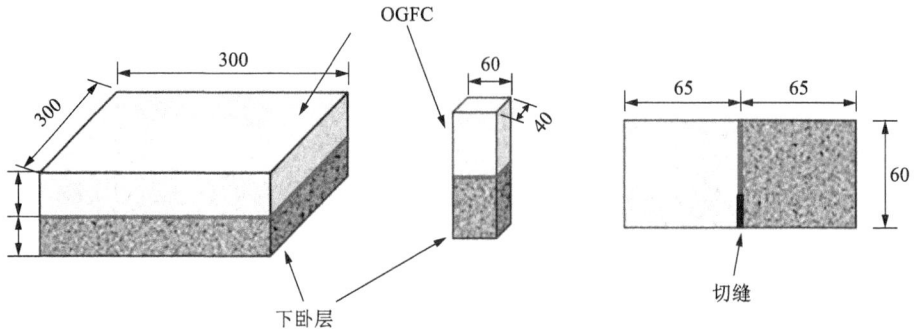

图 4-24 三点弯拉试件制作(单位: mm)

4.3.2 沥青混合料下卧层表面构造特性

沥青混合料由集料、矿粉、沥青以及其他添加料拌合而成,成型之后的沥青混合料下卧层表面分布着开口空隙、石料外凸部分等粗糙构造。上面层在进行摊铺和碾压成型时,会与下卧层表面集料嵌挤咬合,同时会有沥青相互黏结。集料的嵌挤咬合和沥青黏结的程度与下卧层的构造深度、集料接触面积以及集料的形状特征等有关。沥青混合料下卧层表面构造是沥青路面层间黏结效果的重要保证。根据纹理波长的区别,下卧层表面构造纹理一般可分四类,其中,大构造和不平整构造的纹理波长在 50 mm 以上,多出现在路面功能失效之后;在研究层间黏结性能时,主要考虑宏观构造和微观构造的作用。微观构造是指集料自身的特性,例如表面磨光值和轮廓尖锐性等,波长在 0.5 mm 以下;宏观构造表现为裸露的集料间隙和不规则的纹理,波长在 0.5 mm 到 50 mm 之间,波幅为 0.5~20 mm。

本部分利用三维光学扫描、模型重构以及数值计算等手段,计算平均构造深度、表面粗糙度、粗糙度均方根、偏度、峰度、表面分形维数等参数,对下卧层的表面构造进行精确表征。

4.3.3 下卧层表面构造参数的获取

4.3.3.1 三维光学扫描系统

利用高精度三维光学扫描系统对两种下卧层车辙板进行三维宏观形貌扫描。基于三维扫描原理,该系统中部投影点发射信号,并投射在下卧层表面,左右两台摄像机进行记录。首先对系统进行标定,校准中部投影点与两侧摄像机的角度,根据三条射线的交点就可以计算下卧层表面的三维点,原理示意图见图 4-25。由于沥青混合料车辙板表面反光性较差，故在扫描前对下卧层上表面进行均匀喷洒发光增强剂的处理，以增强其表面构造的反光性。扫描实景图见图 4-26，仪器技术参数见表 4-13。

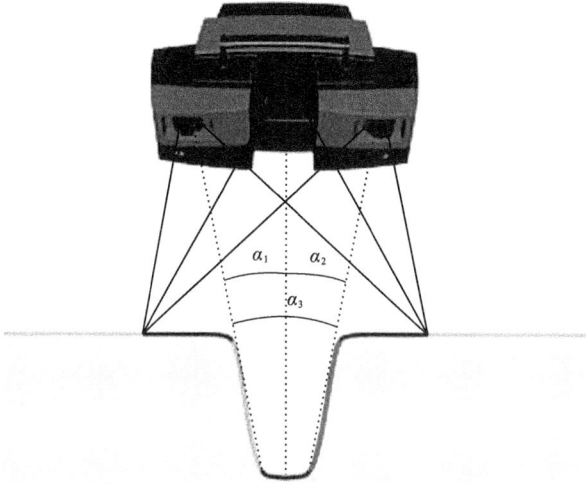

图 4-25　三维光学扫描系统工作原理图

<table>
<tr><td>(a) 下卧层表面喷洒发光增强剂</td><td>(b) 三维扫描</td></tr>
</table>

图 4-26　三维扫描实景图

表 4-13　三维光学扫描系统技术参数

技术类型	技术参数
系统配置	ATOS Ⅲ Triple Scan
相机像素/px	2×8000000
测量范围	（38×29）~（2000×1500）mm²
点间距/mm	0.01~0.61
工作距离/mm	490~2000
测量头控制器	集成
材料及零件加工	反光/暗面的测量 & 复杂组件几何图形
外界光线	不敏感
外界振温	由于 GOM 动态参考系统的原因，故不受影响
操作温度	5~40℃，非冷凝

4.3.3.2　下卧层表面轮廓模型处理

对两类下卧层车辙板上表面进行扫描和测量，以 0.1 mm 的采样点距离得到点云数据，后经系统处理可从中输出下卧层表面的三角形网格模型，文件名后缀为 .stl。STL 文件包含大量的数据信息，使用若干空间三角形组合模拟下卧层表面三维构造，文件数据包括所有空间三角形的法向量以及顶点的三维坐标。三维光学扫描系统输出的 STL 文件无法直接用于下卧层表面构造参数的测量，需对 STL 进行转化处理，提取表面关键顶点的坐标。

首先使用 Materialise Magics 软件对原始的三角网格文件进行初步的处理，主要处理过程包括模型整体修剪与位置调整、孔洞修补、三角面片的简化等。Python 具有强大的文件读取功能。利用 Python 对两种下卧层的 STL 扫描文件进行三角面片顶点坐标的读取，去除重复的顶点，可以得到下卧层表面的三维坐标矩阵数据文件。在此基础上，以 5 mm 为间隔，选取下卧层表面的特征点，得到 60×60 的三维坐标点阵文件。

4.3.3.3　下卧层表面构造参数数值计算

根据提取出来的关键点阵坐标，可以利用 Matlab 对下卧层表面进行重构，重构后的下卧层的表面如图 4-27 所示。

基于 Matlab 数值计算平台可以得到表面平均粗糙度、粗糙度均方根、偏度、峰度、表面分形维数等构造参数。各个参数的定义及计算公式如下。

(a) 下卧层 A

(b) 下卧层 B

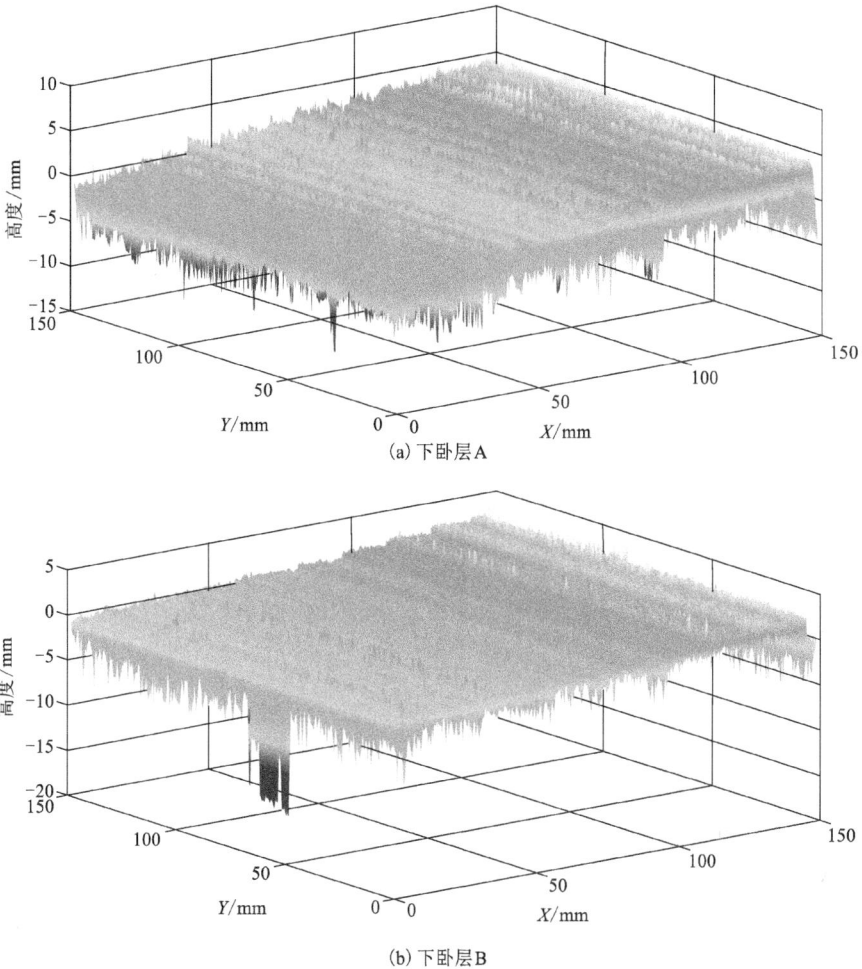

图 4-27　基于 Matlab 得到的下卧层表面构造模型

(1) 平均粗糙度 (R_a)

平均粗糙度 (R_a) 是构造轮廓算术高程的各个高度和深度的平均值, 反映的是表面构造深度在一定长度或者面积上的平均值。粗糙度计算示意图见图 4-28, 二维表面的平均粗糙度计算公式如下:

$$R_a = \frac{1}{mn} \sum_{k=0}^{m-1} \sum_{l=0}^{n-1} |z(x, y)| \tag{4-5}$$

式中: $z(x, y)$ 是离散点到平均面之间的垂直距离, 平均面可以通过离散点的平均高度计算得到; m 和 n 是使用表面上的离散点计算粗糙度时的网格数。以下公式中出现的相同参数的意义与此相同。

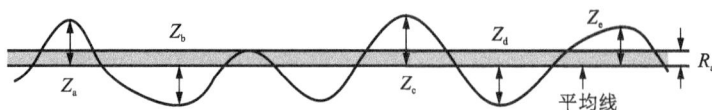

图 4-28　粗糙度计算示意图

（2）粗糙度均方根（R_q）

粗糙度均方根（R_q）是粗糙度（R_a）的均方平均数，可以表征表面粗糙度的离散程度。计算公式如下：

$$R_q = \sqrt{\frac{1}{mn}\sum_{k=0}^{m-1}\sum_{l=0}^{n-1}|z^2(x, y)|} \tag{4-6}$$

（3）偏度（R_{sk}）

偏度是表面的一阶导数的平均值。R_{sk} 值为负值时，表面由谷面组成；而 R_{sk} 为正值时，表面主要由峰面和微凸面组成。偏度计算示意图见图 4-29，计算公式如下：

$$R_{sk} = \frac{1}{mnR_q}\sum_{k=0}^{m-1}\sum_{l=0}^{n-1}z^3(x, y) \tag{4-7}$$

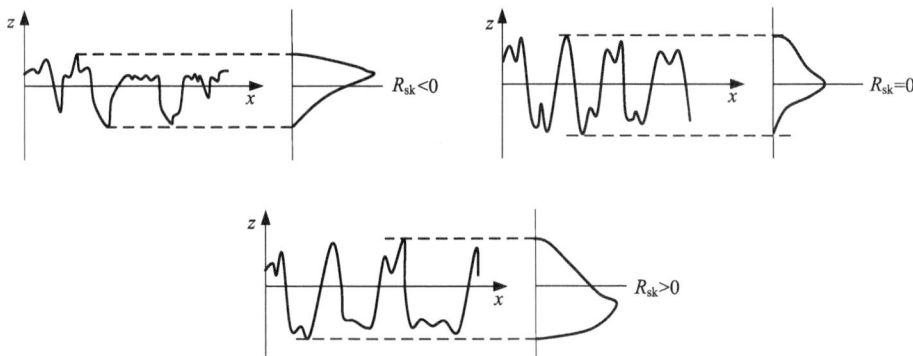

图 4-29　偏度计算示意图

（4）峰度（R_{ku}）

峰度是对轮廓峰锐度的度量，R_{ku} 大于 3 表示剖面垂直分布有尖峰；R_{ku} 小于 3 表示高度分布向平均平面上方偏斜；并且 R_{ku} 等于 3 表示高度分布是正态分布。峰度计算示意图见图 4-30，计算公式如下：

$$R_{ku} = \frac{1}{mnR_q}\sum_{k=0}^{m-1}\sum_{l=0}^{n-1}z^4(x, y) \tag{4-8}$$

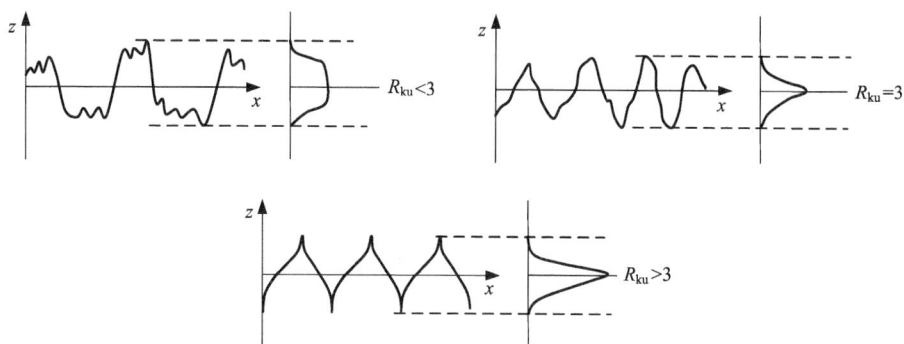

图 4-30　峰度计算示意图

(5)分形维数

分形维数(D)表征的是复杂形体占有空间的有效性,是复杂形体不规则性的一种量度手段[246]。对于三维粗糙表面,分形维数可用作表示表面粗糙程度的指标。Xie 等人[247]提出了一种精确估计断面分形维数的投影覆盖方法。一个真实的断裂面和相应的覆盖面的投影形状构成了计算框架,如图 4-31 所示。对一个真实的曲面按照 xy 坐标进行以正方形为基础的网格划分,当选择一个尺寸为 $\delta \times \delta$ 的正方形(a, b, c 和 d 是正方形的四个点)时,从下卧层上表面的三维模型上可以得到点 A, B, C 和 D 的高度。由 A、B、C、D 点包围的粗糙表面的面积可以用 Heron 公式近似计算。当改变 δ 大小时,对应的 $ABCD$ 所包围的面积也会发生改变。

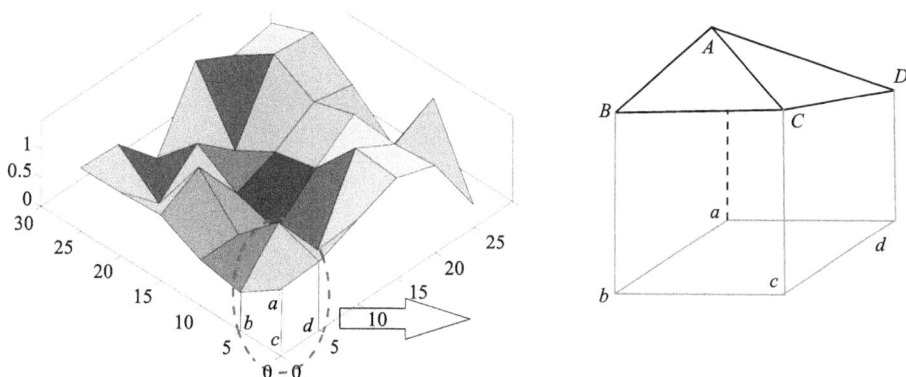

图 4-31　投影覆盖法

分形维数(D)与覆盖面积 $A_T(\delta)$ 之间的关系为

$$A_T(\delta) = A_{T0} \cdot \delta^{2-D} \tag{4-9}$$

公式(4-9)可以转换为

$$D = 2 - \frac{\ln\left[\dfrac{A(\delta)}{A_{T0}}\right]}{\ln\delta} \tag{4-10}$$

$ABCD$ 的表面积可以用 Heron 的公式得到：

$$S_{ij} = \sqrt{P_{ij}\sum_{k=1}^{3}(P_{ij} - l_k)} + \sqrt{Q_{ij}\sum_{k=1}^{3}(Q_{ij} - m_k)} \tag{4-11}$$

式中：P_{ij} 和 Q_{ij} 为 $\triangle ABC$ 和 $\triangle ACD$ 周长的一半；l_1、l_2、l_3 分别为边长 AB、BC、AC 的长度；m_1、m_2、m_3 分别为边长 AD、CD、AC 的长度。

$$P_{ij} = \frac{1}{2}(\,|AB| + |BC| + |AC|\,) \tag{4-12}$$

$$Q_{ij} = \frac{1}{2}(\,|AD| + |DC| + |AC|\,) \tag{4-13}$$

4.3.3.4 下卧层表面平均构造深度与摩擦系数

在三维扫描完成之后的下卧层表面，利用手工铺砂法可以得到下卧层表面的平均构造深度。首先，使用毛刷清理两种下卧层上表面，将用标准量砂筒量取的 25 cm³ 量砂倾倒在下卧层板的中央位置，接着使用推平板由内向外摊铺量砂，使量砂填入下卧层表面构造中，且尽量将量砂摊铺成圆形，直至下卧层表面没有游动的余砂。使用直尺从垂直两个方向测量细砂铺成圆的直径，两个结果取平均值，准确至 5 mm，同样的操作重复进行 6 次。根据测得的数据，下卧层板表面的平均构造深度的计算公式为

$$TD = \frac{10000V}{\dfrac{\pi D^2}{4}} = \frac{31831}{D^2} \tag{4-14}$$

式中：TD 为下卧层表面平均构造深度；V 为用于试验的量砂的标准体积；D 为铺平圆形量砂的平均直径。

在两类下卧层车辙板的上表面，利用摆式摩擦系数测定仪，可以得到不同类型下卧层的表面摩擦系数。摆式摩擦系数测定仪具有调试便捷、操作场地要求低、数据稳定可靠等特点，可以用于室内车辙板表面摩擦系数的测量。本部分试验照片如图 4-32 所示。取两类下卧层车辙板的中心位置作为测点。仪器调平、调零之后，

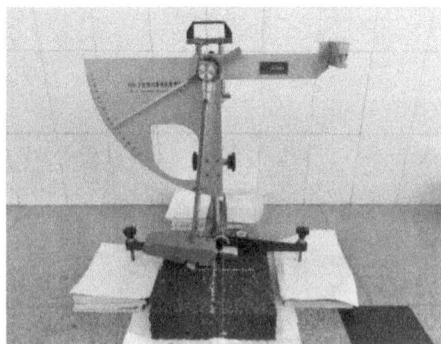

图 4-32　摆式摩擦系数测定仪试验过程

标定滑动长度。调试好仪器之后，进行摩擦系数的测定，并对结果进行处理。每个测点用五次测定摆值的平均值作为该测点的摆值 BPN_T，对平均值取整，当路面温度为 T℃ 时，试验得到的摆值 BPN_T 应按式换算成标准温度 20℃ 时的摆值 BPN_{20}。温度修正值 ΔBPN 见表 4-14。

$$BPN_{20} = BPN_T + \Delta BPN \tag{4-15}$$

式中：BPN_{20} 为换算摆值（20℃）；BPN_T 为试验温度 T 时的摆值；ΔBPN 为温度修正值。

表 4-14　温度修订值

温度/℃	0	5	10	15	20	25	30	35	40
温度修正值 ΔBPN	-6	-4	-3	-1	0	+2	+3	+5	+7

4.3.3.5　下卧层混合料级配类型与表面构造参数的关系

在两种下卧层表面的三维光学扫描和室内试验的基础上，对平均构造深度（TD）、平均粗糙度（R_a）、粗糙度均方根（R_q）、偏度（R_{sk}）、峰度（R_{ku}）以及分形维数（D）的结果进行整理。图 4-33 显示了下卧层类型与平均构造深度（TD）、平均粗糙度（R_a）、粗糙度均方根（R_q）之间的关系。图 4-34 则显示了下卧层类型与偏度（R_{sk}）以及峰度（R_{ku}）之间的关系。

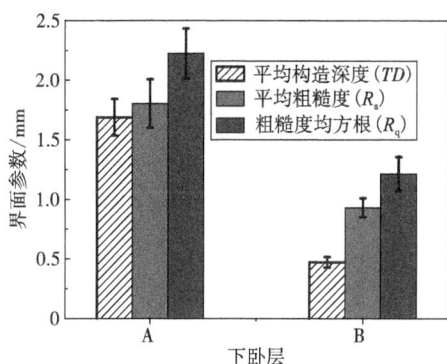

图 4-33　两类下卧层的 TD、R_a 以及 R_q

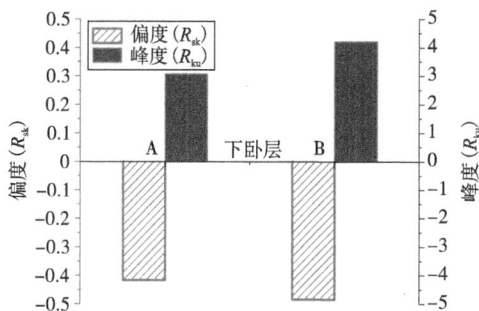

图 4-34　两类下卧层的 R_{sk} 和 R_{ku}

图 4-33 和图 4-34 的结果表明，由密级配沥青混合料 AC-10 成型的下卧层 B 表面平均构造深度（TD）为 0.47 mm、粗糙度（R_a）为 0.9298 mm、粗糙度均方根（R_q）为 1.2116 mm。沥青混合料 SMA-13 成型的下卧层 A 表面平均构造深度

（TD）、粗糙度（R_a）以及粗糙度均方根（R_q）分别是下卧层 B 的 3.596 倍、1.938 倍以及 1.840 倍，分别为 1.69 mm、1.8023 mm 和 2.2292 mm。下卧层 A 的 TD、R_a 和 R_q 均大于下卧层 B，说明下卧层 A 的表面比 B 的表面更加粗糙。由于 R_q 表示 R_a 的离散程度，因此下卧层 A 的粗糙度离散度大于下卧层 B。下卧层 A 的 R_{ku} 约为 3.0，表明剖面构造高度分布是正态分布的；下卧层 B 的 R_{ku} 约为 4.2，表明剖面的垂直分布呈现峰值。下卧层 A 和 B 的 R_{sk} 均小于 0，表明下卧层 A 和 B 上表面由谷面组成。很容易理解，压实后的下卧层 A 和 B 的表面存在一些凹坑或空隙，可以认为是谷面。

使用摆式摩擦系数测定仪得到的下卧层 A 和 B 的摩擦系数见表 4-15。下卧层 A 的摩擦系数为 0.88，大于下卧层 B，说明下卧层 A 有着更好的抗滑能力，这从抗滑性能的角度证明下卧层 A 的粗糙程度大于下卧层 B。

表 4-15 两类下卧层的摩擦系数

下卧层类型	摩擦系数	标准差
A	0.88	0.015
B	0.81	0.014

图 4-35 显示了网格大小（δ）与表面覆盖面积 [$A_T(\delta)$] 之间的关系。网格越小，用于进行面积计算的表面越接近真实的表面，表面覆盖面积也越大；网格越大，表面覆盖面积越小。在网格大小和表面积之间进行线性拟合回归，利用分形维数（D）的公式进行计算。下卧层 B 的分形维数为 2.25，下卧层 A 的分形维数为 2.43。分形维数越接近 2，表面越接近理想的二维平面，理想二维平面的平均构造深度和粗糙度为 0。分形维数越大，表明表面越粗糙；下卧层 B 的分形维数低于下卧层 A，说明下卧层 A 的粗糙度更显著。

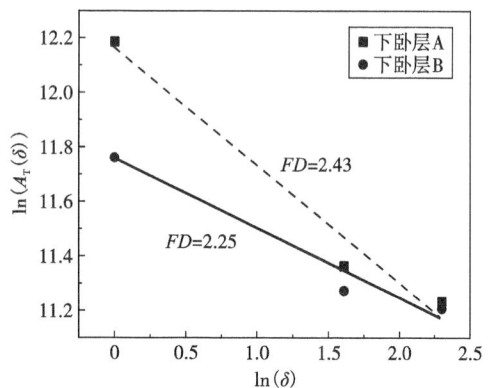

图 4-35 两类下卧层表面分形维数

160

4.3.4　试验设置

4.3.4.1　原理介绍

目前,沥青路面层间黏结性能的评价方式有很多,但没有统一的评价体系,其中,使用较多的指标有黏结强度和抗剪韧度等。黏结强度可以通过直剪试验、斜剪试验、三点弯拉试验、四点弯拉试验、直接拉拔等测试方法获得。本节将根据 OGFC 路面层间黏结 I 型破坏模式的特点,结合现有的实验室平台和组合试件的结构,探究基于断裂力学的原理对 OGFC 路面层间黏结性能进行合理评价的方式。

断裂力学是研究裂纹产生、扩展的力学分支,可以用来研究带有裂纹的物体在荷载作用下的力学行为和失效准则。根据裂纹平面上的荷载和位移特点,定义了三种失效模式:

①模式 I (张开型):主荷载垂直于裂纹平面,裂纹表面的位移与裂纹平面垂直,试件在拉应力的作用下沿垂直于裂纹表面方向张开。

②模式 II (滑移型):主荷载平行于裂纹平面,在剪应力的作用下,裂纹上下表面发生相互滑移。

③模式 III (撕开型):主荷载平行于裂纹平面,也是在剪应力的作用下,裂纹上下表面沿裂纹面外相互错开。

在实际路面出现开裂失效时,I 型开裂通常是因为路面结构中温度应力和交通荷载的耦合作用,II 型开裂则是由于交通荷载的作用,而 III 型开裂是多种荷载的共同作用。三种开裂模式中,模式 I (张开型)很常见。

沥青路面层间 I 型开裂行为可以采用线弹性断裂力学和弹塑性断裂力学进行表征。当温度比较低时,沥青混凝土表现为一定的脆性特征,层间的脱黏或断裂也表现出一定的线弹性,可以用应力强度因子和断裂能来表征层间断裂性能。当应力强度因子等于或大于一个临界值(材料的断裂韧性)时,裂纹将扩展。在常温下或者温度较高时,沥青混凝土和黏层油会表现出黏弹性,层间断裂的尖端存在一个较大的塑性区,线弹性断裂力学在这种情况下不再适用。这种情况下,基于弹塑性断裂力学的 J 积分参数可以用来评价其断裂性能[248]。J 积分本质上是一种能量释放率,但是该参数一般不适用于线弹性断裂力学。

针对 OGFC-下卧层组合试件的层间黏结的 I 型断裂形式,设计缺口梁三点弯拉试验作为评价层间黏结性能的手段,试验过程中,底部两个支点分别支撑 OGFC 和下卧层,外加荷载作用在层间黏结处,切缝朝下,组合试件受力图如图 4-36 所示。

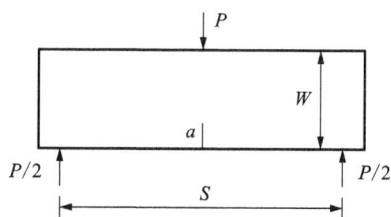

图 4-36　试件梁受力示意图

通过式(4-16)可求得沥青混合料组合试件的层间黏结强度 σ：

$$\sigma = \frac{3P_{max}S}{2B(W-a)^2} \qquad (4-16)$$

式中：S 为支撑间距，$S=130$ mm；W 为小梁高度，$W=60$ mm；a 为切缝尺寸，本研究考虑两种切缝深度，$a_1=10$ mm，$a_2=20$ mm；试件厚度 B 为 40 mm；P_{max} 是通过三点弯拉试验得到的最大荷载。

三点弯拉试验在两个温度下进行，分别为 0℃ 和 25℃。0℃ 时，层间黏结的破坏可认为是线弹性断裂，则可以根据下式求得应力强度因子 K_{IC}。

$$K_{IC} = \frac{P_{max} \cdot l}{th^{3/2}} \left[2.9\left(\frac{a}{h}\right)^{0.5} - 4.6\left(\frac{a}{h}\right)^{1.5} + 21.8\left(\frac{a}{h}\right)^{2.5} - 37.6\left(\frac{a}{h}\right)^{3.5} + 38.7\left(\frac{a}{h}\right)^{4.5} \right]$$
$$(4-17)$$

式中：K_{IC} 为 I 型应力强度因子的临界值；a 为试件切缝深度。

25℃ 时，层间黏结的破坏过程表现出弹塑性特征，可根据 J 积分理论进行计算。使用下式可求得 J 积分断裂韧度 J_{IC}：

$$J_{IC} = \left(\frac{U_1}{t_1} - \frac{U_2}{t_2}\right) \times \frac{1}{a_2 - a_1} \qquad (4-18)$$

式中：J_{IC} 为 I 型 J 积分的临界值；U_1、U_2 为两种切缝深度条件下试件的断裂能；t_1、t_2 为试件的厚度，三点弯拉试件的厚度为 40 mm；a_1、a_2 为试件切缝深度，分别为 10 mm、20 mm。

4.3.4.2 三点弯拉试验过程

准备好试验用的组合小梁试件，通过 UTM 试验机对其进行竖向加载，采用位移加载方式，竖向加载速度设置为 5 mm/min。参考《公路工程沥青及沥青混合料试验规程》(JTG E20-2011)，具体试验步骤如下：

①首先，根据试验温度，将试件分为两类，一类试件缺口 10 mm，用于低温(0℃)和中温(25℃)条件下组合试件的三点弯拉试验；另一类试件缺口为 20 mm，用于中温(25℃)条件下组合试件的三点弯拉试验。试验前，将两类试件置于恒温箱内，在 0℃ 与 25℃ 的条件下分别保温 12 h。

②保温结束后，安装并调试三点弯拉试验的试验装置和仪器，调整试验夹具跨距为 OGFC-下卧层组合试件长度的 0.8 倍，即 104 mm。

③将 OGFC-下卧层组合试件对称放置在试验夹具上，下方两个支点距离试件边缘为 13 mm，夹具上方传力压块作用于组合试件的层间黏结面，整体放入 UTM 万能试验机的机箱内，控制试验机加载杆下降至夹具传力压块的中心位置上方。

④打开 UTM 试验机的计算机控制系统，手动操作调整加载杆的高度至首次

接触夹具传力压块，控制标准为荷载传感器显示荷载数值第一次超过 0.1 kN，然后按照 5 mm/min 的设置速度，开始正式加载。

⑤通过系统显示端可以实时观察到试件负载的荷载-位移曲线，当荷载数值下降到峰值的 20% 时，组合试件层间黏结失效，手动停止加载，可以得到完整的荷载-位移曲线和 X-Y 关联坐标数据。每一种下卧层类型、黏层油洒布量以及温度条件组合形式的试件进行三次平行试验，试验完成之后记录数据并清理试验装置。

4.3.5　三点弯拉试验结果分析

本试验中，自变量为 OGFC-A、OGFC-B 两种组合形式，四种黏层油洒布量以及低温(0℃)和中温(25℃)两种环境温度。中温(25℃)情况下，试件缺口考虑 10 mm 与 20 mm 两种深度。通过三点弯拉试验，得到不同组合形式的试验数据并进行处理与分析，可以得到特定组合形式的试件层间所受到的最大荷载 P_{max}，由式(4-16)可以得到试件的断裂强度 σ。

在低温(0℃)条件下，以不同试件的平均断裂强度为纵坐标，四种黏层油洒布量为横坐标，作出试件断裂强度与黏层油洒布量的关联图，结果如图 4-37 所示。可以看出，随着黏层油洒布量的增加，下卧层 A 和 B 对应组合试件的断裂强度首先增大，随后降低。当黏层油洒布量为 0.5 kg/m² 和 1.0 kg/m² 时，OGFC-A 和 OGFC-B 试件的断裂强度分别达到最大值。而 OGFC-A 的峰值强度比 OGFC-B 的峰值强度

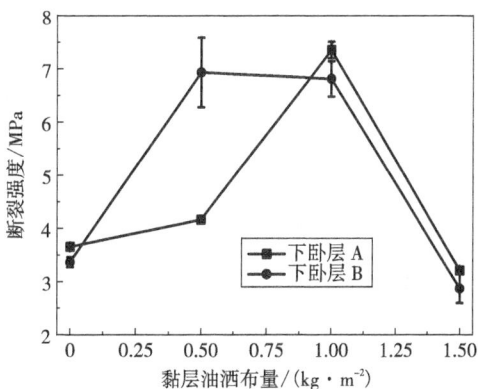

图 4-37　组合试件低温(0℃)下断裂强度

大 6.3%。低温下沥青混合料层间黏结性能可以用应力强度因子进行评价。参考公式(4-17)可以根据荷载-位移曲线图上的峰值荷载 P_{max} 计算得到组合试件的应力强度因子临界值(K_{IC})，作出 K_{IC} 与黏层油洒布量的关系折线图，见图 4-38。如公式(4-16)和(4-17)所示，应力强度因子临界值(K_{IC})与断裂强度 σ 成正比，因此，K_{IC} 的变化趋势与图 4-37 中 σ 的变化趋势相同。

结果表明，黏层油的洒布量对层间断裂性能有显著影响。另外，在最佳黏层油洒布量的情况下，OGFC-A 的抗断裂性能要优于 OGFC-B，这表明下卧层的界面构造特征参数会影响组合试件的抗断裂性能。

在中温(25℃)时，制作了两种缺口尺寸的试件，缺口深度分别为 10 mm 和

20 mm。组合试件的断裂强度如图 4-39 所示，与低温(0℃)时的结果相比，试件的断裂强度较低。这是由于黏层油的黏弹性，当温度从 0℃ 增加到 25℃，低温时的硬黏层油转变为一种相对柔软的材料。对于 10 mm 和 20 mm 的两种缺口深度，两种下卧层 A 和 B 试件的最佳黏层油洒布量分别为 1.0 kg/m² 和 0.5 kg/m²。当试件缺口的深度为 10 mm 时，OGFC-A 的断裂强度比 OGFC-B 大 7.8%；当缺口长度为 20 mm 时，OGFC-A 的断裂强度比 OGFC-B 大 14.1%。结果表明，OGFC-A 的层间失效强度优于 OGFC-B。同时，当试件缺口深度从 10 mm 增加到 20 mm 时，断裂强度的数值明显减小了。这是由于一个较大的缺口深度导致了一个较小的断裂表面积，使得抵抗外部荷载的能力较低。

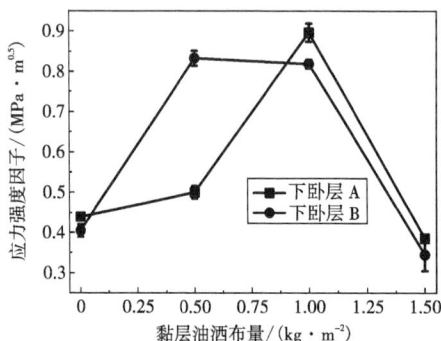

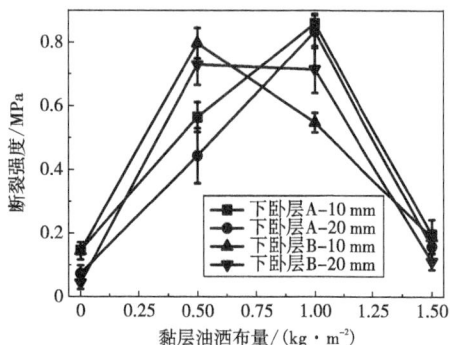

图 4-38　组合试件低温(0℃)时的应力强度因子　图 4-39　组合试件中温(25℃)时的断裂强度

根据两种缺口深度试件对应的断裂能 U，可以计算得到特定黏层油洒布量对应的 J 积分临界值(J_{IC})，并绘制在图 4-40 中。与断裂强度的结果相似，对于 OGFC-A 和 OGFC-B 两种组合形式，组合试件的 J_{IC} 也是随着黏层油洒布量的增加，呈现先增加后下降的趋势。同时，通过图 4-40 也能发现，中温条件下两种组合形式的最佳黏层油洒布量

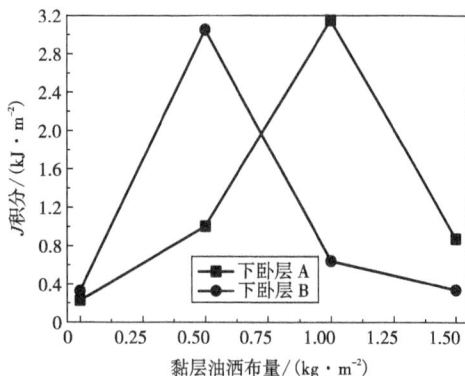

图 4-40　组合试件中温(25℃)时的 J 积分

分别为 1.0 kg/m² 和 0.5 kg/m²。OGFC-A 的 J_{IC} 最大值约为 3.15 kJ/m²，OGFC-B 为 3.05 kJ/m²，表明 OGFC-A 有更高的抵抗断裂的潜能。

在 0℃ 和 25℃ 下，OGFC-A 的最佳黏层油洒布量均为 1.0 kg/m²，而 OGFC-B

则为 0.5 kg/m²。对于不同的下卧层，必须存在一定厚度的黏层油，以确保路面层之间的充分黏合。从图 4-35 中可以发现，下卧层 A 的表面积大于下卧层 AC 的表面积。为了确保层间黏层油的厚度不变，OGFC-A 组合中使用的黏层油洒布量应大于 OGFC-B 中使用的洒布量。

4.3.6　层间界面参数与断裂行为的相关性

图 4-41 给出了下卧层平均构造深度(TD)与对应组合试件层间 Ⅰ 型应力强度因子临界值(K_{IC})和 J 积分临界值(J_{IC})之间的关系，随着 TD 的增加，K_{IC} 和 J_{IC} 显著增大。由于 TD 是直接代表表面宏观纹理的指标，因此它可以影响界面的滑阻力，从而有助于提高路面层之间的滑移阻力。据报道，

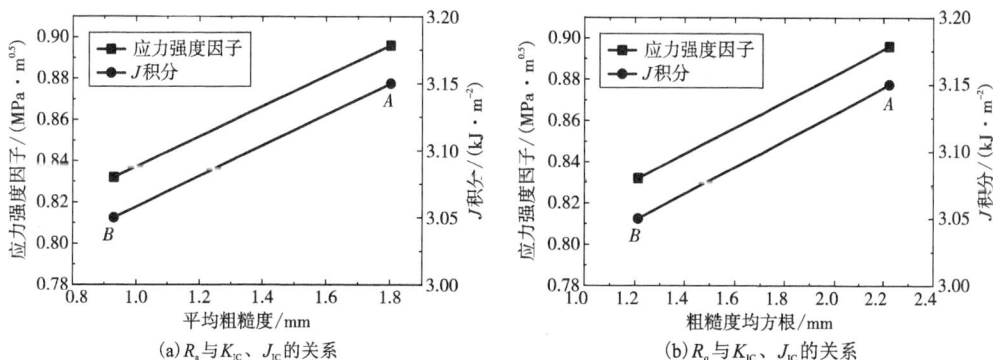

图 4-41　平均构造深度(TD)与 K_{IC}、J_{IC} 的关系

更大的构造深度有利于路面层之间的嵌挤咬合[249]。由于失效荷载的增加，试件的 K_{IC} 和 J_{IC} 显著增大。

图 4-42(a)表示 R_a 与 K_{IC} 和 J_{IC} 之间的关系，可以观察到与 TD 相似的，K_{IC} 和 J_{IC} 随着 R_a 的增加而增大。虽然 R_a 表示表面与平均表面的偏差程度，不能准确地表示表面形貌，但有报道称 R_a 影响层间的黏合强度，R_a 与混凝土层间的剪应力强度有显著相关性[250]。图 4-42(a)的结果符合已发表的结论。从图 4-42(b)中也可以观察到，随着 R_q 的增大，K_{IC} 和 J_{IC} 也相应增大。R_q 是对 R_a 分散程度的评价，表明较大的离散程度可能引起更大的抗断裂性。

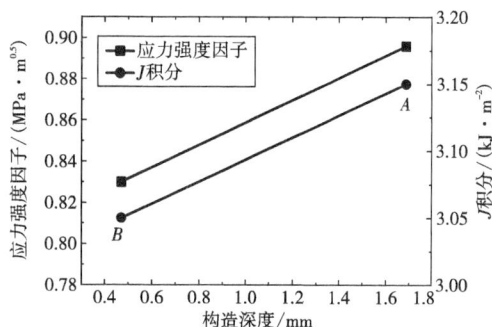

(a)R_a 与 K_{IC}、J_{IC} 的关系　　　　(b)R_q 与 K_{IC}、J_{IC} 的关系

图 4-42　平均粗糙度(R_a)、粗糙度均方根(R_q)与 K_{IC}、J_{IC} 的关系

图 4-43 显示了分形维数
(D) 和 K_{IC}、J_{IC} 之间的关系。下卧
层 A 的分形维数(D)较大，结合分
形维数的定义，说明其表面更粗
糙。可以观察到，随着 D 的增大，
K_{IC} 和 J_{IC} 也增大了。D 越大，界面
越粗糙，OGFC 与下卧层之间的嵌
锁效应可能越显著。

从图 4-44 中可以观察到，随
着偏度(R_{sk})的增大，K_{IC} 和 J_{IC} 也

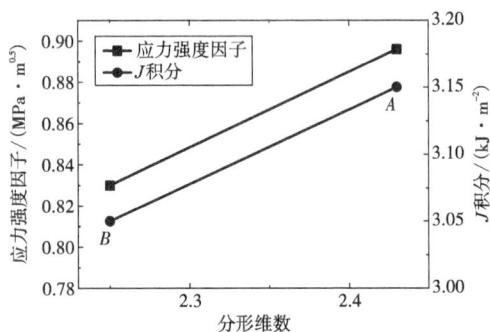

图 4-43　分形维数(D)与 K_{IC}、J_{IC} 的关系

在增大。据报道，R_{sk} 可用于预测接触表面的摩擦学行为和平面表面纹理[251]。然
而，本研究中数据有限，R_{sk} 与层间抗断裂性能之间的关系还需要做更多的研究。
下卧层 A 的峰度(R_{ku})约为 3.0，表明轮廓分布近似为正态分布。下卧层 B 的 R_{ku}
大于 3.0，表明其轮廓分布为峰值分布。图 4-44(b) 可能表明，正态分布的轮廓
构造可以增强抗断裂性。但与 R_{sk} 相似，还需要进行更多的研究来检验 R_{ku} 对抗
断裂性的影响。另外，这些构造参数之间可能存在一定的相关性。这些参数对断
裂行为的耦合效应有待进一步探讨。

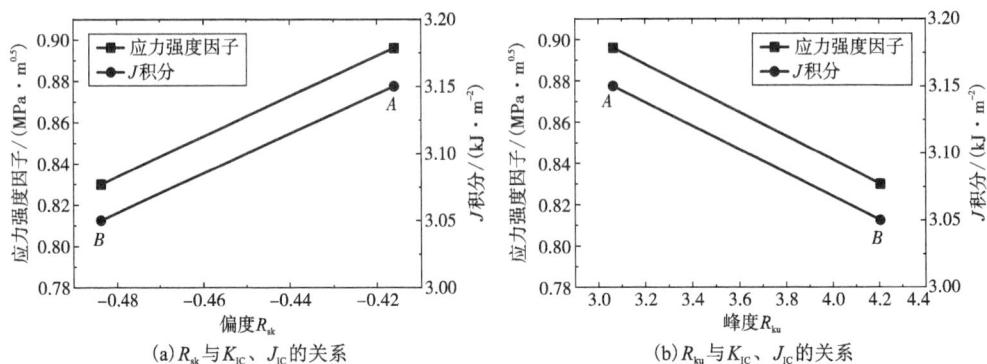

(a) R_{sk} 与 K_{IC}、J_{IC} 的关系　　　　　　(b) R_{ku} 与 K_{IC}、J_{IC} 的关系

图 4-44　偏度(R_{sk})、峰度(R_{ku})与 K_{IC}、J_{IC} 的关系

OGFC 面层底部的空隙结构同样受到下卧层表面构造的影响，同时，面层底
部的空隙结构也是影响层间界面集料嵌挤互锁的关键因素，表面更粗糙的下卧层
A 上成型的 OGFC 面层底部空隙结构更丰富，这是 OGFC-下卧层 A 组合试件层间
黏结性能优于 OGFC-下卧层 B 的原因之一。

黏层油的向上迁移会在 OGFC 面层的底部形成油石比较大的滑移区，是影响

层间黏结性能的不利因素，所以随着黏层油洒布量持续增加到某一限度值时，OGFC 路面层间黏结强度会出现急剧下降的现象。因此下卧层表面构造特征不仅直接影响 OGFC 路面层间的黏结性能，还通过影响 OGFC 面层底部空隙结构与黏层油迁移现象间接决定层间的黏结性能。

4.3.7　小结

①黏层油的使用能够显著提高 OGFC 路面层间的抗断裂性能，随着黏层油洒布量的增加，层间黏结强度呈现先增大后降低的变化趋势；OGFC-A 和 OGFC-B 的最佳黏层油洒布量分别为 1.0 kg/m^2 和 0.5 kg/m^2。最佳黏层油洒布量的差异是由粗糙参数的差异造成的。

②低温时，OGFC 路面层间抗断裂性能较之中温条件时更优；在 0℃时，OGFC-A 的 K_{IC} 比 OGFC-B 大 6.3%；在 25℃时，OGFC-A 的 J_{IC} 也大于 OGFC-B，说明 OGFC 与下卧层 A 的组合有较好抗裂性能。

③随着平均构造深度（TD）、粗糙度（R_a）和分形维数（D）的增大，K_{IC} 和 J_{IC} 也相应增大。正态分布的表面构造可能会提供更好的层间黏结性能。关于 R_{sk} 和 R_{ku} 对层间黏结失效行为的影响，还需要进一步的研究。

④下卧层表面构造特征与 OGFC 面层底部空隙结构以及层间黏层油的迁移行为存在一定的联系，间接影响着 OGFC 路面层间的黏结性能。

4.4　I 型断裂过程中 OGFC 路面层间开裂的能量分析方法

4.4.1　原材料和试验设置

本研究的原材料和试验设置与 4.3 节中一致。

4.4.2　数据分析方法

沥青混合料在不同温度下表现出不同的断裂特性。具体来说，在低温下，它表现出明显的线弹性特征；随着温度的升高，其塑性变形逐渐显著。低温下沥青混凝土的断裂通常使用线弹性断裂力学进行分析，其断裂性能由应力强度因子表征。在中温下，能量释放率（J 积分）可用于表征断裂性能。此外，断裂性能可以用断裂能来表征。然而，断裂能是一个与力和变形的乘积相关的参数，一个具有高峰值荷载但变形较差的试件和另一个具有较低峰值荷载但变形抗力较好的试件可能具有相同的断裂能。此外，随着温度的升高，同一种混合料的峰值荷载逐渐降低，但破坏时的变形逐渐增加，表明同一种混合料在不同温度下的断裂能也可能相同。因此，用断裂能来评估断裂性能也存在一定的缺陷。本节使用以下参数进行断裂表征，包括等效应力强度因子、弹性储能、塑性耗散能和表面能。

4.4.2.1 等效应力强度因子

等效应力强度因子是在等效能量法[252]的基础上提出的一种中温断裂评价指标。等效应力强度因子的概念是由 Witt 和 Mager[253] 首次提出，用于评价金属的非线性对断裂性能的影响。我国学者徐世烺[254]将该概念引入水工混凝土断裂性能的评价和分析中。针对 TPB 试件，应力强度因子可以通过式(4-17)进行求解。

图 4-45 中曲线 $OABC$ 为沥青混凝土断裂试验中上升段的曲线，沥青混凝土在 C 点达到峰值，产生失稳破坏。沥青混凝土试件的荷载-位移曲线 OC 包括线性阶段和临近失稳破坏前的非线性阶段。由于试件的变形表现为非线性，所以不能直接将峰值荷载 P_C 直接代入式(4-17)求解沥青混凝土的断裂韧度。

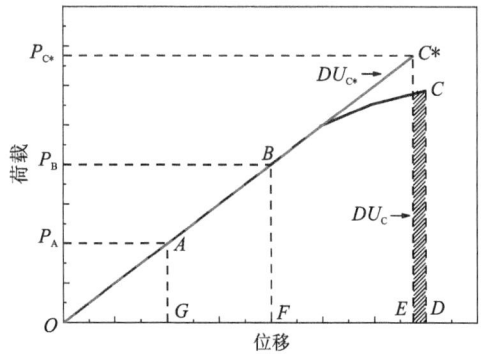

图 4-45 等效应力强度因子(K_{IC}^*)计算示意图

在线弹性范围内，荷载与位移成正比，曲线下方的弹性应变能 U 的平方根与荷载 P 成正比。荷载-位移曲线上 A、B 两点所对应的荷载分别为 P_A 和 P_B。A、B 两点的应变能为 $\triangle OAG$ 和 $\triangle OBF$ 的面积(U_A 和 U_B)，所以有

$$\frac{P_B}{P_A} = \sqrt{\frac{U_B}{U_A}}$$

(4-19)

将 B 点按照线性阶段 AB 的斜率延伸到一点 $C*$，使 ΔU_{C*} 与 ΔU_C 相等。则可以得到

$$\frac{P_{C*}}{P_A} = \sqrt{\frac{U_C}{U_A}}$$

(4-20)

将 P_{C*} 代入式(4-17)计算相应的断裂韧度值，即为

$$K_{IC}^* = \frac{P_{C*} \cdot l}{th^{3/2}}\left[2.9\left(\frac{a}{h}\right)^{0.5} - 4.6\left(\frac{a}{h}\right)^{1.5} + 21.8\left(\frac{a}{h}\right)^{2.5} - 37.6\left(\frac{a}{h}\right)^{3.5} + 38.7\left(\frac{a}{h}\right)^{4.5}\right]$$

(4-21)

式中：P_A 为荷载-位移曲线上线性阶段的任意一点；U_A 为 A 点所对应的弹性应变能；U_C 为破坏时的总应变能；K_{IC}^* 为等效应力强度因子，可反映荷载加载点位移

曲线的非线性对断裂韧度的影响。

4.4.2.2　弹性储能、塑性耗散能和表面能

断裂能被分为三个部分：弹性储能（U_e）、塑性耗散能（U_d）和峰后能量（U_p）。图 4-46 展示了弹性储能、塑性耗散能和峰后能量的计算示意图。峰后能量又称为表面能。在试件破坏过程中的外部功包括弹性功（W_e）、耗散功（W_d）和峰后功（W_p）。通常认为峰值荷载点是混合料裂缝起裂点。U_e 和 U_d 的总和用于宏观裂纹的起裂，而 U_p 是表面能，用于裂纹的扩展。k 是上升曲线中线性部分的斜率。虚线 PC 的斜

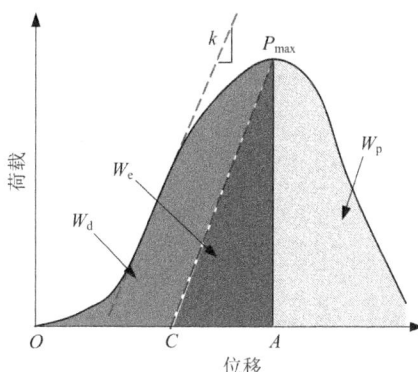

图 4-46　弹性储能、塑性耗散能和表面能的计算示意图

率为 k。在裂缝起裂前，部分外部能量会由于沥青结合料的塑性变形而被消耗，这表现为塑性耗散能，而另一部分外部能量会作为储能存储在试件中。当裂缝开始时，线性储能会被释放，并且需要表面能（U_p）来进行裂缝扩展。参考断裂能的计算，U_e 的计算使用式（4-23）进行。然后，U_d 可以通过从峰值荷载前的断裂能中减去 U_e 得到。

$$G_F = U_d + U_e + U_p = \frac{W_d + W_e + W_p}{A_{lig}} \tag{4-22}$$

$$U_e = \frac{W_e}{A_{lig}} = \frac{P_{max}^2}{2k \cdot A_{lig}} \tag{4-23}$$

式中：G_F 为总的断裂能；A_{lig} 为韧带面积。

4.4.3　试验结果与分析

4.4.3.1　层间黏结韧度

从图 4-46 中可以看出，参数 k 在表征层间黏结性能方面起着至关重要的作用。它表示与层间黏结相关的韧度，表明层间黏结在应力下对变形的抵抗能力。该参数已被广泛用作评估层间黏结性能的指标[23, 50]。图 4-47 为所有试件在不同温度下 k 的散点图。首先，对于具有相同黏层油掺量的同类型试件，当温度从 0℃升高到 25℃时，k 显著下降。在 0℃ 时，当不使用黏层油时，层间黏结是由 OGFC 和下卧层界面周围的沥青胶浆之间的黏结形成的，层间的嵌挤作用也对黏

结具有一定的贡献。当使用黏层油时，韧度明显增大。对于 OGFC-A 和 OGFC-B，当黏层油掺量分别为 1.0 kg/m² 和 0.5 kg/m² 时，层间韧度最大。同时，OGFC-A 的最大韧度 k 比 OGFC-B 高 34.5%，这可能与下卧层的表面特性有关。在 25℃时，黏层油也有助于提高黏结韧度。当黏层油掺量均为 0.5 kg/m² 时，两种试件都有最大韧度。然而，0.5 kg/m² 和 1.0 kg/m² 的掺量之间的韧度差异并不明显。为了得到最佳黏层油掺量，如图 4-47 所示，对所有数据进行了二次拟合。在 0℃时，OGFC-A 和 OGFC-B 的最佳黏层油掺量分别为 0.708 kg/m² 和 0.628 kg/m²；而在 25℃时，最佳值分别为 0.743 kg/m² 和 0.739 kg/m²。可以看出，当温度从 0℃升高到 25℃时，下卧层类型或表面特性的影响变得不明显。

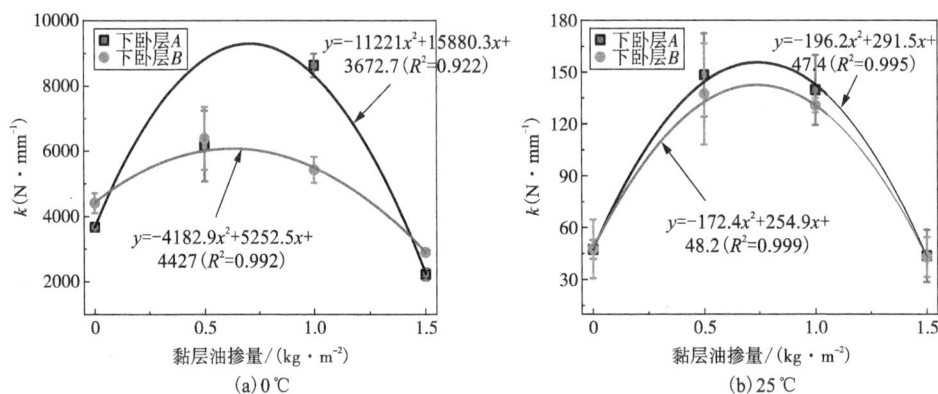

图 4-47　层间黏结韧度结果

4.4.3.2　应力强度因子

如图 4-48 所示为不同温度下不同黏层油掺量的试件的 K_{IC} 结果。需要说明的是，25℃时的 K_{IC} 是从图 4-45 中获得的等效应力强度因子。在 0℃时，对于 OGFC-A 和 OGFC-B，K_{IC} 首先随着黏层油掺量的增加而增大，然后下降。当黏层油掺量分别为 1.0 kg/m² 和 0.5 kg/m² 时，OGFC-A 和 OGFC-B 获得了最大的 K_{IC}。25℃时的 K_{IC} 结果具有相同的结论。在 0℃下，OGFC-A 的 K_{IC} 最大值比 OGFC-B 高 7.6%。然而，在 25℃时，OGFC-A 和 OGFC-B 的 K_{IC} 最大值没有显示出显著差异。在 OGFC-A 和 OGFC-B 之间观察到的峰值 K_{IC} 值的变化可以归因于几个因素。首先，层间黏结的增强是嵌锁效应和黏层油赋予的内聚强度的结果，当下卧层表面都完全平整时，不同的下卧层需要的最佳黏层油掺量是一致的；最佳黏层油掺量的差异主要是由下卧层表面不规则造成的[51]。在 0℃时，下卧层 A 的表面比 B 更粗糙，因此 OGFC-A 比 OGFC-B 具有更强的嵌锁作用[10]。

相反，在达到 25℃的中温条件时，由于黏层油变软，这种嵌锁效应减弱，导致层间界面嵌锁咬合作用变小。另外，当温度从 0℃升高到 25℃时，对于具有相同黏层油掺量的同类型试件，K_{IC} 显著下降，这是由黏层油本身的黏弹性决定的。与图 4-47 类似，进行二阶曲线拟合操作以确定最佳黏层油掺量。在 0℃下，OGFC-A 和 OGFC-B 的最佳黏层油掺量分别为 0.710 kg/m² 和 0.731 kg/m²；而在 25℃时，最佳值分别为 0.794 kg/m² 和 0.763 kg/m²。可以看出，最佳黏层油掺量不仅与下卧层的表面参数有关，还与温度有关。

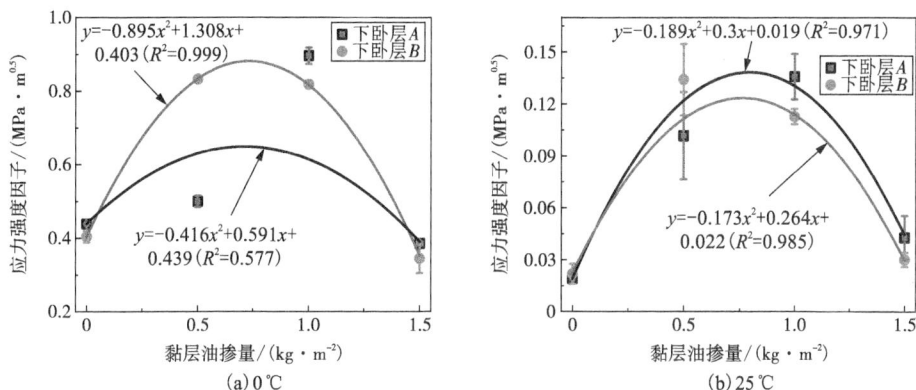

图 4-48　0℃和 25℃时应力强度因子结果

4.4.3.3　能量参数结果

如图 4-49 所示为所有试件的断裂能（G_F）结果。与黏层油对 K_{IC} 的影响相同，在 0℃和 25℃时，当 OGFC-A 和 OGFC-B 的黏层油掺量分别为 1.0 kg/m² 和 0.5 kg/m² 时，G_F 有最大值。在 0℃时，对于四种黏层油掺量，OGFC-B 的 G_F 值都超过了 OGFC-A 的 G_F 值。然而，如图 4-49（a）所示，仅在黏层油掺量为 0.5 kg/m²，OGFC-B 的峰值荷载超过了 OGFC-A 的峰值荷载。在其他黏层油掺量条件下，OGFC-B 的峰值荷载较低。相比 OGFC-A，OGFC-B 的 G_F 较高，主要是由于 OGFC-B 的变形能力更突出。在 0℃时，OGFC-B 的 G_F 最大值比 OGFC-A 高 54.0%；而在 25℃时，OGFC-B 的 G_F 最大值比 OGFC-A 低 16.7%。这表明随着温度的升高，下卧层类型可能在断裂能上发挥不同的作用。比较 0℃和 25℃的结果，尽管 25℃时的变形较大，但由图 4-48 可以推断出 25℃时的峰值荷载较低。因此，对于具有相同黏层油掺量的同类型试件，G_F 显著下降。

如图 4-50 所示为 0℃和 25℃时的塑性耗散能。在 0℃时，当黏层油掺量为 0.5 kg/m² 时，OGFC-B 的塑性耗散能（U_d）达到最大值；而对于 OGFC-A，最佳

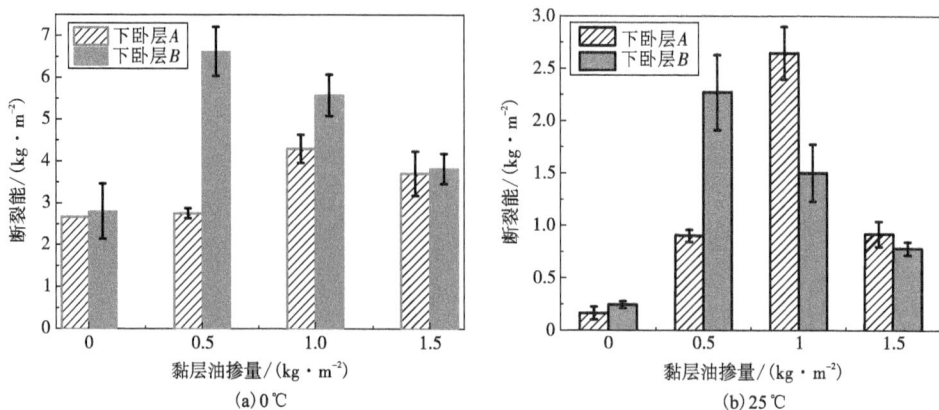

图 4-49 0℃和25℃时的断裂能结果

黏层油掺量为 1.0 kg/m²。由于混合料 A 的表面更粗糙，所以当施加相同掺量的黏层油时，OGFC-A 中的黏层油厚度会更薄。塑性耗散能主要是由黏层油的非线性行为引起的，靠近界面的沥青结合料对塑性耗散能也有一定的贡献。因此，在 0℃时，随着黏层油掺量的增加，U_d 首先增大。当黏层油掺量持续增加时，由于黏层油过多，层间黏结会变差，然后塑性耗散能也会降低。在 25℃时，OGFC-B 的 U_d 最大值明显大于 OGFC-A 的最大值。这可能是因为与 OGFC-A 相比，OGFC 与下卧层 B 之间的嵌锁效应不太明显，更多的塑性耗散能用于黏层的非线性变形；而对于 OGFC-A，由于嵌锁效应，峰值荷载前的线性变形更明显。与结合料的黏弹性相比，由集料之间的相互作用引起的嵌锁效应可以产生更明显的线性行为。

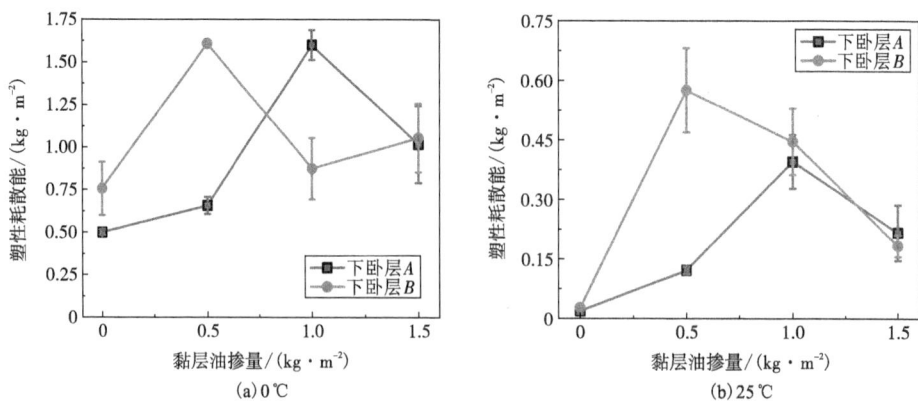

图 4-50 0℃和25℃时的塑性耗散能结果

如图 4-46 所示，U_d 和 U_e 之和代表峰前能量，可视为裂缝萌生的能量消耗。

表 4-16 给出了 $U_d + U_e$ 和 U_p 的结果。在 0℃时，当黏层油掺量为 1.0 kg/m² 时，OGFC-A 的 $U_d + U_e$ 取得最大值；而当黏层油掺量为 0.5 kg/m² 时，OGFC-B 的 $U_d + U_e$ 取得最大值。OGFC-A 的 $U_d + U_e$ 最大值比 OGFC-B 低 4%。类似地，在 25℃时，当黏层油掺量分别为 1.0 kg/m² 和 0.5 kg/m² 时，OGFC-A 和 OGFC-B 的 $U_d + U_e$ 取得最大值。OGFC-B 的 $U_d + U_e$ 最大值比 OGFC-A 高 12.8%。这些结果意味着在 0℃和 25℃时，下卧层(混合料 A)较粗糙的界面并不需要更多的能量来引发裂缝。

表 4-16　不同温度下的能量参数

温度/℃	混合料	黏层油掺量 /(kg·m⁻²)	$U_d + U_e$ /(kJ·m⁻²)	std	U_p /(kJ·m⁻²)	Std
0	OGFC-A	0	0.874	0.017	1.792	0.022
		0.5	1.189	0.024	1.566	0.096
		1.0	2.511	0.031	1.786	0.308
		1.5	1.362	0.317	2.346	0.212
	OGFC-B	0	1.072	0.374	1.729	0.289
		0.5	2.615	0.273	4.008	0.312
		1.0	1.588	0.301	3.988	0.799
		1.5	1.318	0.401	3.826	0.959
25	OGFC-A	0	0.068	0.013	0.105	0.043
		0.5	0.277	0.037	0.620	0.050
		1.0	0.928	0.269	1.668	0.396
		1.5	0.288	0.100	0.604	0.099
	OGFC-B	0	0.083	0.005	0.169	0.021
		0.5	1.047	0.355	1.380	0.310
		1.0	0.661	0.025	0.804	0.299
		1.5	0.307	0.030	0.485	0.035

如图 4-51 所示为表面能(U_p)的结果，表面能用于裂缝萌生后的裂缝扩展。在 0℃时，对于 OGFC-B，U_p 随着黏层油掺量的增加先增加后减少。对于 OGFC-A，U_p 先减少后增加。总体而言，在相同黏层油掺量下，OGFC-A 的 U_p 低于 OGFC-B，这表明 OGFC-B 扩展裂缝需要更多的能量。在 25℃时，当黏层油掺量为 1.0 kg/m² 时，OGFC-A 获得最大 U_p，OGFC-B 为 0.5 kg/m²。OGFC-A 的最大 U_p 比 OGFC-B 大 20.9%，这表明下卧层较粗糙的表面可能有助于在裂缝扩展阶段提高抗裂能力。图 4-52 展示了在 0℃时的一些典型荷载-位移曲线。当黏层油掺量为 0 kg/m² 时，曲线非常相似，峰后能量(U_p)没有显著差异。当黏层油掺量为 0.5 kg/m² 时，OGFC-B 的峰值荷载明显高于 OGFC-A，因此 OGFC-B 的 U_p 幅

值更高。当黏层油掺量为 $1.0\ kg/m^2$ 和 $1.5\ kg/m^2$ 时，OGFC-A 和 OGFC-B 之间的峰值载荷存在轻微差异；然而，在下降部分，OGFC-B 的荷载下降速率低于 OGFC-A。因此，OGFC-B 的 U_p 幅值将超过 OGFC-A。

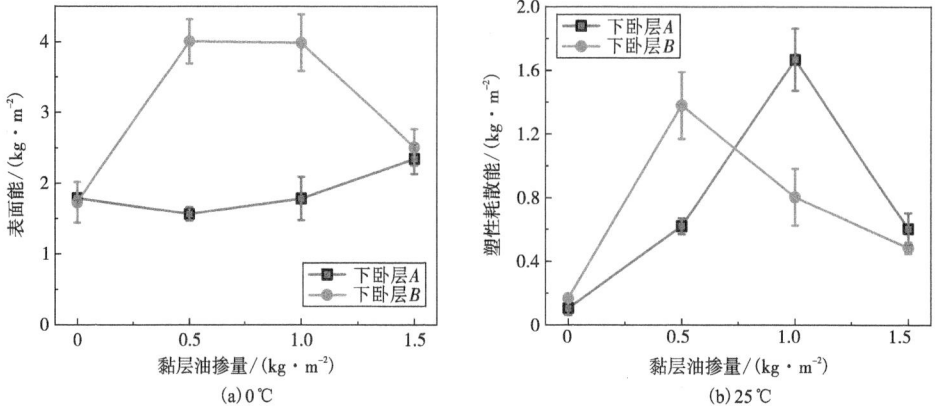

(a) 0℃

(b) 25℃

图 4-51　0℃和 25℃时表面能的结果

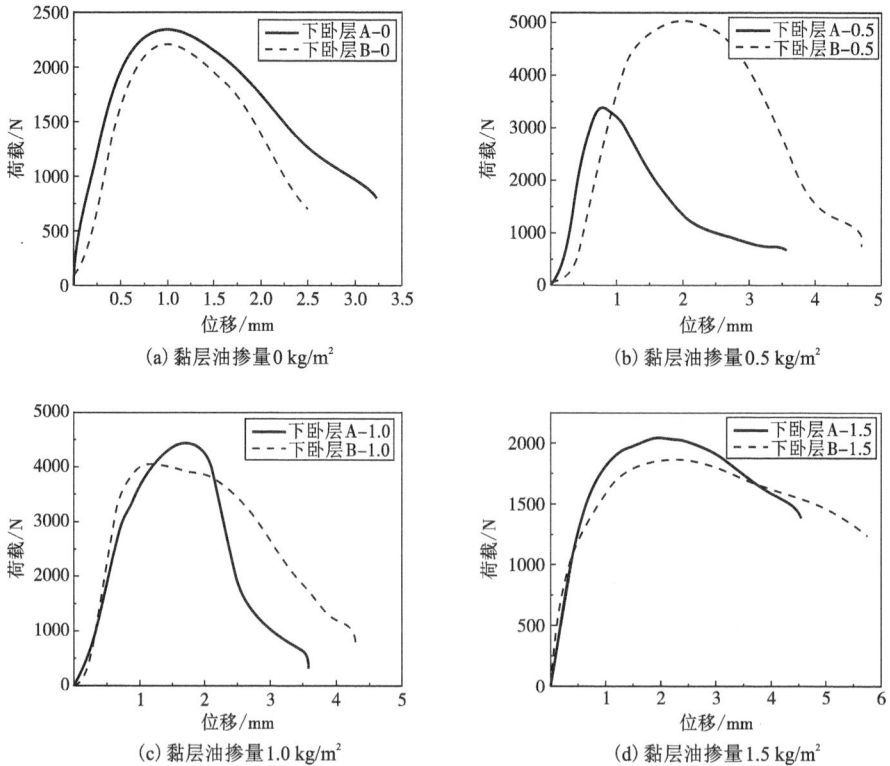

(a) 黏层油掺量 $0\ kg/m^2$

(b) 黏层油掺量 $0.5\ kg/m^2$

(c) 黏层油掺量 $1.0\ kg/m^2$

(d) 黏层油掺量 $1.5\ kg/m^2$

图 4-52　0℃时典型荷载-位移曲线

如图 4-53 所示为在 0℃和 25℃时所有试件的 U_d、U_e 和 U_p 的能量比例。对于 0℃下的 OGFC-A，当黏层油掺量从 0 增加到 1.0 kg/m² 时，U_d 和 U_e 的比例都增大，而 U_p 的比例下降；当黏层油掺量从 1.0 kg/m² 增加到 1.5 kg/m² 时，U_p 的比例从 42% 增大到 63%，同时 U_d 和 U_e 的比例明显下降。在 25℃时，U_p 的比例几乎保持不变，而 U_d 的比例增大，这表明峰值荷载前耗散能的比例逐渐增大，这主要是由黏层油的黏结效应逐渐增强引起的。考虑到 U_d、U_e 和 U_p 的比例，OGFC-B 呈现出不同的结果。在 0℃时，当黏层油掺量为 1.0 kg/m² 时，U_p 的比例为 72%，高于其他情况；当黏层油掺量为 1.5 kg/m² 时，过多的黏层导致 U_d 的比例更高。在 25℃时，U_e 的比例在 14% 和 19% 之间，而 U_p 的比例先下降后增大。

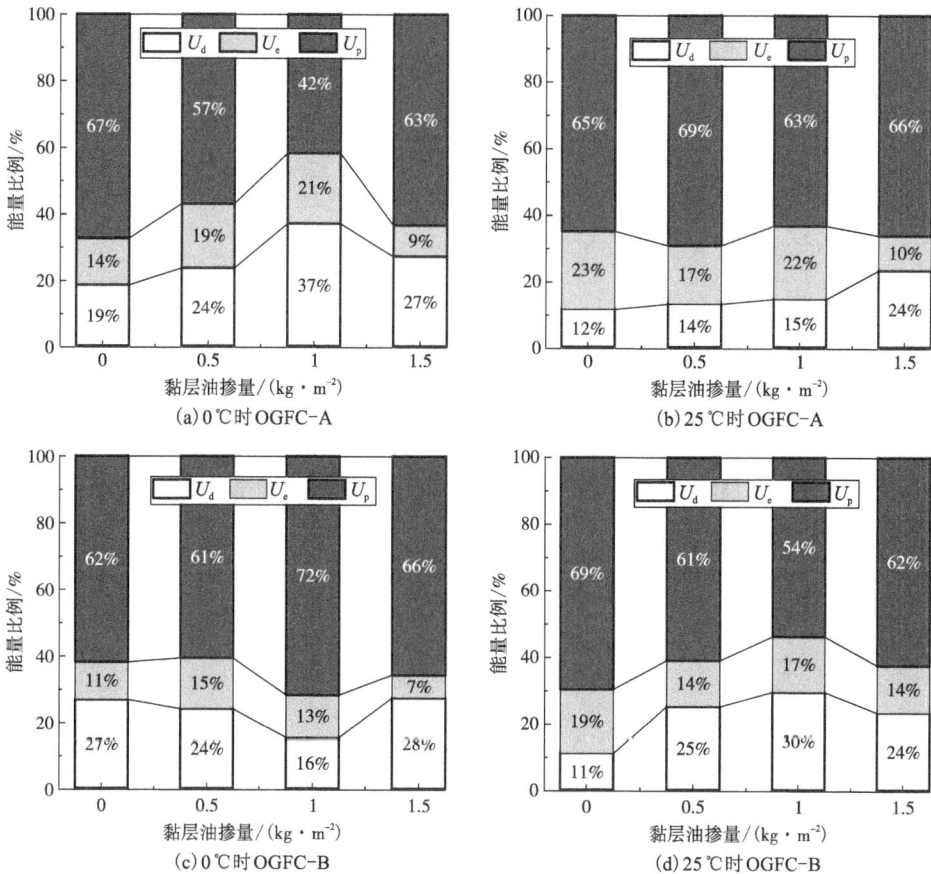

图 4-53　U_d、U_e 和 U_p 的能量占比

4.4.3.4 讨论

在低温(0℃)下，在线弹性断裂力学范围内，本研究使用临界应力强度因子(K_{IC})来表征层间断裂性能。图 4-52 展示了在 0℃时的一些典型荷载-位移曲线，可以看出存在明显的非线性变形，特别是在峰值荷载前的阶段。同时，在峰值荷载之后，试件的变形仍然很大，不属于严格的脆性或准脆性破坏，这也可以从图 4-53 中 U_p 所占的比例判断出来。出现上述现象主要是由于是在界面处预制裂缝，理想情况下，破坏会发生在黏层油或者界面处的沥青胶浆内，集料不会干扰断裂路径中的裂缝扩展。但不管是黏层油还是界面处的沥青混合料，即使是在低温下，在外部荷载作用下仍会发生一定的塑性变形。因此，在峰值荷载之前存在明显的塑性变形，在峰值荷载之后存在显著的变形。然而，K_{IC} 仍然是表征黏结性能的合理参数，因为 K_{IC} 与峰值荷载相关，而峰值荷载反映了力学性能。图 4-54 展示了断裂后的试件。在 0℃时，可以明显看出沿着 OGFC 层和下卧层之间的界面有相对清晰的断裂轨迹，这表明断裂主要发生在界面处；相反，在 25℃时，断裂路径不如 0℃时明显。除了界面断裂外，在 OGFC 层内也观察到多条次生裂缝，这表明 OGFC 内部的损坏对整体断裂形态有贡献。这些观察结果表明，有必要对三点弯拉试验进行改进，以减轻 OGFC 内部的裂纹对层间黏结破坏分析的影响。

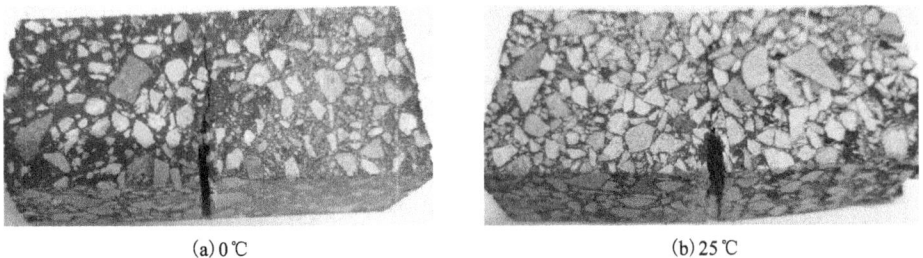

(a) 0℃   (b) 25℃

图 4-54 试件开裂状态

4.4.4 小结

①在 0℃时，OGFC-A 和 OGFC-B 的最佳黏层油掺量分别为 $1.0~\text{kg/m}^2$ 和 $0.5~\text{kg/m}^2$ 时；在 25℃时，两种类型试件的最佳黏层油掺量都为 $0.5~\text{kg/m}^2$。随着温度的升高，黏结韧度显著下降。

②在 0℃时，OGFC-A 和 OGFC-B 的 K_{IC} 最大值分别在黏层油掺量为 $1.0~\text{kg/m}^2$ 和 $0.5~\text{kg/m}^2$ 时获得。由于 OGFC-A 的表面纹理更粗糙，其 K_{IC} 值比 OGFC-B 高出 7.1%。在 25℃时，两种混合料的峰值 K_{IC} 值没有显著差异，这表明

温度的升高降低了由黏层油变得更黏稠而导致的嵌挤咬合的影响。

③对于 OGFC-A 和 OGFC-B 两种类型试件,在 0℃和 25℃时,最佳黏层油掺量分别为 1.0 kg/m² 和 0.5 kg/m²,以获得最高的断裂能量。在较低温度下,OGFC-B 的最高断裂能(G_F)比 OGFC-A 高出 54.0%;相反,在 25℃时,OGFC-B 的 G_F 比 OGFC-A 低 16.7%。

④在 0℃时,OGFC-A 的耗散能(U_d)和弹性储能(U_e)之和比 OGFC-B 少 4%。在 25℃时,OGFC-B 的这一值比 OGFC-A 高出 12.8%。这说明在两个测试温度下,更粗糙的界面不意味着需要更多的能量来诱发裂纹。虽然在 0℃时 OGFC-B 比 OGFC-A 需要更多的能量来使裂纹扩展,但在 25℃时情况相反,这意味着尽管更粗糙的界面没有增加裂纹起裂的阻力,但它可能会延缓裂纹的扩展。

⑤在 0℃时,对于 OGFC-A,随着黏层油掺量从 0 kg/m² 增加到 1.0 kg/m²,U_d 和 U_e 的比例增大。相比之下,对于 OGFC-B,U_d 的比例减小。在 25℃时,尽管 OGFC-B 的 U_p 比例保持相对恒定,但随着黏层油掺量从 0 kg/m² 增加到 1.0 kg/m²,OGFC-B 的 U_d 比例增大,U_p 比例减小。

4.5　OGFC 路面层间疲劳性能研究

本部分采用 Overlay Test(OT)试验评价 OGFC 与下卧层组合结构在反复拉伸变形作用下的疲劳特性。通过 OT 试验的位移控制加载模式,可以同时考虑组合结构在拉伸应力及其层间在剪切应力作用下的力学行为。另外,试验过程中还同时考虑了环境介质对层间界面性能的影响效果。

4.5.1　原材料和配合比设计

本研究的原材料和配合比设计与 4.2 节一致。

4.5.2　试验设置

试验依据试验规程 Tex-248-F 的要求进行试件的制备和试验参数的设置。本部分试验是对 OGFC 与下卧层组合结构进行抗拉伸疲劳性能的评价,因此需要通过旋转压实仪成型双层的 SGC 组合结构试件,下层 AC-20 高 57.5 mm,上层 OGFC-13 高 57.5 mm。沥青混合料级配与参数与之前相同,在成型下层的 AC-20 之后待混合料冷却至室温后洒布改性乳化沥青黏层,待乳化沥青破乳固化后在下面层基础上再装填 OGFC-13 混合料进行旋转压实。有研究表明基于骨架结构稳定性所确定的多孔沥青混合料合理压实次数范围为 45~77 次[255]，即开级配沥青混合料 45 次开始形成稳定的骨架结构，77 次时骨架结构破坏。因此，本试验成型 SGC 试件压实 OGFC 混合料时压实次数设定为 60 次。将试件按规范要求切割为长 150 mm、宽 76 mm、厚 38 mm 的标准试件，每个 SGC 试件可以切成一个组合结构试件，如图 4-55 所示。按规范每组制备 3 个平行试件，试验结果取平均值，并统计分析试验结果的离散程度。

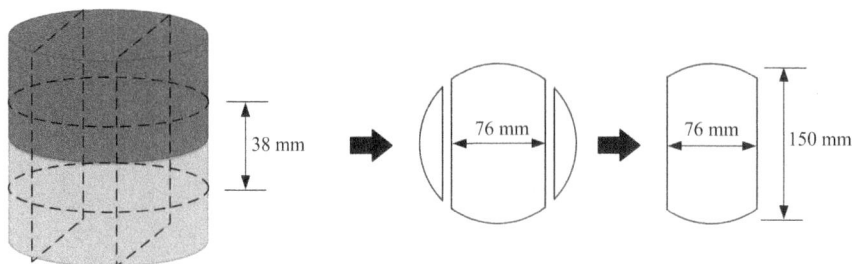

图 4-55　OT 组合试件切割示意图

将切割得到的 OT 试件放入 40℃ 真空干燥箱干燥 8 h 至恒重。首先沿试件中心线涂抹少量凡士林，然后沿线贴上 4 mm 宽的胶带，每个试件用大约 12 g 改性丙烯酸酯粘贴在两块拉伸盘上，并保证试件居中与边缘对齐，最后再移去胶带与模具中的金属条与胶带。在每个试件上放置 4.5 kg 的重块使试件与底板完全接触，通常压置 8 h 后即可认为胶体已完全固化满足强度要求。每次试验前将试件与底板放入 25℃ 环境箱保温至少 2 h 后再开始试验。OT 试件安装如图 4-56 所示。

图 4-56　OT 试件安装示意图

OT 试验通过底座对试件施加周期变化的拉伸循环变形。将试件与底板安装在夹具上，如图 4-57 所示，模具的下半部分固定，上半部分最大恒定位移为 0.635 mm。荷载加载波形为正弦三角形波，拉伸盘在 10 s(1 个周期)内达到最大位移，然后返回到初始位置。试验温度设定为 25℃，试验时通过 UTM 的环境箱保持试验温度。规范规定 OT 试验的终止条件为：当试件在某次循环内的最大拉应力降至初始循环最大拉应力的 7%，即拉应力衰减 93% 时试验结束。如果在 1000 个周期后拉应力仍没有降低 93%，则结束试验。

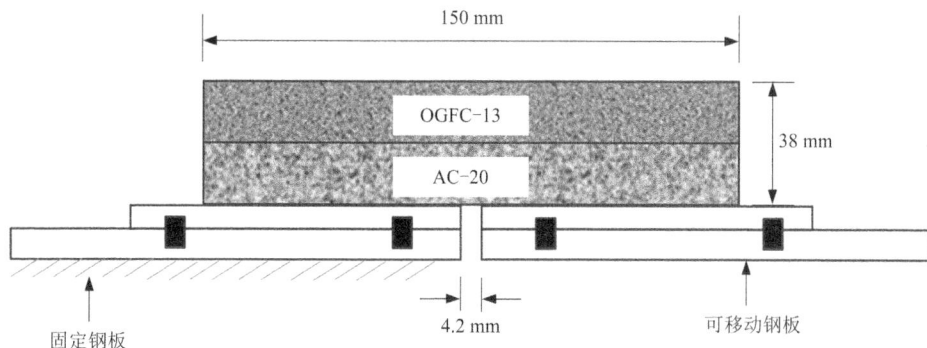

图 4-57　OT 试验原理示意图

Tex-248-F 试验规程中推荐使用抗裂指数(CRI)与临界断裂能两个指标表征沥青混合料抵抗拉伸疲劳破坏的能力。利用幂函数曲线 $y = x^{0.0075\beta - 1}$ 拟合 OT 试件裂纹驱动力衰减曲线，其中 β 值即为 CRI 值，x 为疲劳寿命。CRI 值越大表明沥青混合料的抗拉裂性能越好。但是，有研究表明 β 有可能取负值，这是与实际情况不相符的。为了更好地模拟测试结果，对规范中的幂函数曲线方程进行了修改，即 $y = A \cdot x^B$，其中参数 A 代表了周期为 1 时的峰值荷载，随着周期的增加，由于参数 B 的存在，荷载逐渐降低，参数 B 代表了荷载的衰减率，参数 B 被命名为改进的抗裂指数(CRI)。

临界断裂能通过计算第一个循环周期位移-荷载曲线面积得到。受设备与试验者的水平所限，试验结果表明 OT 试件在经历几个循环周期后应力-应变才会达到稳定状态，因此该处选取应力最大值所在的循环周期计算得到临界断裂能。同样条件下最大荷载与临界断裂能越大，说明试件在加载初期需要消耗更多的能量才能够使试件出现拉伸疲劳断裂。

4.5.3　试验结果与分析

4.5.3.1　峰值拉应力

OT 试验中试件拉伸裂纹的形成可以分为三个特征阶段。

①裂纹萌生和早期扩展阶段：在此阶段，拉应力与应变都具有相似的波形，并且随着试件位移的增加，拉应力也逐渐增加；此阶段持续时间较短，不同类型沥青混合料在加载初期表现差异较大。

②裂纹稳定扩展阶段：此阶段峰值荷载小幅下降，但峰值荷载和峰值位移仍然保持同步；试件裂纹由试件底部表面向内部往上逐渐扩展，此阶段耗时最长。

③试件失效破坏阶段：在此阶段峰值荷载出现在峰值位移之前，裂纹完全贯穿试件，达到破坏标准。

最大峰值荷载或应力通常被选作表征材料初始刚度的指标。在 OT 试验过程中，由于是位移控制，理论上第一个周期的峰值应力最大，之后的每个循环的峰值荷载逐渐减小。峰值拉应力是峰值荷载与试件横截面积的比值。由于每个周期的变形相同，因此峰值拉应力的大小反映了试件的刚度。峰值越大，模量就越大，表明刚度越大。图 4-58 给出了所有试件的峰值拉应力。可以清楚地观察到，AC-20 的峰值拉应力明显大于 OGFC-13，这表明 AC-20 的抗变形能力优于 OGFC-13。对于组合试件(OGFC-AC)，峰值拉应力介于 AC-20 和 OGFC-13 的应力之间。考虑到黏层油洒布量的影响，峰值拉应力先增加后减小。然而，当黏层油洒布量在 $0.4\sim1.2$ kg/m² 范围内时，拉应力的差异非常小。这表明适量的黏层油可以提高复合试件的刚度。峰值拉应力的最大值为 810 kPa，比 AC-20 低 10%，比 OGFC-13 高 153%。

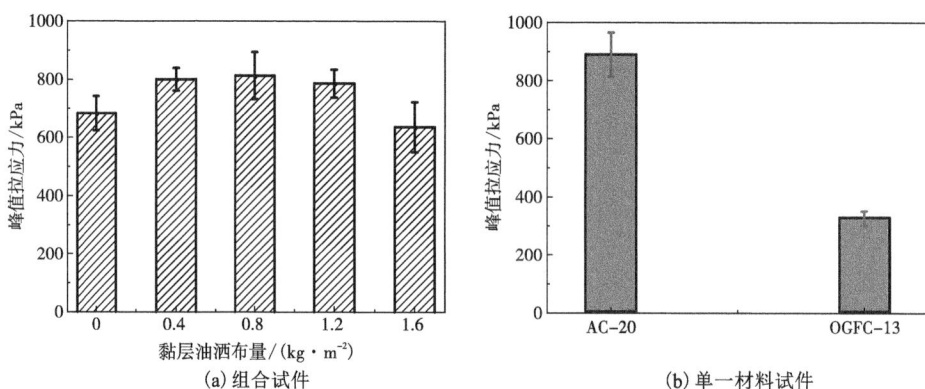

(a) 组合试件　　　(b) 单一材料试件

图 4-58　峰值荷载

4.5.3.2　CRI

如图 4-59 所示为 OGFC-AC 组合试件在疲劳试验中的峰值应力发展情况。从第 1 个循环到第 1000 个循环，应力降低幅度小于 97%。对于其他类型的试件，也观察到了类似的现象。因此，所有的测试在第 1000 个循环时完成。

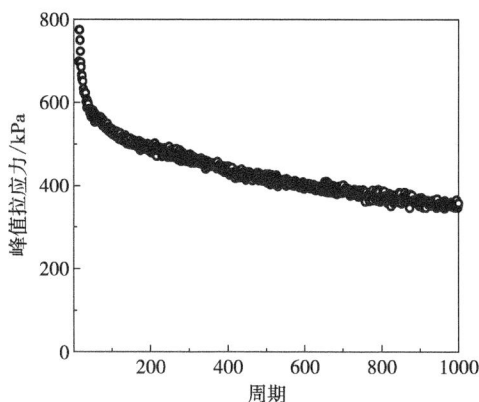

图 4-59   OGFC-AC 试件的峰值拉应力随周期变化的情况

如图 4-60 所示为所有试件的抗裂指数的结果。对于 OGFC-AC 试件，当黏层油洒布量从 0 kg/m² 增加到 1.2 kg/m² 时，CRI 值先增大后减小。较大的 CRI 表示更好的抗裂性能，结果表明，洒布量为 0.4 kg/m² 的黏层油提供了突出的抗裂性能。从低洒布量到最佳洒布量（0.4 kg/m²），由于黏层油的黏结作用，黏结性能显著增强；从最佳洒布量到较大洒布量（1.2 kg/m²），黏层油层变厚，这可以被视为一种润滑作用，使 OGFC-13 和 AC-20 之间的层间黏结变差[36]。这与通常的认识一致，即在最佳黏层油洒布量下可以实现良好的黏结[29, 34]。当 OGFC-13 和 AC-20 之间有足够的黏结（0.4 kg/m²）时，两层共同抵抗循环拉伸荷载，因此 CRI 值较大。当黏结不良时，大部分拉伸荷载施加在下面的 AC-20 层上，OGFC-13 层对抗疲劳损伤的贡献很小。当黏层油从 1.2 kg/m² 增加到 1.6 kg/m² 时，CRI 也明显增大，同样表明抗裂性能有所提高。但是，黏层油洒布量为 0.4 kg/m² 和 1.6 kg/m² 属于不同的黏结状态。当黏层油洒布量从 0.4 kg/m² 持续增加到 1.6 kg/m² 时，过量的黏层油可能会向上渗透到靠近界面的孔隙中[33]，这可以增强界面处的结构承载能力，并可能增强抗裂性能。对于 OGFC-13 和 AC-20 单层试件，可以观察到两者的 CRI 值大于 OGFC-AC 试件，这表明 AC-20 和 OGFC-13 的抗裂性能优于复合试件。与 AC-20 相比，OGFC-13 的 CRI 较大，这表明 AC-20 更容易受到疲劳开裂的影响。OGFC-13 更好的抗疲劳性能可能归因于以下原因：CRI 只是代表了峰值荷载的衰减幅度，不能反映初始峰值荷载的大小。图 4-58 所示的 OGFC 试件的峰值荷载显然是最小的，但在循环荷载加载的过程中，峰值荷载的衰减速率较小，因此 CRI 较小，这是因为 SBS 改性沥青可以提高 OGFC-13 的自愈合能力[40-41]。另外，OGFC 中的嵌锁效应比 AC-20 中的更显著，优越的嵌锁效应也可能提高自愈合能力[42]。

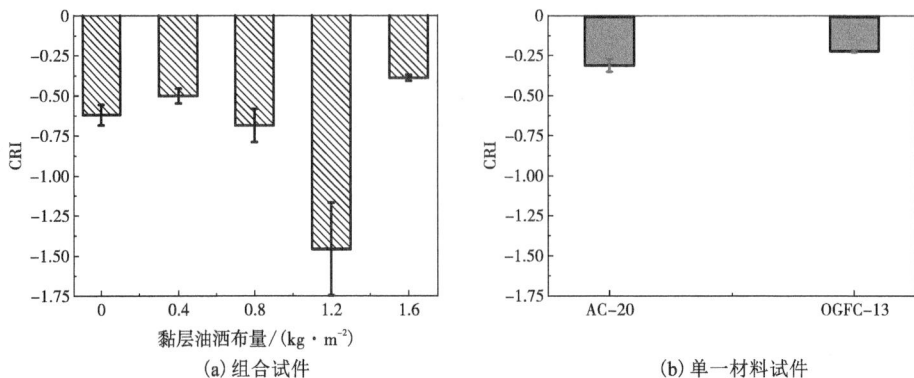

(a) 组合试件   (b) 单一材料试件

图 4-60   CRI 结果

4.5.3.3 耗散能结果

通过计算滞回曲线的面积，可以得到每个循环中的耗散能。图 4-61 展示了不同黏层油洒布量的试件的耗散能量。在疲劳加载过程中，耗散能量在最初的 200 个循环中显著下降，然后耗散能逐渐趋于稳定。对于 OGFC-AC 试件，在相同循环次数下，随着黏层油洒布量的增加，耗散能量先增加后减少。黏层油洒布量为 1.2 kg/m² 的试件耗散能量取得最大值，而未洒布黏层油的试件取得最小值，当黏层油洒布量为 0.4 kg/m² 和 0.8 kg/m² 时，没有观察到显著差异。耗散能的变化反映了 OGFC 和下面的 AC 层之间的黏结状况。当黏层油洒布量为 0 kg/m² 或 1.6 kg/m² 时，由于黏层油用量不足或过多黏层油引起的润滑作用，界面黏结会变差。当黏层油洒布量适当时，黏层油使 OGFC 和 AC 层成为一个整体

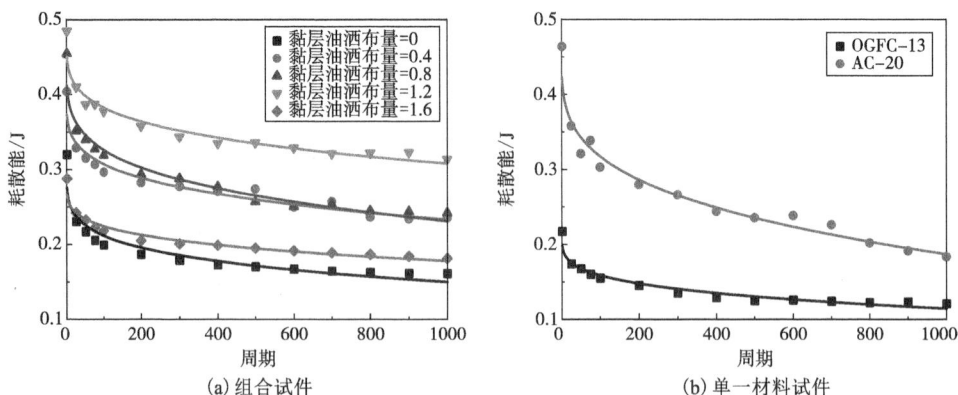

(a) 组合试件   (b) 单一材料试件

图 4-61   三种试件的耗散能结果

系统，因此每个循环中的耗散能量较大。对于 OGFC-13 试件，每个循环的耗散能量明显低于 AC-20 和 OGFC-AC 试件，这是由于每个循环中的拉应力较低。另外，AC-20 在第 1 个循环的耗散能量接近黏层油洒布量为 0.8 kg/m² 的 OGFC-AC 试件的值。对于 OGFC-AC 试件，第 1000 个循环的耗散能量为第 1 个循环的 50%~64.7%。OGFC-13 的值为 56%。对于 AC-20，第 1000 个循环和第 1 个循环的耗散能量比为 39.5%。

在分析耗散能随周期变化的规律时，Zhou 等人[256]提出了如下的关系式：

$$\frac{W_n - W_1}{W_f - W_1} = a\left(\frac{n}{N_f}\right)^b \tag{4-24}$$

式中：W_n 和 W_1 分别为第 n 个和第 1 个周期的耗散能；W_f 为试件破坏时该周期的耗散能；N_f 为最终破坏时的疲劳寿命；a 和 b 为拟合参数。

对任意给定的试件类型，$W_f - W_1$ 和 N_f 为固定值。同时，在本研究中，所有的 OT 测试在循环次数达到 1000 时完成，此时试件尚未达到最终的疲劳破坏状态，因此 W_f 和 N_f 是未知的常数参数。式(4-24)可以转化为

$$W_n = W_1 + \frac{a \cdot (W_f - W_1)}{N_f^b} \cdot n^b = W_1 + A \cdot n^B \tag{4-25}$$

式中：$A = \dfrac{a \cdot (W_f - W_1)}{N_f^b}$。

基于式(4-25)的拟合曲线绘制在图 4-61 中。在式(4-25)中，参数 B 是形状因子，它与参数 W_n 的衰减率密切相关，或者说与 W_n 的陡峭程度有关。形状因子 B 越大，曲线越陡峭，表明两个相邻循环的耗散能量之差($W_n - W_{n-1}$)越大。表 4-17 给出了 A、B 和 W_1 的数值。在 OGFC-AC 试件中，黏层油洒布量为 0.4 kg/m² 的 OGFC-AC 试件的形状因子呈现最大值，这表明耗散能量的衰减率最大。比较 AC-20 和 OGFC-13 的形状因子，AC-20 的形状因子较大，并且从图 4-61 中可以观察到 AC-20 的曲线更陡峭。

表 4-17　参数 A、B 和 W_1

试件类型	A	B	W_1	相关系数(R^2)
OGFC-AC 0 kg/m²	−0.0443	0.1947	0.32	0.876
OGFC-AC 0.4 kg/m²	−0.0031	0.2476	0.4039	0.936
OGFC-AC 0.8 kg/m²	−0.0428	0.2398	0.4549	0.942
OGFC-AC 1.2 kg/m²	−0.0344	0.2370	0.4849	0.954

续表4-17

试件类型	A	B	W_1	相关系数(R^2)
OGFC-AC 1.6 kg/m²	−0.0216	0.2357	0.2879	0.937
AC-20	−0.041	0.2767	0.464	0.958
OGFC-13	−0.0192	0.2432	0.2172	0.937

4.5.3.4 层间污染的影响

如图4-62所示为掺加了不同污染物的试件的峰值拉应力。所有试件的黏层油洒布量均为0.4 kg/m²。可以看出，无论是泥土还是油污，峰值拉应力都显著下降。含有1 kg/m²泥土的试件的峰值拉应力降低了42%，含有0.2 kg/m²油污的试件降低了37.8%。

图4-63展示了含有各种类型污染物的试件的裂缝率指数（CRI）。与没有污染的试件相比，

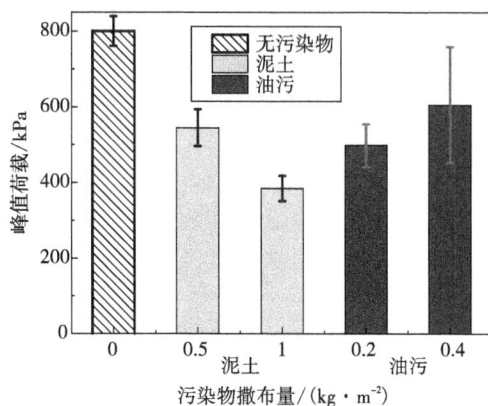

图4-62　脏污状态下组合试件的峰值拉应力

被污染的试件的CRI值更大，这说明虽然泥土或油污降低了初始的峰值拉应力，但随着加载周期的增加，峰值荷载的衰减速率逐渐降低。这可能是由于泥土中存在一些细颗粒，增大了OGFC和AC层之间的摩擦阻力和嵌锁效应，从而延缓了峰值荷载的衰减。与没有污染的试件相比，剂量为0.2 kg/m²的油污使CRI增大了25.7%；当剂量为0.4 kg/m²时，增大约2%。这种改善可能是由沥青和油污之间的化学反应引起的。化学反应改变了沥青的内部结构，改善了界面性能。不过，应该进行更多的相关研究来验证这一说法。

图4-64给出了被泥土和油污污染的试件的耗散能量结果。相同循环次数下，泥土和油污都显著降低了耗散能量。根据测试结果，当完成总共1000个循环时，OGFC-AC试件的总累积能量大于被泥土或油污污染的试件。然而，耗散能量本身不能说明疲劳性能的优劣，因为所有试件的疲劳测试在1000次时都终止了。使用式(4-25)，对离散点进行拟合，参数如表4-18所示。与其他试件相比，未受污染的OGFC-AC试件的形状因子B更大，表明耗散能量的衰减率更大。

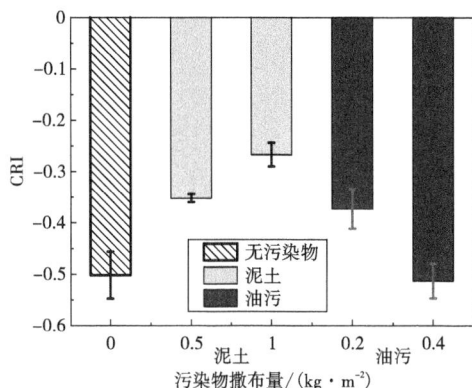

图 4-63　脏污状态下组合试件的 CRI 值

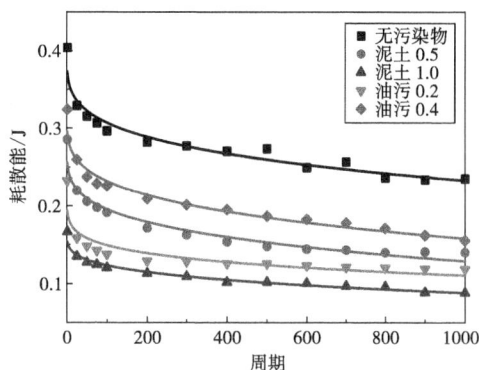

图 4-64　脏污状态下组合试件的耗散能变化

表 4-18　脏污状态下组合试件的 A、B 和 W_1 的结果

试件类型	A	B	W_1	相关系数(R^2)
OGFC-AC	-0.0031	0.2476	0.4039	0.936
泥土 0.5 kg/m^2	-0.0297	0.2409	0.2855	0.939
泥土 1.0 kg/m^2	-0.0129	0.2610	0.1663	0.957
油污 0.2 kg/m^2	-0.0386	0.1662	0.2322	0.793
油污 0.4 kg/m^2	-0.0284	0.2258	0.3241	0.953

4.5.4　OT 试验过程中的损伤发展

疲劳荷载作用下试件的损伤因子可以定义为模量的衰减，即

$$D_N = 1 - \frac{E_N}{E_0} \tag{4-26}$$

式中：D_N 为第 N 个循环的损伤因子；E_N 为第 N 个周期的弹性模量；E_0 为初始的弹性模量。E_N 可以通过第 N 个周期的峰值应力和应变进行计算，近似为

$$E_N = P_N / \varepsilon = P_N / (2/0.635) = 0.3175 P_N \tag{4-27}$$

疲劳损伤的发展可以近似地用 Weibull 概率密度函数来描述，该函数很好地描述了与模量比相关的损伤的非线性累积。Weibull 概率密度函数为

$$f(t) = \lambda \gamma t^{\gamma - 1} \exp(-\lambda t^{\gamma}) \quad 0 \leqslant t < \infty \tag{4-28}$$

式中：λ 和 γ 为拟合参数；t 为加载周期。

$\dfrac{E_N}{E_0}$ 的生存函数可以表示为

$$S(t) = \frac{E_N}{E_0} = 1 - \int_0^t f(t)\,\mathrm{d}t = \exp(-\lambda t^\gamma) \tag{4-29}$$

式(4-29)可以进一步转化为

$$\ln\{-\ln[S(t)]\} = \ln\lambda + \gamma\ln t \tag{4-30}$$

将所有试件的模量比及其对应的循环次数绘制在图4-65中。根据式(4-30)对数据进行了拟合。$\ln\{-\ln[S(t)]\}$ 随着循环次数的增加而增大，表明在疲劳过程中弹性模量随着加载周期的增加逐渐衰减。如表4-19所示为所有试件的 $\ln\lambda$ 和 γ 值。除了被 0.5 $\mathrm{kg/m^2}$ 油污污染的试件外，所有试件的相关系数比较大（≥0.880），这表明使用 Weibull 分布来描述 OT 试件的疲劳损伤是合理的。

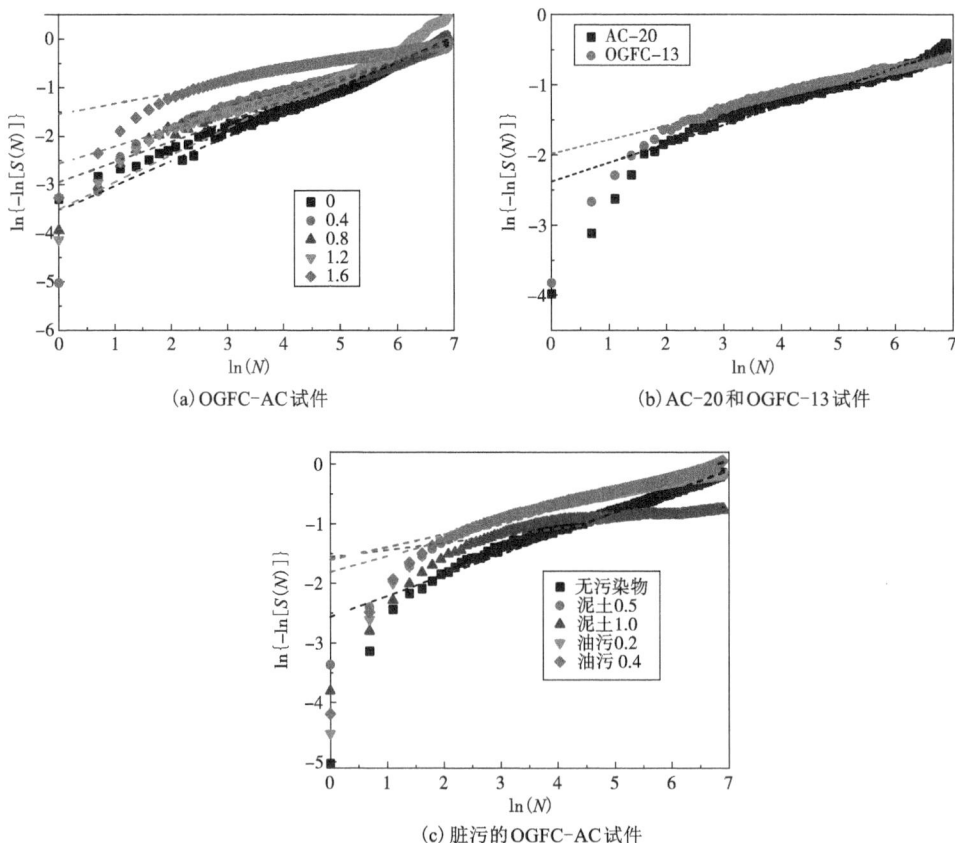

(a) OGFC-AC试件

(b) AC-20和OGFC-13试件

(c) 脏污的OGFC-AC试件

图4-65　模量比的 Weibull 曲线

表 4-19　lnλ and γ

试件	lnλ	γ	相关系数(R^2)
OGFC-AC 0 kg/m^2	−3.537	0.510	0.987
OGFC-AC 0.4 kg/m^2	−2.566	0.352	0.938
OGFC-AC 0.8 kg/m^2	−2.947	0.416	0.958
OGFC-AC 1.2 kg/m^2	−3.504	0.555	0.953
OGFC-AC 1.6 kg/m^2	−1.542	0.212	0.891
AC-20	−2.381	0.270	0.919
OGFC-13	−1.985	0.202	0.880
泥土 0.2 kg/m^2	−2.566	0.352	0.938
泥土 0.4 kg/m^2	−1.594	0.211	0.888
油污 0.5 kg/m^2	−1.560	0.121	0.785
油污 1.0 kg/m^2	−1.614	0.219	0.892

如图 4-66 所示为所有试件在疲劳过程中的损伤因子(D_N)。对于 OGFC-AC 试件,损伤因子在初始阶段迅速增大,这表明疲劳损伤主要发生并积累在初始阶段。在初始阶段,黏层油洒布量为 1.6 kg/m^2 的试件的损伤因子增大速度比其他试件快。然而,在末尾阶段,黏层油洒布量为 0.4 kg/m^2 和 1.6 kg/m^2 的试件显示出较低的损伤因子,而黏层油洒布量为 1.2 kg/m^2 的试件产生了最高的损伤因子。可以推断,黏层油洒布量为 0.4 和 1.6 kg/m^2 的试件的疲劳损伤较低。OGFC-13 和 AC-20 的损伤因子低于 OGFC-AC 试件,这表明由于层间界面的存在,OGFC-AC 试件疲劳加载过程中的模量损失更大。此外,OGFC-13 的损伤因子低于 AC-20,这表明疲劳过程中 OGFC-13 的模量衰减比 AC-20 小。这些结果与图 4-60 中的 CRI 数据一致。

对于被泥土或油污污染的试件,虽然峰值荷载有显著下降,但泥土掺量为 1.0 kg/m^2 的试件的损伤较小,即模量的衰减较小,显示了较好的抗裂性能,这可能是由于泥土中的砂粒引起的层间摩擦和嵌锁的改善。被 0.4 kg/m^2 油污污染的试件具有最大的损伤因子,表明其开裂敏感性最大。这可能是由油的润滑作用引起的。这些结果与从图 4-63 中得出的 CRI 结果一致。

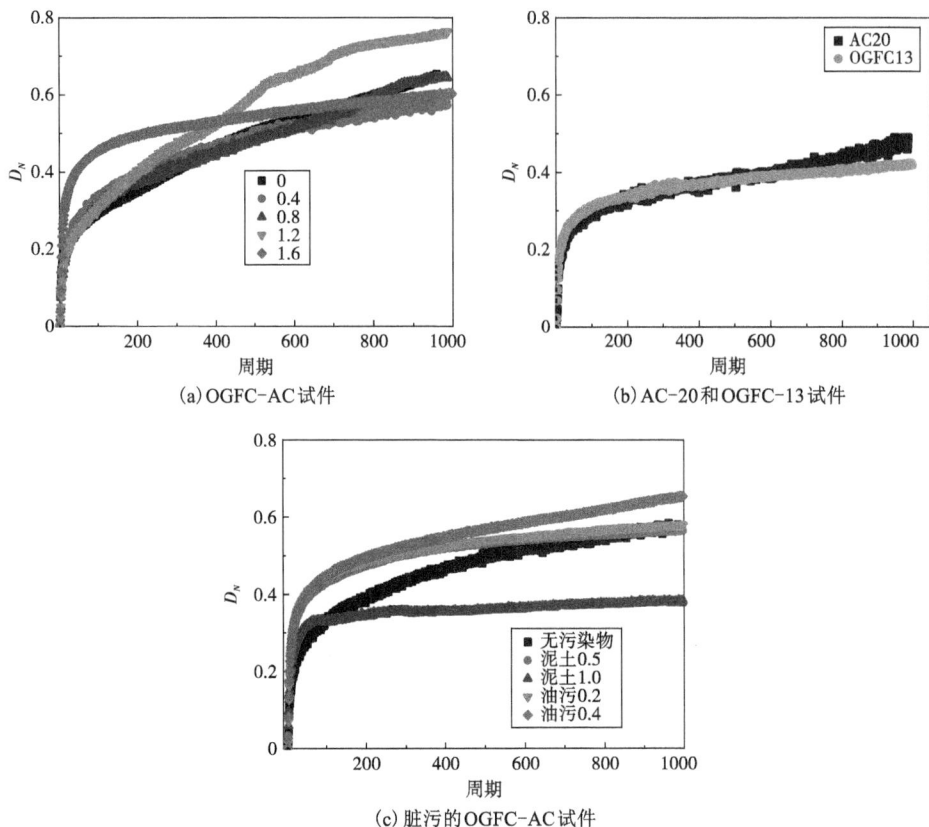

（a）OGFC-AC试件

（b）AC-20和OGFC-13试件

（c）脏污的OGFC-AC试件

图 4-66 损伤因子

4.5.5 小结

①在 OT 试验的初始阶段，可以获得最大拉应力值。OGFC-AC 试件的峰值拉应力低于 AC-20，而高于 OGFC-13；层间污染显著降低了峰值拉应力。

②OGFC-AC 试件的抗裂指数（CRI）与黏层油洒布量密切相关。$CRI_{OGFC-AC} < CRI_{AC} < CRI_{OGFC}$，表明 OGFC-13 的抗裂性能最优，其次是 AC-20 和 OGFC-AC。SBS 改性沥青以及显著的嵌挤咬合效应使 OGFC-13 具有更好的抗疲劳开裂性能。层间污染增大了 OGFC-AC 试件的 CRI，这可能是由于砂粒的存在增大了层间的摩擦和嵌挤咬合。

③可以使用幂指数方程来描述耗散能与循环次数之间的关系。在最初的 100 个循环中，耗散能量显著减少，表明疲劳损伤主要在初始阶段累积。AC-20 的衰减率

大于 OGFC-13。黏层油洒布量为 0.4 kg/m² 的 OGFC-AC 试件的耗散能的衰减率最大。

④可以用 Weibull 密度函数表征第 N 个循环与初始值之间的模量比的发展。在疲劳过程中，损伤因子的发展与抗裂指数(CRI)相同。循环加载对 OGFC-13 造成的损伤低于 AC-20 和 OGFC-AC 试件。

参考文献

［1］ Yang J, Jiang G. Experimental study on properties of pervious concrete pavement materials ［J］. Cement and Concrete Research, 2003, 33(3)：381-386.

［2］ 陈瑜. 公路隧道高性能透水混凝土路面研究［D］. 长沙：中南大学, 2007.

［3］ 郑木莲, 陈拴发, 王崇涛. 多孔混凝土的强度特性［J］. 长安大学学报, 2006(4)：20-25.

［4］ 蒋正武, 孙振平, 王培铭. 若干因素对多孔透水混凝土性能的影响［J］. 建筑材料学报, 2005(5)：513-519.

［5］ Huang B, Wu H, Shu X, et al. Laboratory evaluation of permeability and strength of polymer-modified pervious concrete［J］. Construction and Building Materials, 2010, 24(5)：818-823.

［6］ Chindaprasirt P, Hatanaka S, Chareerat T, et al. Cement paste characteristics and porous concrete properties［J］. Construction and Building Materials, 2008, 22(5)：894-901.

［7］ 卓义金, 李志刚, 陈志勇, 等. 新型改性剂对多孔混凝土疲劳性能影响研究［J］. 国防交通工程与技术, 2009(4)：19-22.

［8］ Pindado M Á, Aguado A, Josa A. Fatigue behavior of polymer-modified porous concretes ［J］. Cement and Concrete Research, 1999, 29(7)：1077-1083.

［9］ 郭桂香. 集料骨架结构对多孔混凝土性能的影响研究［D］.重庆：重庆交通大学, 2016.

［10］ 唐海玥, 闫纡梅. 不同骨料粒径对透水混凝土性能影响研究［J］. 公路工程, 2020, 45(4)：193-196.

［11］ 宋慧, 徐多, 向君正, 等. 骨料及水灰比对透水混凝土性能的影响［J］. 水利水电技术, 2019, 50(9)：18-25.

［12］ Ibrahim A, Mahmoud E, Yamin M, et al. Experimental study on Portland cement pervious concrete mechanical and hydrological properties ［J］. Construction and Building Materials, 2014, 50：524-529.

［13］ Ghashghaei H T, Hassani A. Investigating the relationship between porosity and permeability coefficient for pervious concrete pavement by statistical modelling［J］. Materials Sciences and Applications, 2016, 7(2)：101.

［14］ 薛丽皎, 陈丽红, 林友军. 骨料对透水混凝土性能的影响［J］. 陕西理工学院学报(自然

科学版),2010,26(1):29-31.

[15] Ćosić K, Korat L, Ducman V, et al. Influence of aggregate type and size on properties of pervious concrete[J]. Construction and Building Materials, 2015, 78: 69-76.

[16] Huang J, Luo Z, Khan M B E. Impact of aggregate type and size and mineral admixtures on the properties of pervious concrete: An experimental investigation [J]. Construction and Building Materials, 2020, 265: 120759.

[17] Grubeša I N, Barišić I, Ducman V, et al. Draining capability of single-sized pervious concrete [J]. Construction and Building Materials, 2018, 169: 252-260.

[18] Maguesvari M U, Narasimha V. Studies on characterization of pervious concrete for pavement applications[J]. Procedia-Social and Behavioral Sciences, 2013, 104: 198-207.

[19] Deo O, Neithalath N. Compressive response of pervious concretes proportioned for desired porosities[J]. Construction and Building Materials, 2011, 25(11): 4181-4189.

[20] 汪文文, 吴芳, 陈梦竹, 等. 水泥浆厚度在再生骨料透水混凝土配合比设计中的应用 [J]. 硅酸盐通报, 2019, 38(1): 103-109.

[21] Zhong R, Wille K. Compression response of normal and high strength pervious concrete [J]. Construction and Building Materials, 2016, 109: 177-187.

[22] 王奕仁, 王栋民. 骨料种类与品质对透水混凝土性能影响的研究进展[J]. 材料导报, 2017, 31(17): 98-105, 121.

[23] Lo T, Cui H. Effect of porous lightweight aggregate on strength of concrete[J]. Materials letters, 2004, 58(6): 916-919.

[24] 霍亮. 透水性混凝土路面材料的制备及性能研究[D]. 南京: 东南大学, 2004.

[25] 吴冬, 刘霞, 吴小强, 等. 成型方式和砂率对透水混凝土性能的影响[J]. 混凝土, 2009(5): 100-102.

[26] 田波, 牛开民, 谭华. 多孔贫混凝土排水基层材料室内成型方法的研究[J]. 公路, 2006(1): 150-154.

[27] Gallucci E, Scrivener K, Groso A, et al. 3D experimental investigation of the microstructure of cement pastes using synchrotron X-ray microtomography (μCT)[J]. Cement and Concrete Research, 2007, 37(3): 360-368.

[28] Wong R, Chau K T. Estimation of air void and aggregate spatial distributions in concrete under uniaxial compression using computer tomography scanning[J]. Cement and Concrete Research, 2005, 35(8): 1566-1576.

[29] Kayhanian M, Anderson D, Harvey J T, et al. Permeability measurement and scan imaging to assess clogging of pervious concrete pavements in parking lots [J]. Journal of Environmental management, 2012, 95(1): 114-123.

[30] 陈厚群, 丁卫华, 党发宁, 等. 混凝土 CT 图像中等效裂纹区域的定量分析[J]. 中国水利水电科学研究院学报, 2006, 4(1): 1-7.

[31] 陈厚群, 丁卫华, 蒲毅彬, 等. 单轴压缩条件下混凝土细观破裂过程的 X 射线 CT 实时观测[J]. 水利学报, 2006, 37(9): 1044-1050.

［32］张跃荣. 多孔透水砖渗流特性实验与模拟研究［D］. 天津：河北工业大学，2015.

［33］Wang J, Dewanckele J, Cnudde V, et al. X-ray computed tomography proof of bacterial-based self-healing in concrete［J］. Cement and Concrete Composites, 2014, 53：289-304.

［34］Snoeck D, Dewanckele J, Cnudde V, et al. X-ray computed microtomography to study autogenous healing of cementitious materials promoted by superabsorbent polymers［J］. Cement and Concrete Composites, 2016, 65：83-93.

［35］日本混凝土工学协会. 多孔混凝土施工方法的确立报告书［M］. 2003.

［36］Kevern J T. Advancement of Pervious Concrete Durability［D］. Ames, IA：Iowa State University, 2008.

［37］Shu X, Huang B, Wu H, et al. Performance comparison of laboratory and field produced pervious concrete mixtures［J］. Construction and Building Materials, 2011, 25（8）：3187-3192.

［38］刘小康. 植物生长型多孔混凝土的制各、性能与抗冻性研究［D］. 南京：东南大学，2006.

［39］潘志峰. 植物生长型多孔混凝土抗冻性能及机理研究［D］. 南京：东南大学，2007.

［40］潘文佳. 面向水利工程的多孔混凝土耐久性的研究［D］. 南京：东南大学，2008.

［41］Holm R. Electric contacts：theory and application［M］. Springer Science & Business Media, 2013.

［42］谢友柏. 摩擦学的三个公理［J］. 摩擦学学报，2001（5）：161-166.

［43］陈瑜，吴学毅. 路面多孔水泥混凝土制备技术研究综述［J］. 混凝土，2009（7）：123-126.

［44］Alvarez A E, Epps-Martin A, Estakhri C, et al. Evaluation of durability tests for permeable friction course mixtures［J］. International Journal of Pavement Engineering, 2010, 11（1）：49-60.

［45］Wu H, Huang B, Shu X, et al. Laboratory evaluation of abrasion resistance of portland cement pervious concrete［J］. Journal of Materials in Civil Engineering, 2011, 23（5）：697-702.

［46］Gartland L M. Heat islands：understanding and mitigating heat in urban areas［M］. Routledge, 2012.

［47］Ferguson B, Fisher K, Golden J, et al. Reducing urban heat islands：compendium of strategies-cool pavements［M］. 2008.

［48］Asaeda T, Ca V T. Characteristics of permeable pavement during hot summer weather and impact on the thermal environment［J］. Building and Environment, 2000, 35（4）：363-375.

［49］王波. 城市广场生态物理环境与透水性铺装的研究和应用［D］. 南京：东南大学，2004.

［50］Li H, Harvey J T, Holland T, et al. The use of reflective and permeable pavements as a potential practice for heat island mitigation and stormwater management［J］. Environmental Research Letters, 2013, 8（1）：015023.

［51］Li H, Harvey J, Jones D. Cooling effect of permeable asphalt pavement under dry and wet conditions［J］. Transportation research record, 2013, 2372（1）：97-107.

［52］ Li H, Harvey J, Kendall A. Field measurement of albedo for different land cover materials and effects on thermal performance［J］. Building and environment, 2013, 59：536-546.

［53］ 王从锋, 刘德富. 高透水性混凝土消减城市热岛效应试验分析研究［J］. 混凝土, 2010（8）：9-10.

［54］ 王从锋, 刘德富. 高透水性混凝土路面温度场计算分析［J］. 四川建筑科学研究, 2011, 37（4）：207-209.

［55］ 张沙沙. 多孔水泥混凝土路面材料温度响应特征及温度应力分析［D］. 西安：长安大学, 2012.

［56］ 马伟思. 多孔水泥混凝土路面热效应研究［D］. 西安：长安大学, 2013.

［57］ Kuemmel D A, SonntagR C, JaeckelJ R, et al. Using a road surface analyzer to explain noise characteristics of Portland cement concrete pavement surface texture［J］. Transportation research record, 2000, 1716（1）：144-153.

［58］ 田波, 牛开民. 水泥混凝土路面轮胎噪音与降噪途径的研究［J］. 公路交通科技（应用技术版）, 2008, 4（S1）：172-176.

［59］ 陶卓辉. 多孔水泥混凝土路面材料设计及性能研究［D］. 南京：东南大学, 2006.

［60］ 中华人民共和国交通部. 公路沥青路面施工技术规范：JTG F40—2004［S］. 北京：人民交通出版社, 2004.

［61］ ASTM. Standard practice for open-graded friction course（OGFC）mix design（ASTM D7064/ D7064M-08）［S］. 2008.

［62］ FAA. Standards for specifying construction of airports［S］. 2005.

［63］ AAPA. National Asphalt Specifications［S］. 2004.

［64］ TNZ. Specification for open graded porous asphalt［S］. 2007.

［65］ Sabita. The design and use of porous asphalt mixes［S］. 1995.

［66］ Asahi M, Kawamura K. Activities of porous asphalt on expressways［C］. Road Engineering Association of Asia and Australasia（REAAA）Conference, 10th, 2000, Tokyo, Japan, 2000.

［67］ Swiss-Standard. Asphalt-offenporiger asphalt, national annex to the European standard EN 13108-7：bituminous mixtures-Materials specifications-porous asphalt part 7［S］. 2008.

［68］ AFNOR. Enrobés hydrocarbonés couches de roulement：bétons bitumineux drainants définition classification caractéristiques fabrication mise en oeuvre［Z］. 2000.

［69］ Alvarez A E, Martin A E, Estakhri C. A Review of Mix Design and Evaluation Research for Permeable Friction Course Mixtures［J］. Construction and Building Materials, 25（2011）：1159-1166.

［70］ 李辉. 沥青开级配磨耗层（OGFC）排水性能研究［D］. 西安：长安大学, 2016.

［71］ Kline L. Comparision of Open Graded Friction Course Mix Design Methods Currently Used in the United States［Z］. Clemson University, 2010.

［72］ Kandhal P S, Mallick R B. Open Graded Asphalt Friction Course：State of the Practice ［Z］. National Center for Asphalt Technology, 1998.

［73］ EPA. Preliminary Data Summary of Urban Storm Water Best Management Practices［Z］. EPA

−821−R−99−012, US Environmental Protection Agency, Office of Water, Washington D. C. , 2012.

[74] EPA. National Menu for BMP Practices Post-Construction Storm Water Management[Z]. US Environmental Protection Agency, Office of Water, Washington D. C. , 2014.

[75] 中华人民共和国住房和城乡建设部. 透水沥青路面技术规程: CJJ/T 190—2012[S]. 北京: 中国建筑工业出版社, 2012.

[76] ASTM. ASTM D7064/D7064M − 08 Standard practice for open-graded friction course (OGFC) mix design[S]. American Society for Testing and Materials [ASTM] Philadephia, PA, 2008.

[77] Mallick R B, Kandhal P S, Cooley Jr L A, et al. Design, construction, and performance of new-generation open-graded friction courses[Z]. 2000.

[78] Chen J S, Sun Y C, Liao M C, et al. Evaluation of permeable friction course mixes with various binders and additives[J]. Journal of Materials in Civil Engineering, 2013, 25(5): 573−579.

[79] Luo S, Lu Q, Qian Z. Performance evaluation of epoxy modified open-graded porous asphalt concrete[J]. Construction and Building Materials, 2015, 76: 97−102.

[80] Hernandezsaenz M A, Caro S, Arambulamercado E, et al. Mix design, performance and maintenance of Permeable Friction Courses (PFC) in the United States: State of the Art [J]. Construction and Building Materials, 2016, 111: 358−367.

[81] Suresha S N, Varghese G, Shankar A U R. A comparative study on properties of porous friction course mixes with neat bitumen and modified binders [J]. Construction and Building Materials, 2009, 23: 1211−1217.

[82] Alvarez A E, Martin A E, Estakhri C. A review of mix design and evaluation research for permeable friction course mixtures[J]. Construction and Building Materials, 2011, 25(3): 1159−1166.

[83Kandhal P S. Design, construction and maintenance of open-graded asphalt friction courses [Z]. 2002.

[84] Cooley L A, Brown E R, Watson D E. Evaluation of OGFC mixtures containing cellulose fibers [Z]. 2000.

[85] Wu S, Liu G, Liantong M O, et al. Qunshan. Effect of fiber types on relevant properties of porous asphalts[J]. Transactions of Nonferrous Metals Society of China, 2006, 16(16).

[86] Hassan H F, Aljabri K S. Effect of organic fibers on open-graded friction course mixture properties[J]. International Journal of Pavement Engineering, 2005, 6(1): 67−75.

[87] Mahmoud E, Masad E, Nazarian S. Discrete Element Analysis of the Influences of Aggregate Properties and Internal Structure on Fracture in Asphalt Mixtures[J]. Journal of Materials in Civil Engineering, 2010, 22(1): 10−20.

[88] Technology N, Committee L. Crumb rubber modified open graded and gap graded asphalt pilot specification[Z]. 2018.

[89] Suresha S N, George V, Shankar A U R. Effect of aggregate gradations on properties of porous

friction course mixes[J]. Materials and Structures, 2010, 43(6): 789-801.

[90] Nakanishi H, Hamzah M O, Hasan M R M, et al. Mix design and application of porous asphalt pavement using Japanese technology [C]. IOP Conference Series: Materials Science and Engineering: 012026-012026.

[91] R. I. of Highway Ministry of Transport. JTG F40-2004 Technical specifications for construction of highway asphalt pavements[S]. 2004.

[92] Fletcher E, Theron A J. Performance of open graded porous asphalt in New Zealand [Z]. 2011.

[93] Spelman S R, Rice J M, Smith R W, et al. Design of Open-Graded Asphalt Friction Courses [M]. 1974.

[94] Aapa. National asphalt specifications[S]. 2nd ed, Kew Victoria, Australia, 2004.

[95] Tnz. Specification for open graded porous asphalt[S]. 2007: SP/SP11-SP/SP11 070704.

[96] Pattanaik M L, Choudhary R, Kumar B, et al. Mechanical properties of open graded friction course mixtures with different contents of electric arc furnace steel slag as an alternative aggregate from steel industries[J]. Road Materials and Pavement Design, 2019: 1-23.

[97] Xiao F, Herndon D, Amirkhanian S, et al. Aggregate gradations on moisture and rutting resistances of open graded friction course mixtures[J]. Construction and Building Materials, 2015, 85: 127-135.

[98] Buttlar W G, Roque R. Development and evaluation of the strategic highway research program measurement and analysis system for indirect tensile testing at low temperatures [J]. Transportation Research Record, 1994, 1454 .

[99] Roque R, Buttlar W G. Development of a measurement and analysis system to accurately determine asphalt concrete properties using the indirect tensile mode [J]. Journal of the Association of Asphalt Paving Technologists, 1992, 61: 304-332.

[100] Chen J S, Chen S F, Liao M C. Laboratory and field evaluation of porous asphalt concrete [J]. Asian Transport Studies, 2015, 3(3): 298-311.

[101] Islam M R, Rahman A S M A, Tarefder R A. Open Graded Friction Course in Resisting Low-Temperature Transverse Cracking in Asphalt Pavement [J]. Journal of Cold Regions Engineering, 2018, 32(2): 04018006.

[102] Wang Y, Leng Z, Wang G. Structural contribution of open-graded friction course mixes in mechanistic-empirical pavement design[J]. International Journal of Pavement Engineering, 2014, 15(8): 731 741.

[103] Chang M, Huang P, Pei J, et al. Study on the Change Laws of Dynamic Modulus of Asphalt Mastic with Different Framework Types[J]. DEStech Transactions on Engineering and Technology Research, (ictim), 2016.

[104] Xie Z, Tran N H, Watson D E, et al. Five-Year Performance of Improved Open-Graded Friction Course on the NCAT Pavement Test Track [J]. Transportation Research Record, 2019, 2673(2): 544-551.

[105] Gong H, Sun Y, Mei Z, et al. Improving accuracy of rutting prediction for mechanistic-empirical pavement design guide with deep neural networks [J]. Construction and Building Materials, 2018, 190: 710-718.

[106] Lu Q, Harvey J T. Laboratory evaluation of open-graded asphalt mixes with small aggregates and various binders and additives [J]. Transportation Research Record, 2011 (2209): 61-69.

[107] Ameri M, Esfahani M A. Evaluation and performance of hydrated lime and limestone powder in porous asphalt[J]. Road Materials and Pavement Design, 2008, 9(4): 651-664.

[108] King W B, Kabir S, Cooper S B, et al. Evaluation of open graded friction course (OGFC) mixtures[Z]. 2013.

[109] Root R E. Investigation of the use of open-graded friction courses in Wisconsin[Z]. 2009.

[110] Nielsen C B. Durability of porous asphalt: International experience[Z]. 2006.

[111] Kandhal P S, Mallick R B. Open-graded friction course: state of the practice. Transportation Research Circular[Z]. 1998.

[112] Fernandezgomez W D, Quintana H R, Lizcano F R. A review of asphalt and asphalt mixture aging: Una revisión[J]. Revista Ingenieria E Investigacion, 2013, 33(1): 5-12.

[113] AASHTO. Standard Method of Test for Determining the Rutting Susceptibility of Hot Mix Asphalt (HMA) Using the Asphalt Pavement Analyzer(APA)[S]. 2009.

[114] Jiang J, Ni F, Dong Q, et al. Investigation of the internal structure change of two-layer asphalt mixtures during the wheel tracking test based on 2D image analysis[J]. Construction and Building Materials, 2019, 209: 66-76.

[115] Song W, Huang B, Shu X. Influence of warm-mix asphalt technology and rejuvenator on performance of asphalt mixtures containing 50% reclaimed asphalt pavement[J]. Journal of Cleaner Production, 2018, 192: 191-198.

[116] Coleri E, Harvey J T, Yang K, et al. Micromechanical investigation of open-graded asphalt friction courses' rutting mechanisms[J]. Construction and Building Materials, 2013, 44: 25-34.

[117] Ali Y, Irfan M, Ahmed S, et al. Empirical Correlation of Permanent Deformation Tests for Evaluating the Rutting Response of Conventional Asphaltic Concrete Mixtures[J]. Journal of Materials in Civil Engineering, 2017, 29(8): 04017059.

[118] Du Y, Chen J, Han Z, et al. A review on solutions for improving rutting resistance of asphalt pavement and test methods[J]. Construction and Building Materials, 2018, 168: 893-905.

[119] Takahashi S. Comprehensive study on the porous asphalt effects on expressways in Japan: based on field data analysis in the last decade[J]. Road Materials and Pavement Design, 2013, 14(2): 239-255.

[120] Arambulamercado E, Hill R A, Caro S, et al. Understanding mechanisms of raveling to extend open graded friction course (OGFC) service life[Z]. 2016.

[121] Zhang Y, Leng Z. Quantification of bituminous mortar ageing and its application in ravelling

evaluation of porous asphalt wearing courses[J]. Materials & Design, 2017, 119: 1-11.

[122] Cuelho E, Mokwa R L, Akin M, et al. Preventive maintenance treatments of flexible pavements: a synthesis of highway practice[Z]. 2006.

[123] Shatnawi S. Maintenance Technical Advisory Guide Volume I Flexible Pavement Preservation [Z]. 2008.

[124] Song W, Shu X, Huang B, et al. Laboratory performance of fog seal-treated open-graded friction course pavement[Z].

[125] Hagos E T. The effect of aging on binder properties of porous asphalt concrete, Delft University of Technology[Z]. 2008.

[126] Huang B, Wu H, Shu X, et al. Laboratory evaluation of permeability and strength of polymer-modified pervious concrete[J]. Construction and Building Materials, 2010, 24(5): 818-823.

[127] Arrieta V S, Maquilon J E C. Resistance to degradation or cohesion loss in Cantabro test on specimens of porous asphalt friction courses[J]. Procedia-Social and Behavioral Sciences, 2014, 162: 290-299.

[128] Ruiz A, Alberola R, Perez F, et al. Porous asphalt mixtures in spain. transportation research record[Z]. 1990.

[129] TxDot. Standard specifications for construction and maintenance of highways, streets, and bridges, Texas Department of Transportation[S]. 2004.

[130] Mo L, Huurman M, Wu S, et al. Ravelling investigation of porous asphalt concrete based on fatigue characteristics of bitumen-stone adhesion and mortar[J]. Materials & Design, 2009, 30(1): 170-179.

[131] Miradi M, Molenaar A A A, De Ven M F C V. Performance Modelling of Porous Asphalt Concrete using Artificial Intelligence[J]. Road Materials and Pavement Design, 2009, 10: 263-280.

[132] Wu H, Huang B, Shu X, et al. Laboratory Evaluation of Abrasion Resistance of Portland Cement Pervious Concrete[J]. Journal of Materials in Civil Engineering, 2011, 23(5): 697-702.

[133] Dong Q, Wu H, Huang B, et al. Investigation into Laboratory Abrasion Test Methods for Pervious Concrete[J]. Journal of Materials in Civil Engineering, 2013, 25(7): 886-892.

[134] Suresha S N, Varghese G, Shankar A U R. Characterization of porous friction course mixes for different Marshall compaction efforts[J]. Construction and Building Materials, 2009, 23(8): 2887-2893.

[135] Voskuilen J L M. Oorzaak van Vroegtijdige Rafeling in ZOAB (in Dutch)[Z]. 2001.

[136] Ranieri V, Kowalski K J, Berloco N, et al. Influence of wax additives on the properties of porous asphalts[J]. Construction and Building Materials, 2017, 145: 261-271.

[137] Wurst Iii J E, Putman B J. Laboratory evaluation of warm-mix open graded friction course mixtures[J]. Journal of Materials in Civil Engineering, 2012, 25(3): 403-410.

[138] Moraes R, Velasquez R, Bahia H U. Measuring the Effect of Moisture on Asphalt-Aggregate Bond with the Bitumen Bond Strength Test[J]. Transportation Research Record, 2011, 2209: 70-81.

[139] Hamzah M O, Hasan M R M, van de Ven M F C, et al. Development of dynamic asphalt stripping machine for better prediction of moisture damage on porous asphalt in the field[C]// Scarpas A, Kringos N, Al-Qadi I., A. L. (eds) 7th RILEM International Conference on Cracking in Pavements: 71-81.

[140] Aashto. Standard method of test for Hamburg wheel-track testing of compacted hot-mix asphalt (HMA)[S]. AASHTO T 324-16, American Association of State Highway and Transportation Officials, 2016.

[141] Alvarez A E, Eppsmartin A, Estakhri C K, et al. Evaluation of durability tests for permeable friction course mixtures[J]. International Journal of Pavement Engineering, 2010, 11(1): 49-60.

[142] Howson J, Bhasin A, Masad E, et al. Development of a database for surface energy of aggregates and asphalt binder[Z]. 2009.

[143] Adiseshu G, Naidu G. Influence of coarse aggregate shape factors on bituminous mixtures [J]. International Journal of Engineering Research and Applications, 2011, 1(4): 2013 -14.

[144] Pan T, Tutumluer E, Carpenter S H. Effect of coarse aggregate morphology on permanent deformation behavior of hot mix asphalt[J]. Journal of transportation engineering, 2006, 132(7): 580-589.

[145] Kuang D, Wang X, Jiao Y, et al. Influence of angularity and roughness of coarse aggregates on asphalt mixture performance[J]. Construction and Building Materials, 2019, 200: 681-686.

[146] Mouillet V, Sejourne D, Delmotte V, et al. Method of quantification of hydrated lime in asphalt mixtures[J]. Construction and Building Materials, 2014, 68: 348-354.

[147] Masri K A, Arshad A K. Performance tests of porous asphalt mix—A reviewe[C]// Proceedings of the International Civil and Infrastructure Engineering Conference 2014: 1231-1243.

[148] Yang B, Xiong B, Ji Y, et al. Experimental study of the fatigue performance of open-graded asphalt mixture friction course[J]. Materials Research Innovations, 2015, 19(sup5): S5 -464.

[149] Yu L, Jiang J. Experimental Research on Anti-fatigue Performance of OGFC Mixture[J]. Journal of Chongqing Jiaotong University (Natural Science), 2011, 2.

[150] Chen Y, Tebaldi G, Roque R, et al. Effects of trackless tack interface on pavement top-down cracking performance[J]. Procedia-Social and Behavioral Sciences, 2012, 53: 432 -439.

[151] Chen Y, Tebaldi G, Roque R, et al. Effects of interface condition characteristics on open-graded friction course top-down cracking performance[J]. Road Materials and Pavement

Design, 2012, 13(sup1): 56-75.

[152] Dreelin E, Fowler L, Carroll C R. A test of porous pavement effectiveness on clay soils during natural storm events. Water Research, 2006, 40(4): 799-805.

[153] Barrett M E, Kearfott P, Malina Jr J F. Stormwater quality benefits of a porous friction course and its effect on pollutant removal by roadside shoulders[J]. Water Environment Research, 2006, 78(11): 2177-2185.

[154] Watson D E, Cooley L A, Moore K, et al. Laboratory performance testing of open-graded friction course mixtures[J]. Transportation Research Record, 2004, 1891: 40-47.

[155] Suresha S N, Varghese G, Shankar A U R. Laboratory and theoretical evaluation of clogging behaviour of porous friction course mixes[J]. International Journal of Pavement Engineering, 2010, 11(1): 61-70.

[156] Isenring T, Koster H, Scazziga I. Experiences with porous asphalt in Switzerland[J]. Transportation Research Record, 1990, 1265.

[157] Zhao Y, Wang X, Jiang J, et al. Characterization of interconnectivity, size distribution and uniformity of air voids in porous asphalt concrete using X-ray CT scanning images[J]. Construction and Building Materials, 2019, 213: 182-193.

[158] Alvarez A E, Martin A E, Estakhri C K. Connected air voids content in permeable friction course mixtures[J]. Journal of Testing and Evaluation, 2009, 37(3): 102056.

[159] Thyagarajan S, Tashman L, Masad E, et al. The heterogeneity and mechanical response of hot mix asphalt laboratory specimens[J]. International Journal of Pavement Engineering, 2010, 11(2): 107-121.

[160] Hu J, Qian Z, Liu P, et al. Investigation on the permeability of porous asphalt concrete based on microstructure analysis[J]. International Journal of Pavement Engineering, 2019: 1-11.

[161] Alvarez A E, Fernandez E M, Martin A E, et al. Comparison of permeable friction course mixtures fabricated using asphalt rubber and performance-grade asphalt binders[J]. Construction and Building Materials, 2012, 28: 427-436.

[162] Regalado C M, Munozcarpena R. Estimating the saturated hydraulic conductivity in a spatially variable soil with different permeameters: a stochastic Kozeny-Carman relation[J]. Soil & Tillage Research, 2004, 77(2): 189-202.

[163] Paydar Z, Ringrosevoase A J. Prediction of hydraulic conductivity for some Australian soils [J]. Soil Research, 2003, 41(6): 1077-1088.

[164] Flint L E, Selker J S. Use of porosity to estimate hydraulic properties of volcanic tuffs [J]. Advances in Water Resources, 2003, 26(5): 561-571.

[165] Masad E, Alomari A, Lytton R L. Simple Method for Predicting Laboratory and Field Permeability of Hot-Mix Asphalt[J]. Transportation Research Record, 2006, 1970: 55-63.

[166] Alvarez A E, Martin A E, Estakhri C K. Drainability of permeable friction course mixtures [J]. Journal of Materials in Civil Engineering, 2010, 22(6): 556-564.

[167] Kuang X, Sansalone J J, Ying G, et al. Pore-structure models of hydraulic conductivity for

permeable pavement[J]. Journal of Hydrology, 2011, 399(3): 148-157.

[168] Chandrappa A K, Biligiri K P. Comprehensive investigation of permeability characteristics of pervious concrete: A hydrodynamic approach[J]. Construction and Building Materials, 2016, 123: 627-637.

[169] Zhang J, Ma G, Ming R, et al. Numerical study on seepage flow in pervious concrete based on 3D CT imaging[J]. Construction and Building Materials, 2018, 161: 468-478.

[170] Chen J, Yin X, Wang H, et al. Directional distribution of three-dimensional connected voids in porous asphalt mixture and flow simulation of permeability anisotropy[J]. International Journal of Pavement Engineering, 2018: 1-13.

[171] Chen J, Wang H, Zhu H. Investigation of permeability of open graded asphalt mixture considering effects of anisotropy and two-dimensional flow[J]. Construction and Building Materials, 2017, 145: 318-325.

[172] Chen D, Ling C, Wang T, et al. Prediction of tire-pavement noise of porous asphalt mixture based on mixture surface texture level and distributions[J]. Construction and Building Materials, 2018, 173: 801-810.

[173] Liu K W, Alvarez A E, Martin A E, et al. Synthesis of current research on permeable friction courses: performance, design, construction, and maintenance[Z]. 2010.

[174] Trevino M, Dossey T. A research plan for measuring noise levels in highway pavements in Texas[Z]. 2006.

[175] Hanson D, James R. Colorado DOT tire/pavement noise study[Z]. 2004.

[176] Herman L A, Withers J, Pinckney E. Surface Retexturing to Reduce Tire-Road Noise for Existing Concrete Pavements[J]. Transportation Research Record, 2006, 1983: 51-58.

[177] Smit A F, Waller B. Sound pressure and intensity evaluations of low noise pavement structures with open-graded asphalt mixtures[Z]. 2007.

[178] Graf B, Simond E. Erfahrungen mit Drainasphaltbelägen im Kanton Waadt[J]. Strasse und Verkehr, 2005, 91(4): 12-15.

[179] Golebiewski R, Makarewicz R, Nowak M, et al. Traffic noise reduction due to the porous road surface[J]. Applied Acoustics, 2003, 64(5): 481-494.

[180] Bendtsen H, Andersen B. Thin open layers as noise reducing pavements[Z]. 2004.

[181] Bennert T, Hanson D, Maher A, et al. Influence of pavement surface type on tire/pavement generated noise[J]. Journal of Testing and Evaluation, 2005, 33(2): 94-100.

[182] Ongel A, Harvey J T, Kohler E, et al. Investigation of noise, durability, permeability, and friction performance trends for asphalt pavement surface type: first- and secind-year results [Z]. 2008.

[183] Tang G Q, Li M L, Ji T J, et al. Current status of research on two-layer porous asphalt [J]. Applied Mechanics and Materials, 2014: 443-447.

[184] Dww. European Conference on Asphalt[C]. 1997.

[185] Liu M, Huang X, Xue G. Effects of double layer porous asphalt pavement of urban streets

on noise reduction[J]. International Journal of Sustainable Built Environment, 2016, 5(1): 183-196.

[186] Xu Y, Fan W, Cheng P, et al. Mechanical characterisation of interface shear strain of multi-layer composite pavement[J]. International Journal of Pavement Engineering, 2019.

[187] Jaskuła P. Influence of compaction effectiveness on interlayer bonding of asphalt layers[C]// The 9th International Conference "Environmental Engineering 2014", 2014.

[188] Ghaly N F, Ibrahim I M, Noamy E M. Tack coats for asphalt paving[J]. Egyptian Journal of Petroleum, 2014, 23(1): 61-65.

[189] Wang J, Xiao F, Chen Z, et al. Application of tack coat in pavement engineering[J]. Construction and Building Materials, 2017, 152: 856-871.

[190] Mohammad L N, Raqib M A, Huang B S, et al. Influence of asphalt tack coat materials on interface shear strength[C]//Bituminous Paving Mixtures 2002: Materials and Construction 2002. 56-65.

[191] Raab C, Grenfell J, Abd El Halim A O, et al. The influence of age on interlayer shear properties[J]. International Journal of Pavement Engineering, 2014, 16(6): 559-569.

[192] Ran W, Zhang Y, Li L, et al. Characterization of Bonding between Asphalt Concrete Layer under Water and Salt Erosion[J]. Materials (Basel), 2019, 12(19).

[193] Hu X, Lei Y, Wang H, et al. Effect of tack coat dosage and temperature on the interface shear properties of asphalt layers bonded with emulsified asphalt binders[J]. Construction and Building Materials, 2017, 141: 86-93.

[194] 田小革, 邓星鹤, 林杜, 等. 排水性沥青路面粘结层抗剪性能的试验研究[J]. 交通科学与工程, 2011, 27(4): 1-5.

[195] Song W, Shu X, Huang B, et al. Factors affecting shear strength between open-graded friction course and underlying layer[J]. Construction and Building Materials, 2015, 101: 527-535.

[196] Song W, Shu X, Huang B, et al. Laboratory Investigation of Interlayer Shear Fatigue Performance between Open-graded Friction Course and Underlying Layer[J]. Construction and Building Materials, 2016, 115: 381-389.

[197] Chen J S, Huang C C. Effect of Surface Characteristics on Bonding Properties of Bituminous Tack Coat[J]. Transportation Research Record, 2010, 2180: 142-149.

[198] 武书华, 陈华鑫, 张久鹏, 等. 半刚性基层沥青路面层间界面力学特性与黏结状态的试验研究[J]. 东南大学学报(自然科学版), 2016, 46(2): 406-412.

[199] 王浩, 胡松山, 任少博. 薄层橡胶沥青复合式路面层间抗剪特性试验[J]. 长安大学学报(自然科学版), 2018, 38(4): 29-38.

[200] SantagataF A, Partl M N, Ferrotti G, et al. Layer Characteristics Affecting Interlayer Shear Resistance in Flexible Pavements[J]. Journal of the Association of Asphalt Paving Technologists, 2008, 772008: 221.

[201] Raposeiras A C, Vega-Zamanillo Á, Calzada-Pérez M Á, et al. Influence of surface macro-

texture and binder dosage on the adhesion between bituminous pavement layers [J]. Construction and Building Materials, 2012, 28(1): 187-192.

[202] Raposeiras A C, Rojas-Mora J, Piffaut E, et al. Development of an estimative model for the optimal tack coat dosage based on aggregate gradation of hot mix asphalt pavements [J]. Construction and Building Materials, 2016, 118: 1-10.

[203] Das R, Mohammad L N, Elseifi M, et al. Development and Validation of a Model to Predict Interface Bonding Between Pavement Layers[J]. Transportation Research Record Journal of the Transportation Research Board, 2018, 2672(28): 22-30.

[204] Use of the Digital Surface Roughness Meter in Virginia. Virginia Transportation Research Council[Z]. 2006.

[205] Abu-Tair A I, Lavery D, Nadjai A, et al. A new method for evaluating the surface roughness of concrete cut for repair or strengthening[J]. Construction and Building Materials, 2000, 14(3): 171-176.

[206] 宋永朝, 闫功喜, 隋永芹, 等. 基于数字图像处理技术的沥青路面表面纹理构造分布 [J]. 中南大学学报(自然科学版), 2014, 45(11): 4075-4080.

[207] 耿九光, 兰倩, 刘光军, 等. 沥青路面表面纹理测量及修复方法研究进展[J]. 应用化工, 2020, 49(4): 1025-1030.

[208] Hola J, Sadowski L, Reiner J, et al. Usefulness of 3D surface roughness parameters for nondestructive evaluation of pull-off adhesion of concrete layers [J]. Construction and Building Materials, 2015, 84: 111-120.

[209] Wang Z, Xie J, Gao L, et al. Three-dimensional characterization of air voids in porous asphalt concrete[J]. Construction and Building Materials, 2021, 272.

[210] Zhao Y, Wang X, Jiang J, et al. Characterization of interconnectivity, size distribution and uniformity of air voids in porous asphalt concrete using X-ray CT scanning images [J]. Construction and Building Materials, 2019, 213: 182-193.

[211] Deysarkar I. Test set-up to determine quality of tack coat[Z]. The University of Texas at El Paso2004.

[212] Mohammad L N, Bae A, Elseifi M A, et al. Evaluation of bond strength of tack coat materials in field: Development of pull-off test device and methodology[J]. Transportation research record, 2009, 2126(1): 1-11.

[213] Song W, Shu X, Huang B, et al. Effects of asphalt mixture type on asphalt pavement interlayer shear properties [J]. Journal of Transportation Engineering, Part B: Pavements, 2018, 144(2): 04018021.

[214] Collop A, Sutanto M, Airey D, et al. Development of an automatic torque test to measure the shear bond strength between asphalt[J]. Construction and Building Materials, 2011, 25(2): 623-629.

[215] Song W, Shu X, Huang B, et al. Influence of Interface Characteristics on the Shear Performance between Open-Graded Friction Course and Underlying Layer [J]. Journal

of Materials in Civil Engineering, 2017, 29(8).

[216] Alvarez A E, Mahmoud E, Martin A E, et al. Stone-on-Stone Contact of Permeable Friction Course Mixtures[J]. Journal of Materials in Civil Engineering, 2010, 22(11): 1129-1138.

[217] Kozicki J, Donze F V. YADE-OPEN DEM: an open-source software using a discrete element method to simulate granular material[J]. Engineering Computations, 2009, 26(7-8): 786-805.

[218] Zhao S, Zhou X, Liu W. Discrete element simulations of direct shear tests with particle angularity effect[J]. Granular Matter, 2015, 17(6): 793-806.

[219] Ferellec J F, McDowell G R. A method to model realistic particle shape and inertia in DEM [J]. Granular Matter, 2010, 12(5): 459-467.

[220] Gao R, Tian Y P, Wang J, et al. Construction of an infectious cDNA clone and gene expression vector of Tobacco vein banding mosaic virus (genus Potyvirus)[J]. Virus Research, 2012, 169(1): 276-281.

[221] Wang X, Gu X, Jiang J, et al. Experimental analysis of skeleton strength of porous asphalt mixtures[J]. Construction and Building Materials, 2018, 171: 13-21.

[222] Voivret C, Radjai F, Delenne J Y, et al. Multiscale Force Networks in Highly Polydisperse Granular Media[J]. Physical Review Letters, 2009, 102(17).

[223] Gong J, Liu J, Cui L. Shear behaviors of granular mixtures of gravel-shaped coarse and spherical fine particles investigated via discrete element method[J]. Powder Technology, 2019, 353: 178-194.

[224] Bathurst R J. Observations on stress-force-fabric relationships in idealized granular materials [J]. Mechanics of materials, 1990, 9(1): 65-80.

[225] Janda A, Ooi J Y. DEM modeling of cone penetration and unconfined compression in cohesive solids[J]. Powder Technology, 2016, 293: 60-68.

[226] Cunningham C N, Evans T M, Tayebali A A. Gradation effects on the mechanical response of crushed stone aggregate[J]. International Journal of Pavement Engineering, 2013, 14(3): 231-241.

[227] Sun Y. Effect of particle angularity and size distribution on the deformation and degradation of ballast under cyclic loading[D]. University of Wollongong, 2017.

[228] 陶志鹏. 透水沥青路面混合料配合比设计及其路用性能研究[D]. 南昌: 南昌工程学院, 2020.

[229] 蒋玮. 透水沥青路面材料和结构的组成设计与功能评价[D]. 西安: 长安大学, 2011.

[230] 王旭波. 透水沥青路面透水性能及结构分析和应用研究[D]. 长沙: 长沙理工大学, 2019.

[231] 杨旋. 高黏改性沥青性能及其混合料细观空隙特征研究[D]. 重庆: 重庆交通大学, 2021.

[232] Hu M, Li L, Peng F. Laboratory investigation of OGFC-5 porous asphalt ultra-thin wearing course[J]. Construction and Building Materials, 2019, 219: 101-110.

[233] Chen Y, Tebaldi G, Roque R, et al. Effects of interface condition characteristics on open-graded friction course top-down cracking performance[J]. Road Materials and Pavement Design, 2012, 13(sup1): 56-75.

[234] 张季阳. 基于 CT 图像的石粉对机制砂混凝土力学性能的影响研究[D]. 贵阳: 贵州大学, 2022.

[235] Rabbani A, Jamshidi S, Salehi S. An automated simple algorithm for realistic pore network extraction from micro-tomography images[J]. Journal of Petroleum Science and Engineering, 2014, 123: 164-171.

[236] 刘桌. 透水混凝土关键工程特性与生态功能研究[D]. 长沙: 中南大学, 2017.

[237] Chen Y, Wang K, Wang X, et al. Strength, fracture and fatigue of pervious concrete[J]. Construction and Building Materials, 2013, 42: 97-104.

[238] Song W, Wu H, Yan W. Size effect analysis of mode I fracture performance of hot mix asphalt[J]. Engineering Fracture Mechanics, 2024, 307: 110343.

[239] Lim I, Johnston I, Choi S. Stress intensity factors for semi-circular specimens under three-point bending[J]. Engineering Fracture Mechanics, 1993, 44(3): 363-382.

[240] Witt F, Mager T. Fracture toughness KIcd values at temperatures up to 550° F for astm A 533 grade B, class 1 steel[J]. Nuclear Engineering and Design, 1971, 17(1): 91-102.

[241] Taheri B M, Ramezanianpour A M, Sabokpa S, et al. Experimental evaluation of freeze-thaw durability of pervious concrete[J]. Journal of building engineering, 2021, 33: 101617.

[242] 彭少麟, 周凯, 叶有华, 等. 城市热岛效应研究进展[J]. 生态环境, 2005(4): 574-579.

[243] 刘佳. 热阻式路面材料研究[D]. 西安: 长安大学, 2009.

[244] 陈德鹏, 钱春香, 王辉, 等. 水泥基材料比热容测定及计算方法的研究[J]. 建筑材料学报, 2007(2): 127-131.

[245] 中华人民共和国交通部. 公路工程集料试验规程: JTG E42—2005[S]. 北京: 人民交通出版社, 2005.

[246] Morita T, Sato K. Fractal dimension estimators for a fractal process[J]. Journal of the Korean Physical Society, 2005, 46(3): 631-637.

[247] Xie H, Wang J A, Stein E. Direct fractal measurement and multifractal properties of fracture surfaces[J]. Physics Letters A, 1998, 242(1): 41-50.

[248] Mull M, Stuart K, Yehia A. Fracture resistance characterization of chemically modified crumb rubber asphalt pavement[J]. Journal of materials science, 2002, 37(3): 557-566.

[249] Raab C, Abd El Halim A O, Partl M N. Interlayer bond testing using a model material[J]. Construction and Building Materials, 2012, 26(1): 190-199.

[250] Santos P M D, Julio E N B S. Development of a laser roughness analyser to predict in situ the bond strength of concrete-to-concrete interfaces[J]. Magazine of Concrete Research, 2008, 60(5): 329-337.

[251] Sedlacek M, Gregorcic P, Podgornik B. Use of the Roughness Parameters S-sk and S-ku to

Control Friction-A Method for Designing Surface Texturing[J]. Tribology Transactions, 2017, 60(2): 260-266.

[252] Grellmann W, Che M. Assessment of temperature-dependent fracture behavior with different fracture mechanics concepts on examples of unoriented and cold-rolled polypropylene[J]. Journal of Applied Polymer Science, 2015, 66(7): 1237-1249.

[253] Witt F J, Mager T R. Fracture toughness KICd values at temperature up to 550oF for astm A 533 grade B, class 1 steel[J]. Nuclear Engineering and Design, 1971, 17: 91-103.

[254] 徐世烺. 混凝土断裂力学[M]. 北京: 科学出版社, 2011.

[255] 吴江涛. 基于多孔沥青混合料强度特性的透排水路面结构设计[D]. 南京: 东南大学, 2017.

[256] Zou C, Ding B, Peng Z, et al. Damage analysis four-point bending fatigue tests on stone matrix asphalt using dissipated energy approaches[J]. International Journal of Fatigue, 2020, 133: 105453.

图书在版编目(CIP)数据

透水路面材料及层间结构性能研究／宋卫民，吴昊，
刘桌著. --长沙：中南大学出版社，2025. 2.
　　ISBN 978-7-5487-6188-4

　　Ⅰ. U416. 21

中国国家版本馆 CIP 数据核字第 2025MD8854 号

透水路面材料及层间结构性能研究
TOUSHUI LUMIAN CAILIAO JI CENGJIAN JIEGOU XINGNENG YANJIU

宋卫民　吴昊　刘桌　著

□ 出 版 人	林绵优		
□ 责任编辑	刘颖维		
□ 责任印制	李月腾		
□ 出版发行	中南大学出版社		
	社址：长沙市麓山南路	邮编：410083	
	发行科电话：0731-88876770	传真：0731-88710482	
□ 印　　装	广东虎彩云印刷有限公司		

□ 开　　本	710 mm×1000 mm 1/16	□ 印张 13.5	□ 字数 268 千字
□ 版　　次	2025 年 2 月第 1 版	□ 印次 2025 年 2 月第 1 次印刷	
□ 书　　号	ISBN 978-7-5487-6188-4		
□ 定　　价	79.00 元		